U0115266

兒童文學與書目（三）

林文寶　編著

目次

自序

　　有關書目的研究與蒐集，雖然有所謂目錄學，但目前似乎不受重視。個人自一九七一年踏入師專執教，一九七三年開始講授兒童文學，當時的兒童文學，是一片有待開發的場域，於是個人即著手收集有關的論述與文本的書目。

　　正式將兒童文學有關書目書寫，並刊登發表，或始於一九八三年四月《海洋兒童文學》第一期，篇名〈好書書目──兒童文學入門必讀〉。距離踏入師專已超過十年，這是個人學術生涯的另次轉向。

　　到師專任教，就學術研究而言，最大的受益是社會科學為我開啟科學性研究的另一扇窗。一般而言，人文學科的論述以敘事、演繹為主；而社會科學的論述則以實證、歸納為主。七〇年代中期教育學引進所謂教育研究方法的新取向，亦即所謂質的研究法，這種質的研究法，其實就是從量化轉質化的敘事方向。

　　傳統的中文系統，缺乏研究方法的訓練，當時社會科學研究方法使我打通了人文學科與社會科學的通道。其中參考文獻的書寫最為明顯，也讓我開始對殖民文化的自覺。

　　個人在七〇年代研究論著中的參考文獻，皆缺乏出版年、月的概念。直至八〇年代起始有出版年、月的概念，無奈又發現現行中文學術論著中的參考文獻中只記年不記月，我們在接受現代化與多元文化的過程中，時常以改變基因為首要之務，也因此沒有了歷史與記憶。在七〇年的反省與細銖過程中，難忘的是陳伯璋《教育研究方法的新取向》（南宏圖書公司，1988年3月）一書對我在研究方法的啟蒙；同

時也驚訝《中華民國兒童圖書目錄》（正中書局，1957年11月）中對
書目的編列方式（二書書影如下）。

　　《海洋兒童文學》是我正式踏入社會服務的學術活動。每期除
〈兒童讀物超級市場〉專欄外，並有一篇論述。為不使作者重複出
現，〈兒童讀物超級市場〉撰文皆署名江辛。

　　《東師語文學刊》則是接掌語文教育系後，發行的學術年刊，當
然每期也有年度書目。

　　至於《兒童文學學刊》，則是一九九七年兒童文學研究所設立後
的學術刊物。

　　三個時期的書目書寫，同中有異。其同皆是為兒童文學的學術砌
磚，也就是為兒童文學學術研究留下資料，以供研究者取用；其異則
是呈現各時期的不同書寫方式。且因篇幅多，分為三冊印行。

　　個人在書目收錄過程中，是以「眼見」為憑，且以個人購買為
主。而所有年度書目書寫中，亦有發表於其他刊物者，如下列二表所
示：

其他雜誌刊登目錄

	文章	出處	頁數	出版年月
1	1995年度兒童文學書目	臺北市立圖書館館訊季刊十三卷三期	115-122	1996年3月15日
2	1997年兒童文學紀要	出版界第54期	35-41	1998年5月25日
3	溫馨的童話 —— 1989年兒童文學的創作與活動	文訊第164期	43-50	1999年6月
4	回首1999年 —— 臺灣兒童文學的創作與活動	第七屆師院創作集《阿德歷險記》	311-324	2000年6月
5	1999年臺灣兒童讀物出版概況	兒童文學家季刊26期	34-36	2000年7月

《臺灣文學年鑑》中有關兒童文學者

年鑑年度	文章	作者	頁數	執行製作	出版年月
1997	兒童文學的創作、活動教學與研究	林文寶	頁40-49	文訊雜誌社	1998年6月
	兒童文學書目錄	林文寶	頁264-268		
1998	臺東大學兒童文學研究所	林積萍	頁198	文訊雜誌社	1999年6月
	兒童文學的創作與活動	林文寶	頁40-48		
	兒童文學書目錄	林文寶	頁239-243		
1999	兒童文學的創作與活動	林文寶	頁48-53	文訊雜誌社	2000年10月
	兒童文學書目錄	林文寶	頁262-270		

年鑑年度	文章	作者	頁數	執行製作	出版年月
2000	臺灣兒童文學論述、創作及翻譯書目	林文寶 嚴淑女	頁76-90	前瞻公關股份有限公司	2002年4月
2001	橫看成嶺側成峰——2001年臺灣兒童文學觀察紀實	邱各容	頁121-122	靜宜大學	2003年4月
	2001年兒童文學書目	編輯部	頁201-220		
2002	安徒生在臺灣	林文寶 蔡正雄	頁93-99	靜宜大學	2003年9月
	2002年兒童文學新書出版要目	編輯部	頁236-243		
2003	2003年兒童文學新書出版要目	編輯部	頁207-210	靜宜大學	2004年8月
2004	2004年臺灣兒童文學概況	林文寶 王宇清	頁81-85	靜宜大學	2005年7月
	2004年兒童文學新書出版要目	資料處理中心	頁178-190		
2005	臺灣兒童文學概述	徐錦成	頁82-92	國家臺灣文學籌備處	2006年10月
	兒童文學書目	林文寶提供，文學館編輯整理	頁195-201		
2006	臺灣兒童文學概述	徐錦成	頁83-89	國立臺灣文學館	2007年12月
	兒童文學新書分類選目	林文寶提供，文學館編輯整理	頁227-238		

年鑑 年度	文章	作者	頁數	執行製作	出版年月
2008	臺灣兒童文學創作概述	許建崑	頁64-69	國立臺灣文學館	2009年12月
	臺灣兒童文學研究概述	邱各容	頁87-91		
	兒童文學新書分類選目概述	林文寶 陳玉金	頁212-214		
	兒童文學新書分類選目	林文寶提供，文學館編輯整理	頁215-227		

　　其間，臺灣文學館年度臺灣文學年鑑，自一九九七到二〇〇八年的兒童文學書目，除二〇〇一到二〇〇三年外，皆由個人所提供。而個人有關兒童文學書目的收錄皆止於二〇〇九年（筆者於二〇〇九年一月三十一日自臺東大學兒童文學研究所退休）。

　　個人除年度書目外，亦有各種專題型的書目，這些書目皆已收錄於個人的「兒童文學叢刊」系列著作中。除外，並有獨立刊行者如：《語文科教學參考資料彙編》、《「臺灣地區1945-1998年兒童文學一百本評選活動」候選書目》、《臺灣兒童文學100（1945-1998）》、《彩繪兒童又十年》、《2007臺灣兒童文學年鑑》、《臺灣原住民圖畫書50》、《臺灣兒童圖畫書精彩100》等七本（書影如下）。

1998年

1999年

2000年3月

2000年6月

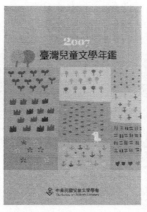

2008年6月

2011年8月

2011年12月

　　有關年度書目書寫，刊登於前述三個刊物者為正文。如今有機會收錄成書，並將各期刊物封面置列於文章前面，這些刊物曾是我盡心盡力的場域，所謂敝帚自珍是也，煩請見諒。

　　又，年度書目撰寫的署名，雖然有各種不同署名方式，基本上書目皆是我所提供。自一九八七年以後，無論並列署名者或獨自署名，皆有不同時期助理協助，年度書目書寫得以持續進行，於此特別感謝各時期的助理們。

一九八八年兒童文學大事紀要

邱各容

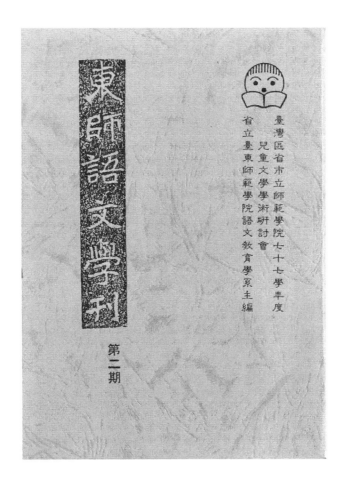

元月

十二日 高雄市兒童文學寫作學會，第七屆兒童文學創作柔蘭獎揭
曉。各組第一名分別是兒童小說組許玉蘭、兒童故事組陳梅
英、兒童劇本組陳惠珍、兒童詩歌組蔡銘津。

十八日 信誼基金會幼兒圖書館開幕，並邀請日籍兒童讀物插畫名家
安野光雅演講「我的圖畫書」。

十九日 信誼基金會主辦的第一屆幼兒文學獎，在知新藝術生活廣場
舉行頒獎典禮。得獎名單如下：
圖畫書獎：起床啦！皇帝（文／郝廣才、圖／李漢文），評審
委員獎：葉子鳥（文／孫晴峰、圖／市川利夫）、佳作獎：
媽媽，買綠豆（文／曾晴陽、圖／萬華國）。當日同時邀請
日本福音館海外部主任穗積保，演講「亞洲兒童圖書出版未
來的方向」。

卅 日 第十四屆洪建全兒童文學創作獎，在該基金會五樓音樂廳舉
行頒獎典禮。

卅一日 臺北市《兒童文學教育學會通訊》第一卷第一期創刊（雙月
刊），發行人王天福、主編李新海。

二月

本 月 臺灣省立彰化社教館，舉辦中部五縣市兒童詩創作比賽，承
辦單位是臺中市文化基金會。

三月

六 日 中華民國兒童文學學會第二屆第二次理監事聯席會議，暨第

二次常理事會議在東方出版社舉行。討論事項計有地區召集人、服務組長人選案、圖書館開放規則案、年度工作計劃案、年會分組論文案、會訊主題文章、專題策劃、封面設計人選案、會旗會歌案、學會簡介案、學會基金籌募案。

十四日　淡江大學法文系舉辦文學週系列活動，本日邀請教資系兼任講師許義宗主講「跟兒童講故事的技巧」。

十五日　淡江大學法文系文學週系列活動，本日邀請資深編輯林煥彰主講「兒童詩欣賞及寫作」。晚上假該校實驗劇場演出兒童文學戲展。

十六日　淡江大學法文系文學週系列活動，本日邀請新學友兒童週刊顧問鄭明進主講「兒童文學與兒童繪畫」。

十七日　淡江大學法文系文學週系列活動，本日邀請東方出版社總經理邱各容主講「國內兒童讀物出版現況」。

十八日　淡江大學法文系文學週系列活動，假該校城區部會議室舉辦「我國兒童文學的展望」座談會，由賴金男、馬景賢共同主持，林良、鄭明進、林煥彰、李雀美、邱各容等應邀出席座談。

十九日　淡江大學法文系文學週系列活動，本日舉辦說兒童文學故事比賽。

廿　日　中國時報文化版，假紫藤廬舉行兒童文學座談會，鄭明進、曹俊彥、洪文珍、吳英長、邱各容、劉宗銘應邀出席。

廿六日　新生兒童月刊、東方出版社、中視新聞部假新生藝廊舉行「彩色童年插畫展」，計有鄭明進等廿七位插畫家應邀參展，為期九天。

中華民國兒童文學學會圖畫書研究小組正式成立，並召開討論會，成員有鄭明進、曹俊彥、洪義男、劉宗銘、蘇振明、

徐素霞、孫晴峰、吳英長、洪文珍、洪文瓊等人。

廿七日　臺南縣政府舉辦第二屆兒童文學創作徵文比賽，即日起到四
月三十日止，對象是中小學師生及幼稚園教師。

四月

一　日　《聯合文學》第四十二期推出「兒童文學小專輯」，計有〈兩
岸兒童文學之發展及現狀〉（邱各容）、〈兒童詩四首〉（李益
維）、〈眼睛夢遊記〉（彭雅玲）、〈海底世界〉（陳芳蘭）。

《書香廣場》第十七期推出兒童文學專輯，計有〈國內兒童
文學出版現況〉（邱各容）、〈中國孩子需要的書〉（郭震
唐）、〈精挑細選兒童讀物〉（陳玫如）等。

二　日　益華文教基金會魔奇兒童劇團，即日起一連三天假國立臺灣
藝術館演出「爸爸的童年」兒童舞臺劇，包括「獵人與馬」、
「淘氣精靈」、「爸爸的童年」三齣戲。

國立中央圖書館臺灣分館，和智茂文化事業公司主辦的世界
兒童書大展，於下午三時在臺灣分館三樓揭幕，為期九天，
計展出亞、歐、美、非、澳五大洲四十餘國兒童圖書二千餘
冊。

三　日　《中央日報》星期增刊第十三期，刊出兒童節專輯，〈永恆
的春天──兒童文學開步走〉（李泥）。

《自立晚報》推出兒童節特別企劃，〈訪嚴友梅談兒童文學
創作〉（阮愛惠）、〈兒童文學的今與昔〉（邱各容）。

四　日　《聯合報》兒童文學節專輯：〈春天的使命〉。聯副〈兒童戲
劇專輯導言〉（汪其楣）、〈夾心餅乾〉（謝瑞蘭）。

《中華日報》刊出〈兒童文學的多向發展〉（林良）、〈兒童
文學二三事〉（邱各容）。

《臺灣新生報》刊出兒童節兒童文學專輯，計有〈給他們最好的〉（林煥彰）、〈尷尬少年〉（李潼）、〈兒歌大家唱〉（馮輝岳）、〈我喜歡〉（孫晴峰）。

《大華晚報》刊出〈兒童讀物的出版與編輯〉（林麗娟）。

九　日　中華民國兒童文學學會，與國立中央圖書館臺灣分館聯合主辦「如何展現兒童讀物的民族風格座談會」，由林良、馬景賢主持，鄭明進、洪文瓊擔任代言人。

十　日　益華文教基金會魔奇兒童劇團，假高雄市中正文化中心演出「爸爸的童年」兒童舞臺劇。

十二日　益華文教基金會魔奇兒童劇團，假臺中省立圖書館中興堂演出「爸爸的童年」兒童舞臺劇。

卅　日　韓國兒童文學家宣勇，假東方出版社四樓會議室中華民國兒童文學學會，致贈「促進兒童文學交流」紀念牌，並以「明日的韓國兒童文學」為題發表演說。會後並和國內兒童文學界馬景賢、林煥彰、賴西安、陳木城、謝武彰、洪義勇、林立、林政華、趙天儀、蕭奇元、邱各容等交換意見。

《童心童語》（童詩指導研究），新雨出版社出版，作者朱錫林，廿五開，定價七十元。

《世界少年小說選集 II》，純文學出版社出版，全套六冊，廿五開，定價二九五元。

五月

一　日　國語時報創刊，報禁解除後出刊的兒童報紙，社長翁嘉宏，發行人翁嘉龍，八開，每日四大張。

八　日　水芹菜兒童劇團下午三時，假國立臺灣藝術教育館，演出「動物狂想曲」兒童劇。

《全國兒童週刊》創刊，發行人陳達弘，社長葉柏成，總編輯林煥彰，每週四大張，八開。

十五日 中華民國兒童文學學會第二屆第三次理監事聯席會議，暨第三次常務理事會議，下午二時假光復書局會議室召開。討論事項計有：今年度研習活動主題、課程、講師，年度年會論文、作品討論會主題及舉辦形式，決議第二屆服務組組長及各地區召集人選，「鄭彥棻文教基金會」每年提撥十萬元補助本會舉辦兒童文學獎，舉辦兒童插畫原作義賣以籌募基金，推薦一九八八年度推行社會教育有功團體，決議今年推薦對象，推選評審委員，評審會員申請中山及國家文藝。

中共新華社報導上海少年兒童出版社與臺灣一家書店簽約，合約內容包括九本圖畫故事書和一套十四冊百科全書《十萬個為什麼》。

六月

一　日 《滿天星兒童詩刊》第四期出刊。

四　日 信誼基金會公布第二屆「信誼幼兒文學獎」徵稿辦法，設圖畫書、文字創作（包括童詩集、兒歌集、劇本、研究論文）兩項獎；獲圖畫書獎可得獎金二十萬元，獲文字創作獎者可得十萬元，另設佳作數名，獎金五萬元，收件時間從九月十五日到三十日止。

五　日 高雄市一九八八年度少年劇展成績評定，民族、新莊兩國小獲團體優勝獎，頒獎典禮定九日晚，假文化中心舉行。

六　日 行政院新聞局宣布一九八八年度優良廣播兒童節目得獎名單，得獎的有六個節目，各得獎金五萬元，獎牌一面。第一類（每週播出一至二次者）：小小圖書館（漢聲電臺臺北

臺）、正聲兒童科學園地（正聲臺北臺）、快樂小叮噹（警廣臺中臺）。第二類（每週播出三次以上者）：妙妙世界（漢聲臺中臺）、兒童樂園（教育廣播電臺）、晚安小朋友（漢聲臺北總臺）。

廿　日　《兒童日報》發行試刊報。

卅　日　《抬損》（兒童語文叢書）出版，作者吳美川，卅二開，每冊定價一二〇元。

七月

二　日　財團法人行天宮附屬圖書館舉辦「如何為孩子選擇課外讀物」座談會，沈謙、鄭明進、邱各容應邀出席。

九　日　中華民國兒童文學學會和大地藝術中心聯合主辦「詩畫童心——插畫家和文學家聯展」。即日起在臺北市光復南路二八六號大地藝術中心舉行，為期十三天。當天下午林良先生發表「理想的兒童讀物出版家」專題演講。

十　日　配合「詩畫童心——插畫家和文學家聯展」，本日由馬景賢發表「兒童讀物與兒童」專題演講。

十六日　配合「詩畫童心——插畫家和文學家聯展」，本日由徐守濤發表「讓童詩伴著孩子長大」專題演講。

十七日　配合「詩畫童心——插畫家和文學家聯展」，本日由鄭明進發表「如何欣賞優秀的兒童讀物插畫」專題演講。

廿三日　中華民國兒童文學學會主辦的「兒童讀物編輯講座」本日由林良主講文編、美編的功能與職責。

廿九日　中華民國兒童文學學會第二屆第四次常務理事會假臺北市長安東路二段二十號三樓舉行。會中決議擬定「中華民國兒童

文學學會兒童文學獎」和「年度優良兒童圖書金龍獎」等草案。由馬景賢負責策劃舉辦「兒歌函授班」。

卅　日　中華民國兒童文學學會主辦的「兒童讀物編輯講座」本日由潘人木主講兒童讀物編輯規劃與執行。

　　　　林守為編著的《兒童文學》修訂版，由五南圖書出版公司出版，廿五開，平裝本，四五○頁，定價二八○元。

八月

一　日　兒童科學雜誌──《小小科學眼》發行二十三期後，宣告停刊。

六　日　中華民兒童文學學會主辦的「兒童讀物編輯講座」本日由馬景賢主講資料蒐集與應用。

八　日　新環境基金會、主婦聯盟主辦，九歌兒童劇團主演的「兒童安全維他命」本日在臺北市社教館演出。

九　日　新環境基金會、主婦聯盟主辦，九歌兒童劇團主演的「兒童安全維他命」本日在臺北縣立文化中心演出。

十三日　中華民國兒童文學學會主辦的「兒童讀物編輯講座」本日由洪文珍主講書名與標題製作。

十六日　杯子劇團即日起在臺北市南海路國立藝術館演出「鏡裡奇遇記」，為期四天。

廿　日　中華民國兒童文學學會主辦的「兒童讀物編輯講座」本日由蔡尚志主講約稿、審稿、退稿要領。

廿七日　中華民國兒童文學學會主辦的「兒童讀物編輯講座」本日由林武憲主講順稿與校對作業。

九月

一　日　《兒童日報》創刊，董事長林春輝，發行人林宏田，總編輯
　　　　洪文瓊。該報並假臺北市福華大飯店福華廳舉行創刊酒會。

三　日　中華民國兒童文學學會主辦的「兒童讀物編輯講座」本日由
　　　　鄭明進主講如何選用圖片、配置插圖。

十　日　中華民國兒童文學學會主辦的「兒童讀物編輯講座」本日由
　　　　曹俊彥主講兒童讀物版面設計（封面、刊頭、扉頁、內
　　　　頁）。

十一日　中華民國兒童文學學會第二屆第四次理監事聯席會議在臺北
　　　　市東方出版社會議室舉行，會中作成數項決議：（一）決定
　　　　十一月二十七日為今年年會日期，原則上在臺北市舉行。
　　　　（二）推選年會而工作小組組長為總務組陳正治，議事組陳
　　　　木城，服務組洪義勇，論文組鄭明進。（三）第一屆中華兒
　　　　童文學獎，「一九八八年度優良兒童圖書金龍獎」即日起到
　　　　九月底接受報名。（四）推選鄭明進等五人為工作小組，負
　　　　責製作中華兒童文學獎及優良兒童圖書金龍獎的獎座及金龍
　　　　獎徽章。設計費各為新臺幣二萬元正。（五）會歌由陳木城
　　　　所作的歌詞獲選，交林武憲負責找人譜曲，會旗由曹俊彥設
　　　　計完成。（六）由鄭明進、邱各容、李雀美、陳木城、林武
　　　　憲、蘇尚耀、陳正治組成「臺灣光復四十年兒童刊物回顧
　　　　展」工作小組。

十七日　中華民國兒童文學學會主辦的「兒童讀物編輯講座」本日由
　　　　林澤農主講電腦排版與印刷基本常識。

廿四日　中華民國兒童文學學會主辦的「兒童讀物編輯講座」本日由
　　　　黃瑀主講成本計算基本知識。

由鄭彥棻文教基金會與中華民兒童文學學會主辦的「第一屆中華兒童文學獎」截止收件，計有文學類廿一件，美術類六件。

參加一九八八年度「優良兒童圖書金鼎獎」共有十八家出版社，一〇〇種四八一冊兒童圖書提出申請。

十月

一　日　中華民國兒童文學學會主辦的「兒童讀物編輯講座」本日由蕭雄淋主講現行版權法基本知識。

二　日　「一九八八年度圖書出版金鼎獎」得獎名單公布：（一）《幼獅少年》獲得優良兒童少年雜誌類金鼎獎。（二）《穿紅背心的野鴨》獲得優良兒童文學類金鼎獎。（三）《小小科學眼》、《小牛頓》獲評定為優良兒童雜誌，《葉子鳥》、《創意童話》為優良兒童圖書。

八　日　中華民兒童文學學會主辦的「兒童讀物編輯講座」本日由楊孝濚主講兒童讀物可讀性問題。

兒童文學史料工作者邱各容在中國大百科出版公司上海招待所和大陸兒童文學史料工作者胡從經會晤。

十一日　兒童文學史料工作者邱各容在中國大百科出版公司上海招待所與大陸當代兒童文學家洪汛濤會晤。

十五日　中華民國兒童文學學會主辦的「兒童讀物編輯講座」本日由潘人木、曹俊彥、謝武彰、許瑞娟等共同主持資深編輯經驗座談。

十一月

三　日　東方出版社舉辦「大陸兒童文學座談會」，馬景賢、華霞菱、蘇尚耀、嚴友梅、黃海、陳木城、邱各容等人出席座談。

十　日　兒童文學賴西安（李潼）以《大聲公》一書榮獲第廿三屆中山文藝獎（兒童文學類）。

十三日　臺灣省政府教育廳主辦的兒童文學創作獎即日起到十二月二十日在臺中市省立臺中圖書館出版組收件，應徵作品以三千到一萬字的短篇童話為原則。

　　　　臺北市政府新聞處與臺北市立圖書館將聯合舉辦分類圖書巡迴展第四梯次兒童讀物類展覽，今日特假市立圖書館民生分館舉辦「分類書展業者座談會」。分別就參觀購書、票選排行榜、圖書展覽書目等問題進行討論。

廿六日　《民生報》「兒童天地版」介紹大陸著名童話作家洪汛濤寫給臺灣小朋友的親筆信。「願臺灣的每一位小朋友都是馬良，願臺灣的每一位小朋友都有一枝神筆。」

廿九日　第二屆東方少年小說獎得獎名單公布。生活幽默類得主朱秀芳，可得獎金十二萬元，獎牌一座，得獎作品是《童話26》。偵探推理類及科學幻想類從缺。而現年十二歲，就讀臺北市立中正國中的李迺澔以一篇《朱邦龍探案》得到鼓勵獎。

十二月

一　日　嘉義師院圖書館週邀請兒童文學史料工作者邱各容先生談《四十年來臺灣地區兒童文學與兒童讀物發展概況》。

五　日　《國語時報》刊載九歌兒童劇團計畫在一九九〇年八月舉辦
　　　　國際兒童藝術季。匈牙利、南斯拉夫的兒童劇團答應參加這
　　　　項活動。
　　　　國際兒童藝術季期間，還將舉辦兒童劇座談會、研討會、研
　　　　習班等配合活動。為籌辦這次藝術季，九歌也將結合國內另
　　　　兩個劇團⋯⋯魔奇和杯子，組織兒童劇團聯盟，報名參加總
　　　　部設在巴黎的世界兒童劇團聯盟。使一九八〇年的國際兒童
　　　　藝術季在該聯盟指導下，成為國際兒童的重要活動之一。

八　日　《國語日報》刊載臺北市政府新聞處與市立圖書館將自明年
　　　　二月十日起假臺北市立圖書館民生、永春、士林三個分館，
　　　　聯合舉辦兒童讀物類書刊巡迴展。並由東方出版社、國語日
　　　　報、新學友書局、全國兒童週刊社等協辦。

一九八九年兒童文學大事記要

邱各容

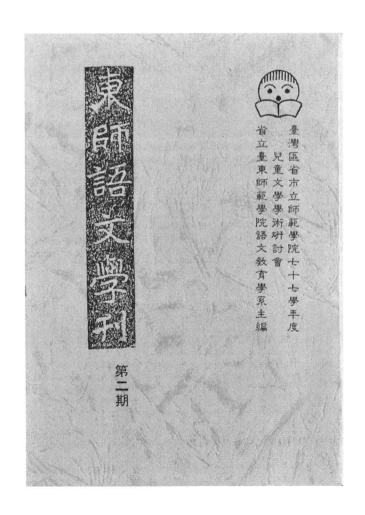

元月

一　日　《滿天星兒童詩刊》第六期出版。

二　日　水芹菜兒童劇團假臺北市社教館演出《西遊記》，為期兩天。

三　日　魔奇兒童劇團喬遷，特邀駱雄華先生介紹大陸兒童劇場現況。

四　日　臺東縣立文化中心成立兒童劇團。

廿一日　由信誼基金會主辦的第二屆信誼幼兒文學獎頒獎典禮假臺北
　　　　市知新藝術生活廣場舉行。

廿六日　由洪建全教育文化基金會主辦的第十五屆洪建全兒童文學獎
　　　　假該會舉行頒獎典禮。自第十六屆起，委由中華民國兒童文
　　　　學學會承辦，經費由該基金會提供。

二月

十　日　臺北市政府新聞處、臺北市立圖書館聯合主辦的第四梯次分
　　　　類圖書展兒童讀物類巡迴展覽第一站假民生分館舉行，為期
　　　　兩週。並於十一、十三、十八、十九四天分別邀請方素珍、
　　　　楊平世、楊錦鑾、楊茂秀四人舉行專題演講。

十八日　由臺灣省教育廳主辦，省立臺中圖書館協辦的優良兒童讀物
　　　　展，即日起假國立中央圖書館臺灣分館展出九天。

十九日　中華民國兒童文學學會第二屆第五次理監事聯席會議決定該
　　　　會今年度六期會訊的專題及專輯策劃人分別是：

　　　　　　五卷一期：兒童圖書評鑑／洪文瓊

　　　　　　五卷二期：兒童圖書館／鄭雪玫

　　　　　　五卷三期：兒童刊物的策劃編輯／劉宗銘

　　　五卷四期：兒童文學工具書／馬景賢

　　　五卷五期：閱讀指導／吳英長

　　　五卷六期：兒童讀物的分類／馬景賢

廿五日　文訊雜誌社與大陸兒童文學研究會聯合舉辦「海峽兩岸兒童文學的發展比較」座談會。應邀參加座談的計有馬景賢、林煥彰、陳信元、陳木城、邱各容等。座談會由文訊總編輯李瑞騰主持。

　　　《文學界》一九八九年冬季號刊出兒童文學研究專輯，收錄九篇文章：

　　　臺灣兒童文學的精神取向／趙天儀

　　　四十年來臺灣地區兒童文學發展概況／邱各容

　　　試論我國兒童文學的發展／林文寶

　　　童話簡介與國人童話作品／陳正治

　　　關於少年小說／張彥勳

　　　詩國之王不轄民／旅人

　　　兒童劇與我／詹冰

　　　童詩與童話／莊世和

　　　四十年來兒歌、童話書目／林政華

三月

一　日　《滿天星兒童詩刊》第七期出版。

　　　《文訊雜誌》革新號第三期特別企劃〈期待兒童文學的春天——海峽兩岸兒童文學的發展比較〉。

原本每天全版彩色見報的《民生報》「兒童天地」版為配合
該報全面改版作業，自即日起改為每週六以黑白全版見報。

十九日　由中華民國兒童文學學會主辦的一九八八年度「優良兒童圖
　　　　書金龍獎」假該會舉行決審，選出各類得獎作品：

　　　　　圖書故事書類：《起床啦！皇帝》
　　　　　故事體類：《再見天人菊》
　　　　　詩歌散文類：《心中的信》
　　　　　人文科學知識類：《古代科學家的故事》
　　　　　工具書類：《自然圖鑑系列》

廿　日　中華民國兒童文學學會第二屆第七次常務理事會決議四月二
　　　　十九日假國立中央圖書館六一○會議室舉行「兒童讀物出版
　　　　理念」座談會暨一九八八年度「優良兒童圖書金龍獎」頒獎
　　　　典禮。

四月

四　日　《小朋友巧連智》月刊創刊，總編輯高明美。該月刊係日本
　　　　福音館在臺創辦的雜誌。

十七日　科幻小說作家黃海以《大鼻國歷險記》一書榮獲第十四屆
　　　　（一九八九年度）國家文藝獎兒童文學類。
　　　　執教於省立新竹師院的徐素霞以《水牛和稻草人》的鄉土圖
　　　　畫書，代表中華民國首度入選「一九八九年義大利波隆那
　　　　國際圖畫書原作展」。這是臺灣文化進軍國際畫壇的一項突
　　　　破和肯定，也是一種榮譽。

第三屆東方少年文學獎徵獎辦法公布，獎項分少年小說、報導文學兩類。九月一日截止收稿。

第三屆信誼幼兒文學獎徵獎辦法公布。獎項分圖畫書及文字創作獎。自九月十五日至三十日止收稿。

《兒童文學發展研究》——以故事、小說為主題，許義宗著，知音出版社出版，十六開，一五〇頁。

《女人島》、《白賊七》、《神鳥西雷克》（續本臺灣民間故事）；《媽祖回娘家》、《鹽水蜂炮》（續本臺灣風土民俗）。遠流出版事業公司出版。

五月

七　日　中華民國兒童文學學會第二屆第六次理監事聯席會義暨第八次常務理事會議決議：

成立「四十年兒童期刊回顧展」工作小組。
排定兒童期刊企劃研習講座講師及課程表。

十一日　一九八八年度臺灣區省市立師院兒童文學學術研討會，由省立臺東師院承辦，假臺東縣立文化中心舉行。研討主題以「童話」、「童話教學」為主，下分六個子題，每一子題有一主講人：

談兒童文學散文／林政華
童話的敘述觀點研究／陳正治
如何指導兒童欣賞童話／張月昭
動物行為與童話創作／黃郁文

　　　　論兒童韻詩的體制／陳侃

　　　　兒童故事欣賞教學／鄭蕤

　　大會並邀請林良及洪文瓊發表專題演講。

廿一日　第一屆楊喚兒童文學獎假臺北市知新藝術生活廣場貴賓廳舉
　　　　行。李潼以《再見天人菊》獲獎。另大陸童話作家洪汛濤以
　　　　《神筆馬良》獲贈特別獎。

廿八日　大陸兒童文學研究會主辦，東方書訊雜誌協辦的「中國現代
　　　　童話」座談會，假東方出版社會議室舉行。參加者計有林
　　　　良、馬景賢、李潼、杜榮琛、林煥彰等人。

　　　　《兒童文學學術研討會論文集》，臺東師院語教系主編，臺
　　　　東師院出版，二十五開，二八二頁。

　　　　《兒童文學論述選集》，林文寶編選，幼獅文化事業公司出
　　　　版，二十五開，三二六頁。

　　　　《兒語三百則與理論研究》，林文寶，林政華編著，知音出
　　　　版社出版。新二十五開，二〇六頁。

六月

一　日　《滿天星兒童詩刊》第八期出版。

　　　　《國文天地》第四十九期專題以「重建美好的兒童文學世
　　　　界」，收錄八篇文章：

　　　　在月光下織錦的人──訪林良先生談兒童文學

　　　　訪遊美兒童文學家葉詠琍女士／雷僑雲

　　　　兒童文學在師範院校的未來發展／徐守濤

　　　　落實兒童文學教育方法芻議／林政華

當前兒童文學的大趨勢／陳木城

兒童的文學欣賞與寫作／吳當

我們都是白雪公主──對當前童話教學的一些省察／李漢偉

他山之石，何以攻錯／邱各容

另收錄〈臺灣地區兒童文學論述譯著書目〉（民國三十八年至七十七年）上，林文寶。

四　日　《虎姑婆》、《阿美族豐年祭》、《懶人變猴子》（繪本臺灣民間故事）；《臺灣童謠》、《臺灣民宅》（臺灣風土民俗）。遠流出版事業公司出版。

十五日　《童詩創作一一〇》，洪中周編，滿天星兒童詩刊社出版，二十五開，二三四頁，收錄陳千武、薛林、陳文和、林鍾隆、洪志明、魏桂洲、蔡榮勇、黃雙春、謝玲雪、洪中周、鄭文山等十一人的作品一一〇首。

廿　日　中華民國兒童文學學會經內政部評定為一九八八年度績優社會團體，該會理事長馬景賢代表前往劍潭青年活動中心受獎。

廿九日　省政府教育廳主辦的「臺灣省第二屆兒童文學獎」假基隆市立文化中心舉行頒獎典禮。共選出優等獎三名，佳作十五名。

優等獎：

曾　春／瑪琍與神童

邱晞傑／小小飛機飛飛飛

孫達明／世界上最快樂的人

佳作獎：

吳明輝／唐阿姨的金蛋

李春霞／德馬城的春天

黃登漢／奇妙的一天

陳梅英／海龍王生氣了

王江慧／靈鳥米利

顏士程／保家兄弟的陰謀

呂玫芳／無尾貓傑西

趙志文／想長大的字典

王智星／七色光

蕭奇元／鈔票寶寶的心願

陳木城／遺失城

朱敏賢／依依的彩虹島

唐　琮／我訪問了耶誕老公公

王文水／小草的故事

賴金葉／特產

《金毛狗》，李潼著，富春文化事業公司出版，二十五開，二〇八頁。

《航向未來》，黃海著，富春文化事業公司出版，二十五開，一六〇頁。

中國文化大學日本研究生顧錦芬以日文撰就《新美南吉童話之研究》碩士論文。

《幼兒讀物研究》第九期轉載邱各容寫的〈四十年來臺灣地區兒童讀物出版概況〉。該刊係大陸中國出版工作者協會幼兒讀物研究會編的。

七月

一　日　第十六屆洪建全兒童文學獎開始收件。獎項分圖畫故事、散
　　　　文、童話等。
　　　　第二屆中華兒童文學獎開始接受申請，至八月底截止，獎項
　　　　分文學類及美術類。
　　　　《國文天地》第五十期收錄〈臺灣地區兒童文學論述譯著書
　　　　目〉下，林文寶編。

三　日　臺北市一九八九學年度兒童文學研習營自即日起展開，為期
　　　　十二天。今年主題是「兒童戲劇」。

四　日　由臺灣省政府教育廳主辦，財團法人益華文教基金會與中華
　　　　民國兒童文學學會協辦的「兒童戲劇研習營」自即日起假臺
　　　　北縣秀山國小舉行，為期五天。

十　日　信誼基金會舉辦「兒童圖畫書創作研習班」，為期三週。課
　　　　程內容包括寫作繪畫指導、創作診斷、國內外優良圖畫書欣
　　　　賞等，講師有鄭明進、曹俊彥、洪文瓊、高明美等。

十一日　中華民國兒童文學學會本年度兒童文學講座以「兒童期刊企
　　　　劃研討」為主題，自即日起至八月十一日止，假東方出版社
　　　　四樓會議室開課。課程內容包括兒童期刊的產品定位規劃、
　　　　編輯政策的擬訂與執行、編輯作業流程與作業控制、成本效
　　　　益分析─損益平衡點的計算、專題規劃經驗談、各類兒童期
　　　　刊介紹（大陸、日本、美國等）、兒童期刊發行問題等。

廿　日　九歌兒童劇團即日起到三十日分別在高雄文化中心、桃園文
　　　　化中心、幼獅藝文中心演出大型歌舞劇──「頑皮大笨貓」。

廿五日　杯子劇團的黑光劇──「白蛇傳」，即日起在臺北做第二次
　　　　公演，為期四天。

《奶奶》，〔德〕彼得・哈特林著，張南星譯，富春文化事業公司出版，二十五開，一六〇頁。

《兒童歌謠類選與探究》，林文寶、林政華合編，知音出版社出版，新二十五開，二一二頁。

《童詩三百首與教學研究》，林文寶、林政華合編，知音出版社出版，新二十五開，二八二頁。

八月

一　日　《國文天地》第五十一期刊載〈一本值得細讀的兒童文學論著——《現代兒童文學的先驅》〉，杜榮琛撰。該書係四川重慶西南師大中文系講師王泉根的碩士論文。

五　日　九歌兒童劇團於臺中市中山堂表演大型歌舞劇——「頑皮大笨貓」。

八　日　皮匠兒童布偶劇團本日及十三日假臺北市知新藝術生活廣場表演「國王與九色鹿」。

十　日　《童話藝術思考》，洪汛濤著，千華出版社出版，二十五開，二六八頁。

十一日　大陸兒童文學研究會成員林煥彰、謝武彰、曾西霸、陳木城、杜榮琛、方素珍及少年小說作家李潼等應大陸的「安徽兒童文學交流會」之邀，前往合肥參加兒童文學交流會。

十八日　魔奇兒童劇團即日起假國立臺北藝術館演出「巫婆不在家」，為期一週。

廿三日　蒲公英劇團假高雄國軍英雄館演出「湯姆歷險記」，為期兩天。

廿七日　蒲公英劇團假臺南市立文化中心演出「湯姆歷險記」。

《臺灣兒童詩選》（上）（下），藍海文選編，湖南文藝出版社出版。三十二開，（上）一六八頁，（下）二〇四頁。

《兒童詩初步》，劉崇善著，千華出版社出版，二十五開，二一八頁。

《阿輝的心》，林鍾隆著，滿天星兒童詩刊社重印，二十五開，二一八頁。

由財團法人彥棻文教基金會與中華民國兒童文學學會聯合主辦的「第二屆中華兒童文學獎」，本月底截止收件。

由財團法人洪建全教育文教基金會與中華民國兒童文學學會聯合主辦的「第十六屆洪建全兒童文學獎」，本月底截止收件。

九月

一　日　《滿天星兒童詩刊》第九期出版。

四　日　《李田螺》、《仙奶泉》（繪本臺灣民間故事），遠流出版事業公司出版。

十九日　《兒童文學》，大陸北師大研教室，祝士媛編，新學識文教出版中心出版，二十五開，三三〇頁。

《童話學》，洪汛濤著（大陸當代童話作家），富春文化事業公司出版，二十五開，四六四頁。

《中國傳統兒歌選》，蔣風編（浙江師大兒童文學研究所所長），富春文化事業公司出版，二十五開，二八六頁。

《兒童詩歌的原理與教學》（增訂版），宋筱蕙著，五南圖書出版公司出版，二十五開，二九二頁。

《歐洲青少年文學暨兒童文學》，D. Escarpit 著，黃雪霞譯，遠流出版事業公司出版，三十二開，一九〇頁。

「第二屆楊喚兒童文學獎」本月底截止收件。

十月

二　日　臺灣省國民學校教師研習會上午假該會舉行第三八○期兒童
　　　　文學寫作班開訓典禮，由教育廳副廳長湯振鶴主持，為期四
　　　　週。這是該寫作班自一九八四年停辦以來，首次恢復舉辦，
　　　　意義重大。

六　日　耕莘青年寫作會第二十一期寫作研習班開了六堂兒童文學研
　　　　習課程，本日由嚴友梅主講「兒童文學的寫作」。其他五堂分
　　　　別是：

　　　　　　兒童是成人的父親／羅青／十月二十日
　　　　　　開拓中國兒童讀物的新天地／林明德／十一月三日
　　　　　　童話的鑑賞與寫作／朱秀芳、陳月文／十一月十七日
　　　　　　如何從兒童身上尋找寫作題材／官舜弘／十二月八日
　　　　　　少年小說的寫作／李潼／十二月二十二日

廿四日　臺灣省國校教師研習會第三八○期兒童文學寫作班舉辦「四
　　　　十年來的兒童文學」 專題演講，由趙天儀主持，邱各容主
　　　　講臺灣地區，陳木城主講大陸部分。

廿八日　法商巴雅出版公司臺灣分公司假金石堂汀州店舉行成立酒
　　　　會。該公司以出版少年及兒童讀物為主。

廿九日　高雄市兒童文學寫作學會舉辦第一屆余吉春童詩創作獎，歡
　　　　迎高市喜愛童詩寫作的小朋友踴躍參加，每人以十首為限。
　　　　《兒童故事原理》（增訂版），蔡尚志著，五南圖書出版公司
　　　　出版，二十五開，二六四頁。
　　　　《十年來我國幼兒讀物出版狀況調查研究》，信誼基金會學

前兒童教育研究發展中心接受行政院文建會委託的研究報
告，十六開，七十六頁。

十一月

四　日　《火種》、《能高山》、《水鬼城隍》、《手工藝》（繪本臺灣民
　　　　間故事）；《亦宛然布袋戲》、《排灣族婚禮》、《鹿港龍山
　　　　寺》、《鹿港百工圖》（繪本臺灣風土民俗），遠流出版事業公
　　　　司出版。

十二日　一九八九年金鼎獎得獎名單公布：

　　　　兒童少年類雜誌金鼎獎：《小牛頓》
　　　　優良公辦雜誌獎：《兒童的》
　　　　兒童讀物類圖書金鼎獎：《寫給兒童的世界歷史》
　　　　評審委員推薦獎：《親親幼兒圖畫書》、《華一兒童知識寶
　　　　庫》、《繪本臺灣風土民俗》。

十九日　中華民國兒童文學學會召開一九八九年優良兒童圖書金龍獎
　　　　決審會議，得獎作品分別是：

　　　　圖畫書：《神鳥西雷克》、《千心鳥》
　　　　故事書：《🐱的故事》
　　　　詩歌散文：《為你開一扇窗》
　　　　自然科學知識：《四季小百科》、《彩色世界（4）》

廿四日　第十六屆洪建全兒童文學獎揭曉：

圖畫故事類：

優　等：黃淑英──吃雲的阿皮

　　　　張哲銘──月亮的黑衣裳

評審獎：王竹君──小丑東東的故事

　　　　杜采蓉──吃夢的卡卡

　　　　蔡惠如、廖鴻興──下雨的星期天

兒童散文類：

首　獎：邱　傑──飛在水平線下

優　等：凌　拂──沒有化過妝的美麗

　　　　管家琪──寫字的故事

　　　　李松德──掙扎在冬天裡的童年

童畫類：

首　獎：蒙永麗──沒辦法先生

優　等：凌　拂──木棉樹下的噴嚏

　　　　謝素燕──七色鏡

　　　　王　玉──花精

《古典兒童詩歌精選賞讀》，林文寶、林政華合編，富春文化事業公司出版，二十五開，二五六頁。

《兒歌研究》，馮輝岳著，臺灣商務印書館出版，四十六開，一五八頁。

十二月

一　日　《滿天星兒童詩刊》第十期出版。

四　日　《好鼻師》（繪本臺灣民間故事），遠流出版事業公司出版。

九　日　中國圖書館學會本屆年會假臺中市立文化中心舉辦「近四十
　　　　年全國兒童期刊回顧展」。

十七日　中華民國兒童文學學會第二屆第二次會員大會假臺中市文英
　　　　館中正廳舉行。會中頒發第二屆中華兒童文學獎、第十六屆
　　　　洪建全兒童文學獎、一九八九年度優良兒童圖書金龍獎、一
　　　　九八九年大專院校兒童文學研究獎學金。同時並致贈感謝牌
　　　　給財團法人彥棻文教基金會、益華文教基金會魔奇兒童劇團
　　　　及洪中周先生。下午進行「兒童閱讀指導學術研討會」。
　　　　臺灣省兒童文學協會假臺中市天主教社會服務研究院舉行成
　　　　立大會。選出理監事二十名，候補理監事六名。
　　　　理事：陳武雄、王武昌、趙天儀、黃雙春、邱各容、陳進
　　　　　　　孟、余淑姬、藍祥雲、黃靄香、龔顯榮、林鍾隆、林
　　　　　　　武憲、黃樹根、魏桂洲、蕭秀芳。
　　　　候補理事：林良雅、李篤恭、林生源、鄭文山、高琇樺。
　　　　監事：何錦榮、陳篤弘、鄭烔明、林文寶、張彥勳。
　　　　候補監事：許振江。
　　　　該會同日召開第一屆第一次理監事會，推選陳武雄為首任理
　　　　事長。
　　　　《認識兒童期刊》（中華民國兒童文學學會兒童文學研究叢
　　　　刊（5）），邱各容策劃，鄭明進主編，十六開，一六〇頁。
　　　　第一屆「文殊佛教文學獎」公布，兒童故事類得主：陳啟
　　　　淦──頑童奇遇記。

一九八九年度兒童文學書目

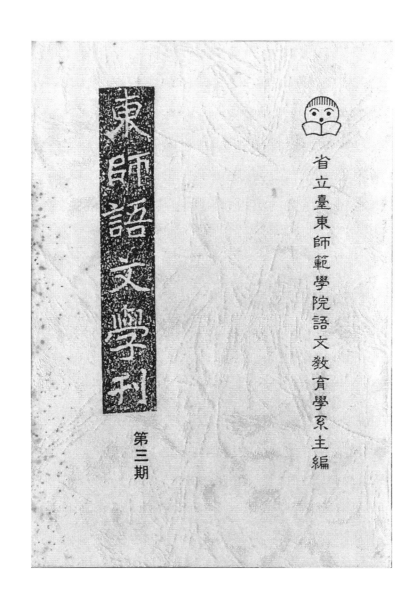

　　一九八九年度「出版界十大新聞」（見《聯合報》一九八九年十二月二十七日文化藝術版）就兒童讀物的角度看，其中有幾則值得注意：一、海峽兩岸出版業及文化界的交流日形活絡。二、以青少年為主要訴求對象的數本刊物崛起於國內市場；漫畫雜誌興起；而國外多家出版公司陸續進軍臺灣兒童刊物、成人雜誌、女性刊物等市場。三、主要報紙推出「讀書」、「排行榜」等版面。

　　雖然，「讀書」、「排行榜」等版面不以兒童、少年為主要訴求對象，但是一九八九年度的國內兒童讀物市場，卻像舉辦國際嘉年華會一樣，各先進國家兒童出版品一波波到來，顯現前所未有的熱鬧景象。繼日本、義大利、丹麥等國的出版商，陸續授權中文版兒童書籍後，法國、美國等又有新面孔加入這場盛會。在一些出版業者紛紛引進大陸兒童文學作品時，並有少數出版社悄悄地印行大陸兒童文學理論書籍，提供了從事創作者更進一步認識大陸兒童文學的機會。除外，國內並有文經出版社、漢藝色研文化公司、東華書局、遠流出版事業公司、富春文化事業公司等出版社投入兒童讀物市場。

　　一九八九年度熱鬧與洶湧的兒童讀物市場，面對國外與大陸兒童讀物強勢的湧入，筆者認為或許下列可作為一九八九年度兒童文學出版界的大事：

　　一、天衛文化圖書公司出版《寫給兒童的世界歷史》。

　　二、大陸兒童文學研究會《會刊》的刊行。

　　三、幼獅文化事業公司出版《兒童文學選集》。

　　四、遠流出版事業公司出版《兒童的臺灣》。

　　五、東方出版社出版《四季小百科》。

而其中最具意義者，當首推《兒童文學選集》。這套選集由筆者策劃，包括論述、故事、童話、小說、詩歌等五類。其中除論述類由本人編選外，並邀請蘇尚耀（故事類）、洪文瓊（童話類）、洪文珍（小

說類）、林武憲（詩歌類）四位先生參與編選的工作。這套選集為檢視三十八年以來，臺灣地區的兒童文學成果。因此，其範圍限定於一九四九年到一九八七年之間，且以臺灣地區的成人著作為主。全書編選方式，以史的發展、作品、作家三者兼顧；亦即以發展為經，作品、作品為緯。各選集並附一九四九年以來各類參考書目。

　　緣於個人財力與時間的限制，未能掌握與購盡一九八九年度的出版讀物；更無力閱盡全部作品。在經年觀察之餘，幾經思索，個人認為論述著作的出版是衡量學術的指標；而文學創作是實力的展示；又由於身為語文教師，平日頗注意語文著作，是以擬就兒童文學論述、兒童文學創作、語文等三類為主彙集收錄。雖似飛鴻踏雪泥，或仍可為一九八九年度的兒童讀物市場留下偶然的指爪。

　　由於論述類著作不多，翻譯作品與大陸翻印書並錄。兒童文學創作類，則以臺灣地區的國人創作為主。在這國外與大陸兒童讀物強勢湧入的年代，重視弱勢的自創性作品乃是落實本土兒童文學的頭一步。原則上，改寫作品不錄；除外，屬於幼兒的圖畫故事書亦不收錄，蓋幼兒讀物的年出版量逐年持續增加；並逐漸從兒童讀物領域獨立出來，實非個人能力所及。總之，所錄兒童文學創作類作品，全書篇幅不得少於六十四頁，並以文字的表達為主。至於語文類著作，除不收文學性作品之賞析及與課業息息相關的參考書之外，可說兼容並蓄，旨在提供各級教師參考。

　　明知個人能力有限，卻又強力而行；只怕成果不彰，甚且喋喋不休。或曰：「蓋有所期待也」。

一九八九年兒童文學論述書目

書名	作者（譯者）	出版社	出版日期	開數	頁數	備註
歌唱的彩蝶——詩歌教學研究	林淑英主編	北市國語實小	1月	25	346	
兒童文學發展研究	許義宗著	知音出版社	4月	16	143	
兒童文學學術研討會論文集	東師語教系主編	臺東師院	5月	25	282	
兒童文學論述選集	林文寶編選	幼獅文化事業公司	5月	25	326	
兒童文學周刊（第七輯）	張劍鳴編	國語日報	6月	8	100	601期到700期合訂本
兒童詩初步	劉崇善著	千華出版公司	8月	25	151	大陸翻版書
童話藝術思考	洪汛濤著	千華出版公司	8月	25	259	大陸翻版書
歐洲青少年文學暨兒童文學	D. Escarpit 著 黃雪霞譯	遠流出版事業公司	9月	32	188	
兒童詩歌的原理與教學	宋筱蕙著	五南圖書出版公司	9月	25	292	增訂新版
童話學	洪汛濤著	富春文化事業公司	9月	25	461	大陸翻版書
十年來我國幼兒讀物出版狀況調查研究	信誼基金會	信誼基金會	10月	16	76	
兒童故事原理	蔡尚志著	五南圖書出版公司	10月	25	264	增訂新版
兒童文學	祝士媛編訂	新學識文教出版中心	11月	25	327	大陸翻版書

書名	作者 （譯者）	出版社	出版 日期	開數	頁數	備註
兒歌研究	馮輝岳著	臺灣商務印書館	11月	46	152	人人文庫特七八四
認識兒童期刊	鄭明進主編	中華民國兒童文學學會	12月	16	159	
中華民國臺灣地區兒童期刊目錄	洪文瓊主編	中華民國兒童文學學會	12月	16	275	
我們只有一個地球	馬景賢主編	中華民國兒童文學學會	12月	16	140	一九八九年度兒童戲劇研習營成果手冊

一九八九年兒童文學創作書目

書名	作者 （譯者）	出版社	出版 日期	開數	頁數	備註
小黃鶯	黃基博著	屏東縣仙吉國小	1月	25	28	歌舞劇本
森林夏令營	林少雯著	文經出版社	1月	25	166	
為你開一扇窗	謝蜀芬等	聯經出版事業公司	1月	25	406	
童年故事	潘文良著	頂淵文化公司	2月	25	170	
夢的故事	潘文良著	頂淵文化公司	2月	25	160	
九歌兒童書房（第九集）：阿喜阿喜壞學生	蔡文甫編	九歌出版社	2月	25	197	名家兒童文學作品集

書名	作者 （譯者）	出版社	出版 日期	開數	頁數	備註
草原上的星星 嘉嘉流浪記 猴子進城	廖輝英著 楊小雲著 哈潑著				194 203 141	
閒話一籮筐	林劍青著	愛智圖書公司	3月	直21 橫19.5	127	一套三冊 各冊皆為 127頁
哥兒倆在澳洲	張安迪、張 凱文著	純文學出版社	4月	直19 橫18.5	183	
杏樹下的朋友	曾小英著	幼獅文化事業 公司	4月	25	130	
博士布都與我	李潼著	聯經出版事業 公司	5月	25	132	
瑪琍與神童	曾春等	省教育廳	5月	16	239	臺灣省第 二屆兒童 文學專集
兒童文學詩歌選 集	林武憲編選	幼獅文化事業 公司	5月	25	323	
兒童文學第七輯	高市苓洲國 小	高市兒童文學 寫作學會	5月	25	307	第七屆柔 蘭獎專輯
臺灣省東區第三 屆兒童文學獎作 品選集	孫玉章編	臺東社會教育 館	6月	25	140	分成人、 學童兩組
航向未來	黃海著	富春文化事業 公司	6月	25	207	
含淚的贈與	桂吟歸著	中央日報	6月	直21 橫19	117	

書名	作者 （譯者）	出版社	出版 日期	開數	頁數	備註
大吉和大利	克真等著	中央日報	6月	同前	77	
童詩創作110	陳千武等著	滿天星兒童詩刊社	6月	25	233	
國民小學中心德目故事集	屏師院語教系主編	屏東師院	6月	25	373	
野溪之歌	李潼著	省教育廳	6月	直20.5 橫17.5	78	中華兒童叢書
金毛狗	李潼著	富春文化事業公司	6月	25	207	
劉冠軍出馬	溫小平著	一葦出版社	8月	25	173	
寶貝蛋風波	溫小平著	一葦出版社	8月	25	174	
跑啊！向前跑	林少雯著	文經出版社	8月	25	154	
兒童文學故事選集	蘇尚耀編選	幼獅文化事業公司	8月	25	430	
兒童文學童話選集	洪文瓊編選	幼獅文化事業公司	8月	25	341	
阿輝的心	林鍾隆著	滿天星兒童詩刊社	8月	25	215	1965年12月小學生雜誌社初版
孩子，你聽我說	薄慶容著	林白出版社	9月	新25	210	「給小風的信」第二集
我的少年時代	謝冰瑩著	正中書局	9月	25	126	1966年11月初版

書名	作者 （譯者）	出版社	出版 日期	開數	頁數	備註
童年26	朱秀芳著	東方出版社	9月	32	250	
露珠兒的夢	薛林著	滿天星兒童詩刊社	11月	25	79	
史記的故事	吳美川著	昇陽出版社	11月	32		全套四冊 （一）165 （二）161 （三）163 （四）163
有淚不流的日子	林少雯著	文經出版社	11月	25	153	

一九八九年兒童文學語文書目

書名	作者 （譯者）	出版社	出版 日期	開數	頁數	備註
童詩夏令營	葉日松編著	欣大出版社	1月	25	202	
從笑話中思考	蔡錦德著	華淋出版社	2月	25	187	
創意的寫作教室	林建平編著	心理出版社	3月	25	243	
朗誦研究	林文寶著	文史哲出版社	3月	25	268	
77學年度國語學術研討會論文集	南師語系主編	臺南師院	4月	16	139	
兒語三百則與理論研究	林政華等編著	知音出版社	5月	新25	202	
小學語文教育研討會論文集	市等院語教系主編	市北師院	5月	25	304	
名家論語文	蘇尚耀等著	北市教育局	5月	25	166	

書名	作者 （譯者）	出版社	出版 日期	開數	頁數	備註
小小書評佳作選 （一）	邱阿塗編選	富春文化事業 公司	6月	25	269	
讀古文想問題	吳宏一著	中央日報	6月	25	190	
讀詩學作文	蔡榮勇編著	中師院附小	6月	25	117	
兒童歌謠類選與 探究	林政華等編 著	知音出版社	7月	25	207	
童詩三百首與教 學研究	林政華等編 著	知音出版社	7月	25	277	
寫作大要	劉孟宇著	新學識文教出 版中心	8月	25	391	大陸翻版書
文言文知識表解	侯雲龍著	新學識文教出 版中心	9月	25	206	大陸翻版書
小小書評佳作選 （二）	邱阿塗編選	富春文化事業 公司	10月	25	270	
作文七七法	李尚文編著	國文天地雜誌 社	10月	25	191	大陸翻版書
馳騁在思路上	郭麗華著	中央日報	10月	25	271	
有趣的文字1	林惠勝著	非凡出版社	11月	25	151	

一九九〇年兒童文學大事記要

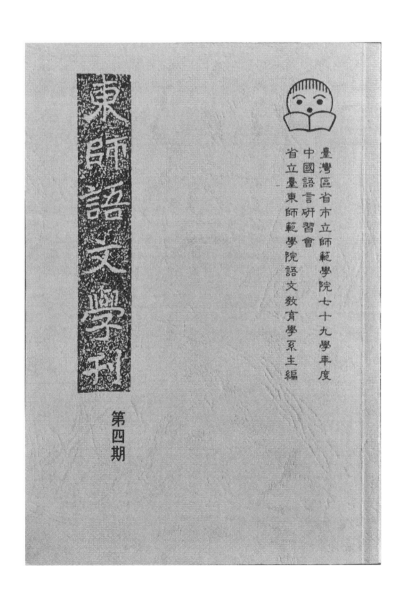

　　年度兒童文學大事記在記錄當年度攸關兒童文學研究發展的大事譜。取捨標準端視其對促進兒童文學的研究與發展有無實質的助益而定。資料來源分別取自各兒童文學團體的會訊及其所發布的消息、《聯合報》、《國語日報》、《臺灣時報》、期刊（如《滿天星》、《幼獅文藝》、《書香廣場》）、兒童劇團（九歌、魔奇）、出版社新書書目等。

　　年度兒童文學大事內容總的來說，涵蓋了人、事、物三項。在「人」的方面：各兒童文學團體新任理監事、理事長；各單項兒童文學獎得獎者，各兒童文學活動的講師或參與人士。在「事」的方面：各類兒童活動的次第舉辦，諸如：兒童文學學術研討會、研習會、座談會；兒童節特輯，兒童文學獎得獎名單的公布，各兒童劇團的演出等；國內外兒童文學界的交流接觸等。在「物」的方面：兒童文學論著的出版、兒童期刊的創刊等。

　　從大事記中，可以了解到兒童文學工作者無論是在活動與出版方面、無論是在創作或理論研究方面，他們（團體或個人）都在兢兢業業地為促進、為繁榮兒童文學的發展與提升兒童文學理論研究而努力不懈，這一年，他們的心血與奉獻是值得鼓勵與肯定的。

元月

一　日　《書香廣場》第三十八期專題介紹國內兒童劇團，分別是魔奇兒童劇團（1986年4月）、鞋子兒童實驗劇團（1987年9月）、九歌兒童劇團（1987年9月）、一元布偶劇團（1987年11月）。

十三日　第三屆信誼幼兒文學獎舉行頒獎典禮。得獎人分別是圖畫書首獎陳志賀《逛街》。佳作林宗賢《誰的翅膀掉了》。評審委員獎施政廷〈我的爸爸不上班〉。文字創作佳作王金選〈金龜粿〉。

十四日 九歌兒童劇團自即日起展開兒童戲劇社區推廣活動，全年度
共十六場。
《兒童文學故事體寫作論》（新版本），臺東師院語系出版，
林文寶著。

二月

一　日 《書香廣場》第三十九期刊載兒童劇團專題——「關懷下一
代——談兒童戲劇的發展」。邀請淡江大學西語系黃美序教
授及政大西語系司徒芝萍副教授深入探討兒童戲劇的發展情
形，政府和民間如何看待兒童劇團，以及兒童劇團的未來發
展等。
《滿天星兒童詩刊》自本期（2月1日，第11期）開始改為
《滿天星兒童文學》並由季刊改為雙月刊。
《兒童文學研究》——「戲劇專集」，臺北市國語實驗國民
小學出版，收錄十七篇文章。

五　日 臺中縣一九八九年度兒童文學創作研習會即日起假豐原市富
春國小舉行，為期一週，分教師組與學生組，應聘指導老師
有蔡宗陽、林文寶、陳木城、林鍾隆、蔡榮勇、杜榮琛、洪
中周、洪志明、蕭秀芳等人。

七　日 臺北縣兒童文學研習營假瑞濱國小舉行，為期一週。以探討
瑞芳九份地區和平溪、十分地區的金礦、煤礦史及人文景觀
為主。

十二日 宜蘭縣國小教師第十四屆兒童文學研習營自即日起假羅東國
小校友館舉行，為期六天。

十四日 臺北縣立文化中心即日起在兒童閱覽室展出「近四十年全國
兒童期刊回顧展」，為期五天。

十九日 九歌兒童劇團將邀請奧地利特利布利特劇團舉辦一九九○國
際兒童戲劇交流研習會，三月起將展開全省的研習活動。研
習會指導為特利布利特劇團的創團者海尼・布羅斯曼（Heini
Brossmann）及皮克凱（Picco Kellner）。

三月

十一日 一九九○國際兒童戲劇交流研習營第一波即日起假臺北市立
師院舉行。

十四日 臺灣省兒童文學協會與臺中市立文化中心聯合主辦「童詩創
作及指導創作研習」，即日起每星期三晚上在文化中心研習三
個月十二週次，桓夫、錦連、林亨泰、詹冰、白萩、王武昌
等擔任講師，洪中周、洪志明、蔡榮勇參與實習作品評釋，
共招收七十六名學員。

十七日 一九九○國際兒童戲劇交流研習營第一波假臺中市鴻德幼稚
園舉行。

十八日 一九九○國際兒童戲劇交流研習營第一波假高雄市大同國小
舉行。

四月

一　日 兒童文學家賴西安（李潼）以《博士・布都・我》榮獲本年
度國家文藝獎（兒童文學類）。

二　日 九歌兒童劇團假臺北市國家劇院實驗劇場演出「土豆與毛
豆」兒童劇，前後七天演出九場。

三　日 中華民國兒童文學學會與國立中央圖書館臺灣分館合辦「兒
童期刊發展展望」座談會。由洪文瓊先生專題報告「近四十
年全國兒童期刊綜合分析」。

九歌兒童劇團假國立藝專音樂廳演出「快樂森林」兒童劇。
翌日在臺北國賓大飯店續演一場。

四　日　兒童刊物《漫畫大王》、《童話大王》同日創刊。

魔奇兒童劇團在國父紀念廣場演出兒童劇——「歡樂遊——
大顯神通」。

一元布偶劇團在永琦百貨六樓萬象廳演出「三隻小豬」，為
期　四天。

加拿大藍波木偶劇團在高雄中正文化中心演出「打哈哈」和
「猴子事業」。

新竹縣兒童文學專輯《小貝殼》（第九輯），新竹縣教育局出
版，收錄五十一首童詩和四篇童話作品。

五　日　聯副推出兒童節特輯：塑造新時代的童心——兒童文學發展
的新趨勢

走向當代形態的兒童文學／王泉根

讓社會的需要成為兒童文學的趨勢／陳木城

開拓兒童文學海闊天空的新領域／林婷婷

少年小說的新天地／李潼

黃金時代——美國兒童圖出版現況／孫晴峰

從遊戲精神進入遊藝功能／班馬

期待國內能有更好的兒童文學發展環境／洪文瓊

邁向二〇〇〇年的兒童文學／嚴吳嬋霞

六　日　加拿大藍波木偶劇團在基隆市立文化中心演出「打哈哈」和
「猴子事業」。

七　日　加拿大藍波木偶劇團在臺北幼獅藝文中心演出「打哈哈」和
「猴子事業」，為期三天。

十一日　九歌兒童劇團在高雄市國軍英雄館演出「土豆與毛豆」為期
兩天，演出兩場。

四月號《幼獅文藝》刊載兒童文學專號。計分「兒童文學的範圍與發展」、「大陸兒童文學」、「臺灣兒童文學的過去、現在及展望」、「名家名作欣賞」、「兒童文學與文化傳播」、「得獎作品目錄」等六大部分，共十八篇訪問稿、特稿、作品及目錄。

五月

四　日　臺灣區省市立師院一九八九學年度兒童文學學術研討會即日起假省立嘉義師範學院舉行，為期兩天。該研討會由臺灣省政府教育廳主辦，省立嘉義師院承辦。共宣讀論文十二篇：
　　　　童話的人物特性與刻畫要領／陳正治
　　　　童話創作與指導／許細妹
　　　　創造性兒童戲劇活動與國小國語科教學／范長華
　　　　兒童戲劇與兒童輔導／徐守濤
　　　　「人性化」轉化法在童詩創作上的運用／杜淑貞
　　　　「童話美學」初探——以「金色的海螺」為例／張清榮
　　　　臺灣兒歌與南北異腔／董忠司
　　　　鄉土歌謠與兒童文學／江春標
　　　　葉紹鈞兒童文學初探——韻文體作品之部／林政華
　　　　由調查分析看兒童課外閱讀化傾向／李慕如
　　　　文學的態度，教育的觀點——從事兒童文學創作應有的基本理念／蔡尚志
　　　　如何從國小國語文教學推展兒童文學／蔡梅香
十一日　九歌兒童劇團假鳳山市國父紀念館演出「奶奶的法寶」、「快樂森林」兒童劇各一場。
十二日　九歌兒童劇團假彰化縣立文化中心演出「奶奶的法寶」、「快

樂森林」兒童劇各一場。

十三日　九歌兒童劇團假臺南縣立文化中心演出「奶奶的法寶」、「快
　　　　樂森林」兒童劇各一場。

廿　日　由中國幼稚教育學會主辦，臺灣省臺中市支會承辦的「兒童
　　　　文學研習及中外兒童圖書展示會」假臺中市文英館中正廳舉
　　　　行。參加對象是中部四縣市公私立幼稚園托兒所園（所）長
　　　　及教師代表，並有「兒童文學的創作與欣賞／黃盛雄」，「兒
　　　　童文學與幼兒教育／林煥彰」，「中外兒童文學發展趨勢／吳
　　　　敏而」三場專題演講。
　　　　《幼兒閱讀現況調查研究》出版，由行政院文化建設委員會
　　　　委託信誼基金會學前兒童教育研究發展中心進行研究。
　　　　魔奇兒童劇團應邀赴歐巡迴公演。

六月

廿二日　九歌兒童劇團假臺南市立文化中心演出「奶奶的法寶」、「快
　　　　樂森林」兒童劇各一場。

廿三日　九歌兒童劇團假南投縣立文化中心演出「奶奶的法寶」、「快
　　　　樂森林」兒童劇各一場。

廿四日　九歌兒童劇團假臺北縣立文化中心演出「奶奶的法寶」、「快
　　　　樂森林」兒童劇各一場。
　　　　《幼兒讀物消費狀況調查研究》出版。由行政院文化建設委
　　　　員會委託信誼基金會學前兒童教育研究發展中心進行研究。
　　　　《兒童文學的思想與技巧》，傅林統著，富春文化事業公司出
　　　　版。
　　　　《演的感覺真好》──談兒童戲劇教學，杜紫楓著，富春文
　　　　化事業公司出版。

《帶爺爺回家》——臺灣省第三屆兒童文學獎作品集，臺灣省　政府教育廳印行，內收〈帶爺爺回家〉（李潼著）等十五篇少年小說作品。

《飄香童年》——宜蘭縣國小教師兒童文學創作集，宜蘭縣政府文復會宜蘭縣總支會出版。藍祥雲主編。內分散文、童詩、書評、童話四輯，共四十一篇作品。

廿七日 臺灣省第三屆兒童文學創作獎頒獎典禮，假溪頭森林遊樂區旅遊服務中心舉行。

七月

二　日 臺北市國語實小承辦的國小教師兒童文學研習，今年的主題是兒童戲劇，即日起為期兩週。第一週由學者專家作理論的闡述，第二週分組實際編劇排演。

九　日 高雄市兒童文學寫作學會理事長許漢章校長因腦中風不治遽逝，享年五十六歲。

十五日 臺灣省兒童文學協會接辦《滿天星兒童文學》雜誌，推選黃雙春、洪志明、魏桂洲、蔡榮勇、林生源五人組織編輯委員會，由黃雙春擔作召集人。

廿三日 臺北縣一九九〇年度兒童文學研習營即日起假板橋市海山國小舉行，為期六天。採寫作工作坊的方式，由作家現身說法並提出作品與學員面對面討論。

廿四日 臺灣省兒童文學協會即日起假日月潭青年活動中心舉辦「臺灣省一九九〇年度兒童文學創作研究夏令營」，為期五天。

《童話寫作研究》，陳正治著，五南圖書出版公司出版。

八月

二　日　九歌兒童劇團假臺北市幼獅藝文中心首演「太陽的兒子」兒童劇。並自三日起在同一地點演出八場。

十三日　由韓國兒童文學學會主辦的第一屆「亞細亞兒童文學大會」，即日起假漢城召開，為期三天。中華民國兒童文學學會總幹事洪文瓊、常務理事林煥彰應邀出席。會議主題為：「產業化的兒童圖書與兒童文學」。

十八日　九歌兒童劇團假新竹市文化中心演出「土豆與毛豆」兒童劇。

廿三日　九歌兒童劇團假高雄市中正文化中心至德堂演出「太陽的兒子」兒童劇。

廿四日　九歌兒童劇團假新竹市清華大學禮堂演出「太陽的兒子」兒童劇。

卅一日　九歌兒童劇團假臺東縣立文化中心演出「太陽的兒子」兒童劇。

　　　　《兒童文學史料初稿（1945-1989）》，邱各容著，富春文化事業公司出版，全書分初探篇、采風錄、回想曲、大事記學四輯。

九月

五　日　中華民國畫學會假國立歷史博物館舉行金爵獎頒獎儀式。兒童讀物插畫家曹俊彥和教育廳兒童讀物編輯小組首任美術編輯曾謀賢，分別獲得插畫類及國畫類。

八　日　九歌兒童劇團假新竹市清華大學禮堂演出「快樂森林」兒童劇。

卅　日　正中書局和大陸兒童文學研究會合辦「大陸兒童文學研究的
　　　　過去、現在和未來研討會」。出席者計有林良、馬景賢、林煥
　　　　彰、鍾惠民、陳木城、賴西安、沙永玲，邱各容、陳衛平、
　　　　謝武彰、杜榮琛、方素珍、蔣玉嬋、李曉星、黃有富等人。
　　　　《宜蘭縣兒童文學史料初編》，邱阿塗編著，宜蘭縣政府教
　　　　育局出版。

十月

十七日　臺灣省兒童文學協會秋季兒童文學研習自即日起開辦，分十
　　　　二週次。
十八日　高雄市兒童文學寫作學會理事長由常務理事涂秀田繼任，遺
　　　　缺由理事黃瑞田遞補。
廿四日　魔奇兒童劇團假臺北市南海路國立藝術館演出赴歐公演新
　　　　戲——「哪吒鬧海」，為期五天。
廿七日　由中國文化大學青少年福利系附設兒童讀物研編中心主辦的
　　　　「兒童讀物與戲劇研習會」即日起假陽明山華岡藝校舉行為
　　　　期兩天，研習對象係該校對兒童讀物及戲劇有興趣的學生。
　　　　講師有曾西霸、詹竹莘、黎芳玲、陳淑琦、陳木城等。
廿八日　九歌兒童劇團假臺北市湖光社區演出「野狼偷天鵝」兒童劇。
　　　　《兒童文學講話》增訂版，李漢偉著，復文圖書出版社出版。
　　　　《十年來我國幼兒讀物出版狀況調查研究》，由行政院文化
　　　　建設委員會委託信誼基金會學前兒童教育研究發展中心進行
　　　　研究。

十一月

四　日　臺北市兒童文學教育學會聘請夏婉雲為總幹事。決定設置

「第一屆臺北市兒童文學獎」，以獎勵推動兒童文學教育有功者、創作兒童文學優良的成人及兒童少年。

十八日　臺灣省兒童文學協會副總幹事由蕭秀芳女士接任。魏桂洲先生擔任《滿天星兒童文學》的執行編輯。

廿五日　中華民國兒童文學學會假臺北市劍潭海外青年活動中心舉行第二屆第三次會員大會。會中同時頒發第三屆中華兒童文學獎、第十七屆洪建全兒童文學創作獎、第三屆優良兒童圖書金龍獎、一九九〇年度大專院校兒童文學研修獎學金等各項得主，及改選理監事。下午並舉辦「童詩創作、教學討論會」及「兒童詩歌類圖書展覽」。

中華兒童文學獎：

文學類：陳玉珠，得獎作品〈無鹽歲月〉。

美術類：徐素霞，得獎作品〈第一次拔牙〉。

洪建全兒童文學獎：

圖畫故事類：

優等／林正義〈風箏遊記〉

　　　　張哲銘、王蘭〈阿牛〉

　　　　郭桂玲〈小河流經哪〉

　　　　仉桂芳〈漁港的小孩〉

童話類：

首獎／張嘉驊〈小精靈諾諾〉

優等／蘇紹連〈風吹走的歲月〉

　　　　洪志明〈安莉的手和樹的腳〉

　　　　賴曉珍〈不能開花的鳳凰木〉

童詩類：

首獎／張嘉驊〈你肚子裡有沒有屈原〉

余金財〈山地學童的日記〉

蘇紹連〈媽媽眼中的孩子〉

佳作／梁謙成〈小蟬兒〉等

陳文和〈三隻小豬〉等

魏桂洲〈夏天的陽光〉等

夏婉雲〈坐在雲端的鵝〉

優良兒童圖書金龍獎：

詩歌類：《山》

圖畫書類：《達達長大了》、《小老鼠普普》、《鹿港百工圖》、《逛街》

故事類：《蔬菜水果的故事》、《快樂山林》

知識類：《吳姐姐講歷史故事》、《臺灣火車》

大專院校兒童文學研修獎學金：

曾琪淑、徐瑞嬪、呂璨君、許思靜、張麗香、何聰明、林均婷、林有德、楊淑珺、劉怡瑩、陳紹慈、陳重光、郭碧如、黃瑞怡、向蕙芳。

新任理事：

陳木城、林煥彰、洪文瓊、曹俊彥、鄭明進、洪義男、劉宗銘、鄭雪玫、李雀美、桂文亞、丁淑卿、方素珍、傅林統、林武憲、邱各容、謝武彰、夏婉雲、徐守濤、楊平世、賴西安、杜榮琛共二十一人。

新任監事：

林海音、潘人木、蘇尚耀、林文寶、陳正治、黃郁文、林
春輝共七人。

十二月

十六日　中華民國兒童文學學會新任常務理事為曹俊彥、陳木城、林
　　　　煥彰、洪文瓊、鄭雪玫、林武憲、邱各容等七人。常務監事
　　　　為黃郁文。鄭雪玫則當選第三屆理事長。

十九日　九歌兒童劇團假臺北市國家戲劇院實驗劇場首演環保兒童
　　　　劇──「李兒上山」。並自翌日起至三十一日止，假該劇場
　　　　連演十四場。

廿六日　由高雄市政府社會局兒童福利服務中心主辦，媽咪兒童劇團
　　　　協辦的小紅帽兒童戲劇研習營，假中正文化中心至善廳公演
　　　　兒童劇──「兒童保護軍」。

廿九日　中華民國兒童文學學會常務理事邱各容經理事長鄭雪玫提
　　　　名，理監事會同意後，出任該會秘書長。遺缺由理事鄭明進
　　　　遞補，另由後補理事林月娥遞補為理事。

卅　日　臺北市兒童文學教育學會假木柵國小舉行第一屆第二次會員
　　　　大會。會中除頒贈第一屆臺北市兒童文學獎外，還邀請金華
　　　　國小蘇盛雄老師發表〈閩南兒歌的學與教〉專題演講並改選
　　　　理監事。

兒童文學獎教育類：

林淑美、鄭智夫、陳衍麟、王碧梅、吳蕙芳、簡進財。

兒童文學獎成人創作類：

夏婉雲、溫小平、張如鈞、楊喜媛。

兒童文學獎兒童創作類：

余宣黎、張心寧、吳筱涵、張雅涵、洪佳穗、李欣蓉、蘇采蘋、楊凱婷、葉琬瑜、張遐志。

新任理監事分別為：

理事：王天福、林政華、趙天儀、夏婉雲、凃良枝、盧清蓮、邱各容、黃振華、周文珍、王淑真、褚乃瑛、胡玲玉、吳年年、李新海、王碧梅、陳壽美、賴麗華、張美玲。

監事：簡志雄、溫貴琳、羅華木、康秀俐、曾郁敏。

彰化縣兒童的雜誌——《智慧菓》創刊，發行人周清玉，社長戴明國，主編游麗津。共一〇二頁。內容有怎樣寫童詩、兒童詩園、童話故事、兒童創作、童詩等。

《兒童文學研究》——戲劇專集第二集，臺北市國語實驗國民小學出版。

一九九○年兒童文學書目

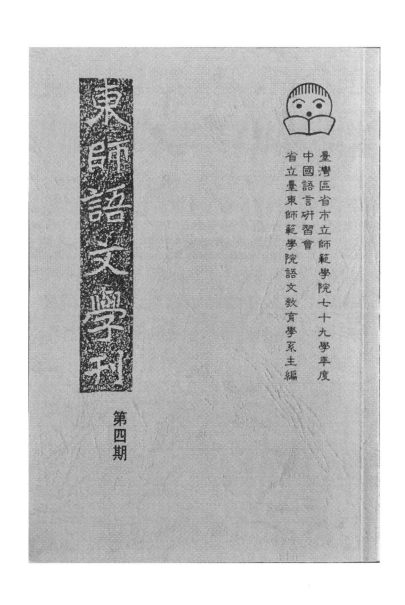

一九九〇年度兒童文學書目，仍以兒童文學論述、兒童文學創作、語文等三類為主彙集收錄。並略述其觀察如下。

一九九〇年度的出版界，似乎是景氣蕭條；就是兒童讀物市場而言，一九八九年度的熱鬧景象已不復可見。其間，較為熱門的是兩岸的交流更形熱絡。

在蕭條的景象中，卻有較為落實的理念出現：聯經出版事業公司印製「中國古典名著少年版」。其特色是由陳燁、趙衛民、陳煌、蘇偉貞等知名青年作家，將原來大部頭的原著，以現代文字改寫成約十萬字的讀本。目前已出版《水滸傳》、《西遊記》、《聊齋志異》、《醒世姻緣》等四冊書。東華書局出版《中國美術史》、《臺灣生活日記》等書。省教育廳的中華兒童叢書又增加了廿四本好書。只是其印製何其牛步，而購買又何其不易。國立編譯館主編的系列簡明版中國故事，已由正中書局出版四種，面目清新可喜。

又本年度評選優良兒童讀物蔚成風氣：除金鼎獎、新聞局第八次推介、金龍獎（中華民兒童文學學會）外，又有國立教育資料館的評鑑；尤其是中國時報一九九〇年開卷最佳童書，挾其強勢媒體，則更具權威性與公信力。若以論述而言，自當以〈兒童文學史料初稿（1945-1989）〉最為可嘉。

一九九○年兒童文學論述書目

書名	作者（譯者）	出版社	出版日期	開數	頁數	備註
兒童文學故事體寫作論	林文寶	臺東師院語教系	1月	25	298	增訂新版
一百分的小孩	紫楓	富春文化事業公司	2月	25	140	
兒童文學研究（二）——戲劇專集	林淑英主編	北市國語實小	2月	25	171	
臺灣區省市立師院78學年度兒童文學學術研討會論文集	嘉義師院語教系主編	嘉義師院	5月	16	256	
兒童成長與文學——兼論兒童文學創作原理	葉詠琍	東大圖書公司	5月	25	74	
做個讀詩的快樂兒童	江連君	百進出版社	5月	25	246	
幼兒閱讀現況調查研究	信誼基金會學前兒童教育研究發展中心	信誼基金會	5月	16	105	
兒童文學創作論	張清榮	供學出版社	6月	16	269	
幼兒讀物消費狀況調查研究	信誼基金會學前兒童教育研究發展中心	信誼基金會	6月	16	62	
童話的世界	相博沢	久大文化公司	6月	直16.5橫10.5	175	

書名	作者 （譯者）	出版社	出版 日期	開數	頁數	備註
幼兒教育輔導工作研討會論文集	臺東師院幼師科主編	臺東師院	6月	25	350	
兒童文學的思想與技巧	傅林統	富春文化事業公司	7月	25	434	
演的感覺真好 ——談兒童戲劇創作	杜紫楓	富春文化事業公司	7月	25	234	
兒童文學史料初稿（1945-1989）	邱各容	富春文化事業公司	8月	25	539	
兒童課外讀物展覽及評鑑實錄	國立教育資料館	國立教育資料館	9月	25	174	
宜蘭縣兒童文學史料初稿	邱阿塗	宜蘭縣教育局	9月	25	31	
兒童文學講話	李漢偉	復文圖書出版社	10月	新25	201	增訂新版
兒童詩創作與教學研討會手冊	陳木城等	中華民國兒童文學學會	11月	25	42	
認識兒童詩	徐守濤等	中華民國兒童文學學會	11月	16	118	
童詩天地	林合發編著	尚禹軒文化公司	11月	25	186	頁40至186為範詩選
月亮謝謝您	蔡榮男主編	臺中師院附小	11月	20	77	
海峽兩岸現代兒歌研究	杜榮琛	培根兒童文學雜誌社	12月	16	33	
兒童文學研究（三）戲劇專集第二集	林淑英主編	北市國語實小	12月	25	127	

一九九○年兒童文學文學創作書目

書名	作者 （譯者）	出版社	出版日期	開數	頁數	備註
小亮哥奮鬥記 ——小提琴家林昭亮的故事	蔡素貞	浩恩音樂事業推廣社	1月	16	63	
春在心頭已十分	柯錦鋒	富春文化事業公司	2月	25	186	
東方的寓言	謝鵬雄	中華日報社	2月	25	230	
家家酒	魏惟儀	中華日報社	2月	25	213	
九歌兒童書房第十集 　小瑩和她的朋友 　頑皮故事集 　小黑灰與比比	楊小雲 侯文詠 呂紹澄	九歌出版社	2月	25	191 148 112	
無鹽歲月	陳玉珠	幼獅文化事業公司	2月	25	128	
蠻蠻	李潼	幼獅文化事業公司	2月	25	120	
吳姐姐講歷史故事第十一冊（南宋—元）	吳涵碧	中華日報	2月	25	255	
吳姐姐講歷史故事第十二冊（宋末—元）	吳涵碧	中華日報	2月	25	263	
阿灰，我知道了	桂文亞編	民生報社	3月	25	122	
我知道，你也愛我	桂文亞編	民生報社	3月	25	148	

書名	作者 （譯者）	出版社	出版 日期	開數	頁數	備註
山	林鍾隆	省教育廳	4月	20	38	
孩子的季節	葉維廉	省教育廳	4月	20	38	
小紙船的流浪	許漢章	省教育廳	4月	20	38	
雪地和雪泥	黃郁文	省教育廳	4月	20	38	
生活日記	夏錦鍔	省教育廳	4月	20	58	
智慧的燈盞	楊兆禎	省教育廳	4月	20	38	
快樂山林	謝顗	省教育廳	4月	20	80	
山谷的災難	林永祥	省教育廳	4月	20	58	
麻雀搬家	李錦珠	富春文化事業 公司	4月	25	137	
大肚魚的故事	黃基博曾次 朗曲	屏東仙吉國小	4月	25	64	
月亮和做夢的孩 子	謝新福	謝新永	4月	長20.5 寬19	186	
騎馬打仗	國柱等	中央日報	4月	長19 寬21	119	
誠摯的關懷	李仙配等	中央日報	4月	長19 寬21	119	
中國寓言	吳奚真等編 著	正中書局	4月	20	121	
蔬菜水果的故事	林鍾隆	民生報社	5月	20	101	
心向太陽	林少雯整理	文經出版社	5月	25	214	
友友的故事…… 大提琴家馬友友 的故事	蔡素貞	浩恩音樂事業 推廣社	5月	16	63	

書名	作者（譯者）	出版社	出版日期	開數	頁數	備註
中國民間故事（一）、（二）	吳奚真編著	正中書局	5月	20	（一）166（二）219	
中國歷史故事（一）、（二）	吳奚真編著	正中書局	5月	20	（一）157（二）199	
媽，求你答應我	木子	幼獅文化事業公司	6月	25	116	
帶爺爺回家	李潼等	臺灣省教育廳	6月	16	229	
飄香童年	藍祥雲主編	宜蘭縣政府・文復會宜蘭縣支會	6月	16	72	宜蘭縣國小教師兒童文學創作集
唱歌的河流	沙白	台一社	9月	長22寬19	96	
童話書第一輯	宗融主編	佛光出版社	9月	20		全輯五冊。一至四冊皆68頁，第五冊76頁
寶貝列傳	陳煌	民生報社	10月	32	124	
麻姑獻獸	璟琦	民生報社	10月	32	235	
智慧鳥	邱傑	民生報社	10月	25	128	
天上人間（中國民俗節日故事）	陳亞南編著	正中書局	10月	25	141	
童年往事	鮑曉暉	國語日報	11月	25	135	

一九九〇年兒童文學語文書目

書名	作者 （譯者）	出版社	出版 日期	開術	頁數	備註
語法與修辭上、下	劉蘭英、 孫全洲	新學識文教出版中心	1月	25	490	大陸翻版書
文章學導讀	張壽康	新學識文教出版中心	1月	25	198	大陸翻版書
成語出迷宮第二輯	梅新主編	中央日報出版部	1月	25	236	
細說作文	林義烈	幼獅文化事業公司	3月	25	249	
心靈的翅膀	蕭麗華	正中書局	3月	25	207	
有效的說話教學策略	北市教師研習中心	北市教師研習中心	6月	25	296	
童詩散文齊步走	蔡榮勇	欣大出版社	7月	25	164	
穿上文學的翅膀	黃秋芳	黃秋芳創作坊	7月	25	191	
作文一點訣	楊雪真	自印本	7月	25	107	
成語出迷宮第三輯	梅新主編	中央日報出版部	7月	25	295	
我不再讀錯別字（下集）	蔡有秩編著	華淋出版社	8月	25	270	
成語出迷宮第四輯	梅新主編	中央日報出版部	10月	25	235	
寫作方法一百例	劉勵操編著	國文天地雜誌社	10月	25	513	大陸翻版書
語言與文化	羅肇錦	國文天地雜誌社	10月	25	228	
文章礎石及其他	林覺中	文津出版社	11月	25	168	
一生實用的智慧	范銘富 范銘強	尖端出版社	11月	新25	170	
表達的藝術——修辭廿五講	蔡謀芳	三民書局	12月	25	239	

書名	作者（譯者）	出版社	出版日期	開術	頁數	備註
旅遊札記寫作技巧	大隈秀夫著 吳玉華譯	世茂出版社	12月	25	226	
寫作指導	劉玉琛	富春文化事業公司	12月	25	204	

一九九一年兒童少年文學發展大事記

林政華

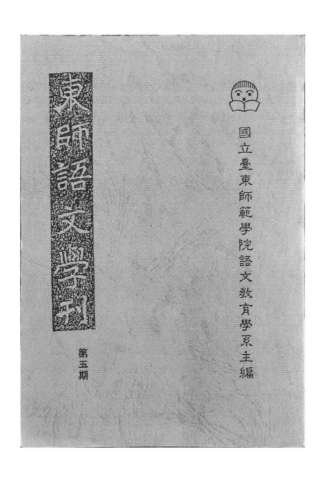

一九九一年十一月一日，邱各容先生當面要求筆者接替他撰寫兒童少年文學年度發展大事記；因為一則他的工作忙，一則在奉獻兒童少年文學方面，他找到另外著力的地方，所以，決定放棄多年從事的大事記錄工作。筆者一面敬佩他關懷兒童少年文學史料蒐集，以至研究工作的長期經營苦心，一面也惶恐著倉促接事，掛一漏萬，棒子接不好，則罪莫大焉。好在平日喜歡從事研究工作，蒐集不少資料，只是沒有全面性加以記錄而已；再加補充，力求完整，是不太困難的事。明年起，就可以天天注意，「用功在平時」，並且每則資料也都可以具明出處了。

元月

初　旬　行政院新聞局編列新臺幣二十萬元經費，購置中國時報開卷版最佳童書：林鍾隆《山》（教育廳中華兒童叢書）、呂紹澄《小黑炭與比比》（九歌出版社）等，分贈偏遠國小每校各十五套；其中多兒童少年文學讀物。

八日起六天　鞋子兒童實驗劇團在臺北市通化街、大湖街等地之巷弄空地，演出「兩個朋友」、「天上的寶石」等二齣新劇六場次。

十三日　臺北市兒童文學教育學會選出第二屆理事長，仍由王天福，常務監事仍由溫貴琳擔任。理事長並任命夏婉雲為總幹事。

中　旬　臺灣省國校教師研習會資助臺北縣碧華國小出版百篇童詩集《小龍兒》（列第十四集）。

十八日起三天　九歌兒童劇團在臺北市幼獅藝文中心，演出「李兒上山」環保劇五場次。

二十日起　彩虹樹劇團在國立藝術館及高雄、臺中、桃園、臺北縣立文化中心，演出「白雪公主」、「蘋果森林」等兒童劇。

廿二日　九歌兒童劇團在澎湖縣立文化中心，與該縣國小、幼稚園教師合演「素蘭姑娘要出嫁」的即興劇目。

卅一日起至二月四日　教育部主辦，省立臺東師院承辦之一九九〇年學年度省市立師院寒假中國語文研習會，以兒童少年文學之研習為主，其有關之課程為：

　元月三十一日　張清榮主講：兒童詩歌的形成。楊茂秀主講：兒童思考與兒童詩歌。林政華主講：從詩發展的觀點看兒童少年詩。趙天儀主講：兒童詩歌的未來與發展。

　二月一日　林武憲主講：兒童詩歌的語言。徐守濤主講：兒童詩歌的教育觀。

　二月二日　蔡尚志主講：兒童詩歌的繪畫性。邱燮友主講：兒童詩歌朗誦。李麗霞主講：兒童詩歌的音樂性。杜淑貞主講：兒童詩歌的修辭。

　二月三日　鄭蕤主講：兒童詩的賞析。林加春主講：怎樣指導兒童寫詩歌。陳木城主講：兒童詩歌的教學。陳正治主講：兒歌的賞析。

本　月　藍祥雲童話集《金色的鹿》增修新版，由臺北市富春文化事業公司印行；初版於十八年前。

二月

二日至三日　臺中縣政府、臺灣省兒童文學協會在豐原市臺中縣立文化中心合辦「79年度臺灣省兒童文學創作研討會」，其論文發表情形如下：

　二　日　邱各容發表：臺灣兒童文學的活動與其年代作品的風格。洪中周：論臺灣童話的現代化。

三　日　洪志明發表：論臺灣童詩成人與兒童作品表現的意象比較。李潼：論中國大陸兒童文學概況與特色。陳明台：論日本近現代兒童文學的特色諸問題。另，陳千武、洪文瓊、邱各容、林政華等十五位在綜合座談會中，講釋下列四專題；推動兒童文學創作與欣賞的意義與價值；如何促進兒童文學創作與欣賞興趣；如何讓家長認識兒童文學的重要性，接受人格、倫理道德的教育；如何加強透過兒童文學陶冶人心，導正社會風氣。

二日至三日　花蓮縣政府舉辦兒童文學研習營，其課程為：

二　日　邱阿塗主講：少年小說賞析。

三　日　杜淑貞：兒童詩修辭技巧指導。葉日松：童詩的創作與教學。

二日至四日　臺南縣大牛兒童城文化推廣基金會舉辦兒童戲劇研習會。

三　日　臺灣省兒童文學協會在豐原市臺中縣立文化中心，召開第一屆第二次會員大會。

四日至九日　臺中縣教育局舉辦兒童文學研習營。除九日之分組討論及綜合座談外，其課程如下：

四　日　黃盛雄主講：童話的教育價值。鄭蕤：安徒生的童話原則。

五　日　夏婉雲：童詩寫作研究。黃盛雄：古典童話。

六　日　劉瑩：童話與故事。陳正治：童話理論與作品賞析。

七　日　陳玉珠：童話寫作研究。初釗：童話習作。

八　日　張正勇：如何從國語文教學推展兒童文學。傅林統：童話的趣味及作品欣賞。

四日至九日　雲林縣政府舉辦斗南區、北港區國小教師兒童文學研習會；除一般國語文課程外，與兒童少年文學有關之課程如下：

六　日　林文寶主講：兒童文學理論。

八　日　蔡勝德：兒童詩教學指導。

四日至九日　宜蘭縣第十五屆國小教師兒童文學研習營在羅東國小舉
　　　　行。其有關兒童少年文學有關之課程如下：

五　日　劉秀男主講：鄉土故事、童話寫作。李松德：談散文寫
　　　　作。

六　日　邱阿塗：童話創作指導。

七　日　邱阿塗：閱讀寫作指導──指定《山》、《孩子的季節》和
　　　　《爸爸的手》三書為研討材料。陳浪評：談童詩教學。李
　　　　英茂：談童詩寫作。

八　日　林政華：古典詩、白話小詩與童詩。林敬佑：談小故事寫
　　　　作。

初　旬　宜蘭縣教育局出版國小教師童詩專輯《詩的花園》，由藍祥
　　　　雲主編。

廿八日　中華民國兒童文學學會會址，由臺北市長安東路遷移至重慶
　　　　南路一段六十號光統圖書百貨公司七樓。

本　月　由邱各容、林文寶和林政華三位分工所完成之一九九〇年年
　　　　度兒童少年文學大事記、書目與文論編目，刊於《中華民國
　　　　兒童文學學會會訊》七卷一期。其中文論編目係首次編刊，
　　　　以後繼續編輯，並及一九八八、一九八九年度者。

本　月　高雄市兒童文學寫作學會舉辦第一屆余吉春童詩創作獎，吳
　　　　美鈴等獲初小組獎，陳佳琪等得高小組獎。

本　月　臺北縣立文化中心兒童閱覽室舉辦「票選圖書排行榜」活
　　　　動，冠軍為《亞森羅蘋》。

三月

二　日　第四屆信誼幼兒文學獎頒發，劉明（大陸）《小木匠學藝》

獲得首獎，蘇振明撰文、其母蘇楊扼畫圖之《看！阿婆畫圖》獲佳作獎。

五　日　臺北市兒童文學教育學會與臺北市國教輔導團國語科輔導小組合辦之「國語輔導與兒童文學」創刊，有關兒童少年文學之論文為：林政華之〈從詩的發展談兒童少年詩的押韻〉。

初　旬　第四屆東方出版社少年小說獎揭曉，邱傑《劃克斯人（Fax）》、周銳（大陸）《千年夢》獲優選獎；首獎缺。

十四日　臺灣省教育廳公布第四屆兒童文學創作獎名單：首獎：林方舟〈畫眉鳥風波〉。優等獎：耿惠芳〈鈴聲響起〉、陳肇宜〈老師的新機車〉。佳作獎：黃瑋琳〈鞦韆〉等，凡十五名。

十六日　中華民國兒童文學會與民生報、中央圖書館臺灣分館合辦第一梯次「好書大家讀」活動，評選元、二月出版優良兒童少年讀物，《醜醜》、《拉拉與我》、《藍天燈塔》和《我會照顧自己》等入選。

廿三日　臺北市兒童文學教育學會在木柵國小舉辦第一屆兒童詩現場創作比賽，分國小中年級、高年級組二組。

廿四日　皮匠兒童布偶劇團在板橋臺北縣立文化中心演出「東東、西西奇遇劇──小氣村與說謊村」。

卅一日　高雄市兒童文學寫作學會第十屆柔蘭獎揭曉：黃偉瑋等獲兒童故事獎，江連君等獲兒童詩歌獎。

下　旬　兒童少年書出版業者成立「兒童服務委員會」，由鄭雪玫教授召集十五位委員，三個月一期評選兒童少年好書排行榜。

本　月　《月光光》兒童詩刊改名為《月光光兒童文學》季刊。

本　月　臺北市《兒童文學家》季刊創刊。

春　　　臺灣省兒童文學協會在臺中市文化中心舉辦「春季兒童文學研習班」，成人與兒童各一班，為期十二週次。研習作品刊載於《滿天星兒童文學》第十九期。

四月

三、四日 魔奇兒童偶劇團為國小低年級學童舉辦「魔奇偶戲營」。

四　日 臺南市〈兒童文學雜誌〉以八開報紙型試刊，有啄木鳥〈兒童文學應擴大為兒童少年文學〉等論文。

四日至七日 蔣家語撰文及陳志賢繪圖之《小樟樹》、奚阿興（大陸）圖《二郎擔山》、王炳炎（大陸）圖《顧米亞》等三書在臺出版，入選為義大利波隆那兒童圖書展暨插畫家展之作品。

五、六日 魔奇偶劇團為幼稚園大班幼兒演出「魔奇童話森林」及「魔奇科幻星球」。

八　日 國立成功大學已退休兒童少年文學家蘇雪林教授九五誕辰，林政華撰文〈蘇雪林先生與兒童〔少年〕（編者刪，當補）文學〉刊於《中央日報副刊》。

十二日至十四日 九歌兒童劇團在臺北市幼獅藝文中心演出「小叔叔找朋友」劇。

十三日至六月八日 信誼幼兒圖書館舉辦「兒童文學列車」系列演講，其情形如下：

　十三日 李永豐主講：粉墨登場的兒童文學——談兒童戲劇。

　五月十一日 鄭明進：談如何走進欣賞圖書插畫之門。

　六月八日 楊靜齡：有了故事就來電——輕鬆的說，愉快的學，深刻的想像和影響。

十四日 臺北市兒童文學教育學會舉辦第一屆兒童詩現場創作比賽（三月二十三日比賽）頒獎，中小組為張堯睿等九人，高小組為黃立慧等十一位小朋友獲獎。

十五日 臺灣區各級學生國劇競賽在臺北縣立文化中心開賽，有臺北市立師院實驗小學、宜蘭縣黎明國小等四所學校進入決賽。

十九日　魔奇、一元及鞋子三兒童少年劇團聯合在臺中市中興堂，演出「口袋」、「小猴子與賣帽子的人」（以上魔奇）、「猴子與螃蟹大戰」（一元）和「拼圖的夢」等劇目。

廿　日　「聊齋——萬物有情」說唱劇坊在信誼基金會演出《王六郎》（說書）和《勞山道士》（西田社布袋戲）兩冊《聊齋圖畫書》故事。

廿一日　臺南縣家扶中心在縣立文化中心演出兒童保護劇「陶叔叔救命」和「小美的陰影」。

廿四日　高雄市教育局、高雄市兒童文學寫作協會舉辦第一屆兒童詩歌朗誦比賽，親子組由愛群國小等，學生組由凱旋國小等獲獎。

廿七日　鞋子兒童實驗劇團舉辦「兒童戲劇研習營」。

本　月　陳玉珠《無鹽歲月》一書獲得楊喚兒童文學獎。

五月

四　日　高雄市第十屆文藝獎頒發，李錦珠《麻雀搬家》獲兒童文學類首獎。

九　日　臺北縣永和網溪國小承辦「臺北縣雙和區兒童劇展觀摩」，演出該校教師李春霞所編「快樂葫蘆村」。

十　日　自立早報舉辦「魔術羊——童詩創作比賽」揭曉，成人組：王金選（〈五封信〉）等人獲獎，兒童組：推薦獎由宜蘭市中山國小陳亮安獲得；甄選獎有林婉茜（三重市永福國小，〈四季接力〉）等卅一人獲得。

十七日　九歌兒童偶劇團遠赴蘇俄參加「國際偶戲藝術展」，演出三場偶劇「東郭、獵人、狼」。

卅　日　臺北縣樹林鎮大同國小承辦兒童戲劇發表觀摩會，演出「呆呆的傻問題」、「彩虹森林」、「新完璧歸趙」和「妙姻緣」四齣短劇。

卅一日　中央研究院文學哲學研究所籌備處召開「中國文哲研討會」，該所彭小妍發表〈沈從文的阿麗思中國遊記：童話或寫實？──兼論五四小說形式的流變〉。

　　　　臺北縣瑞芳區兒童戲劇發展觀摩會，由澳底國小承辦，演出「病從口入」、「最珍貴的禮物」等四齣短劇。

下　旬　臺北縣兒童少年文學專輯《森林裡的歌手》出版，首次刊出兒童少年作品。

本　月　中華民國兒童文學會出版《華文兒童文學小史》，分：一、臺灣、大陸、香港、馬來西亞、新加坡兒童文學發展概況。二、臺灣地區各類兒童文學發展概況。並附錄：王泉根〈近十年大陸兒童文學理論專著與文獻史料書目匯要〉。

本　月　臺北縣柑林國小推展古典兒童少年詩、兒童少年詩朗誦教學；其中兒童少年詩為該校教師林月娥之作品。

六月

五　日　臺北縣雙城國小話劇社在新店大豐國小演出創作劇「三個夢」、「何處是兒家」和「射日」等三齣。

七日至九日　鞋子兒童實驗劇團在臺北幼獅藝文中心演出「拼圖的夢」一劇。

九　日　「文學與美術類圖書雜誌展」，選出優良圖書《逛街》（陳志賢圖、文）、雜誌《兒童的雜誌》（省教育廳出版）頒獎。

十一日　臺北縣立文化中心舉辦「臺北縣詩歌吟唱朗誦發表觀摩會」。會中另有改編、表演故事和小說等，再加以演出。

十五日　「臺灣區國劇賽」頒獎，個人清唱獎：國小組為北縣中正國
　　　　小楊若琪等獲得。團體清唱獎，為臺南志開國小等獲得。

中　旬　臺北縣教育局於八里國小舉辦「臺北縣80年度詩詞吟唱發表
　　　　觀摩會」。

卅日、七月七日、七月十四日　蘋果劇團在臺北市國立藝術館演出
　　　　「新愛麗思夢遊仙境」。

本　月　中華民國兒童文學會出版《兒童文學大事紀要》。收錄一九
　　　　四五年至一九九〇年間，臺灣、大陸、海華地區及國外兒童
　　　　文學大事等。附錄：兩岸兒童文學論著暨研究參考資料書
　　　　目等。

七月

一日至四日　臺灣省兒童文學協會舉辦「少年兒童文學夏令營」，在
　　　　東勢林場，凡二梯次，兩百人參加講習。

六日、十二日　九歌兒童偶劇團與奧國特利市特劇團合作，於幼獅藝
　　　　文中心演出舊俄托爾斯泰作品〈小木偶與金鑰匙〉。

八日起六天　臺北市教育局在國語實小舉辦兒童文學研習營，探討主
　　　　題為童詩與兒歌。

八日至八月十二日　信誼基金會舉辦第二屆「信誼圖畫書創作研習
　　　　班」。其中與兒童少年文學有關之課程為：

　十五日　曹俊彥主講：從插畫、漫畫到圖畫書──談以圖畫寫作的
　　　　　各種形式。又：世界圖畫書百年史──圖說與欣賞。

　廿二日　吳幸玲、陳璐茜：由兒童發展談圖畫書千變萬化的壓克力
　　　　　顏料。鄭善禧：兒童讀物國畫插圖探討。曹俊彥：圖畫在
　　　　　圖畫書中的整個演出計畫。

卅一日　鄭明進：精選歐、美、日本圖書插畫家作品──個別選型
　　　　分析。

八月十二日　畫者和編輯：圖畫書插畫者之經驗談及編輯者的話。

十日至二十日　鞋子兒童實驗劇團邀請德國諾得史提偶劇團來臺，演
　　　　出「蛀牙蟲流浪記」，係改編自德國兒童少年文學作品《卡
　　　　里與巴土》。

上　旬　《聯合文學》雜誌第八十一期「芝麻開卷」專輯，策劃刊登
　　　　適合中學生閱讀之文藝作品調查研究報告。其適合國中少年
　　　　的前十書，為：《楊喚詩集》、《汪洋中的一條船》、《母親的
　　　　愛》、《小太陽》、《琦君說童年》、《開放的人生》、《天地一沙
　　　　鷗》、《窗口邊的豆豆》、《陽光下的笑臉》、《唐詩三百首》
　　　　等。並有簡政珍、吳鳴等十位作家、學者的賞析。

十二日至十四日　臺北縣教育局舉辦「臺北縣暑期兒童文藝寫作
　　　　營」，在三峽五寮國小舉行。

十七日十九日　臺北縣立文化中心舉辦「丫丫兒童戲劇營」。

十八日廿六日　美國奇幻默劇團在臺北市崇光百貨公司等地，演出舞
　　　　臺劇「白雪公主」、「韓森與葛娜德」和「魔法師的學徒」
　　　　等。

廿　日、廿一日、卅一日　魔奇兒童偶劇團在臺北市社會教育館演出
　　　　「三國歷險記──大破黃巾賊」。

中　旬　行政院新聞局出版〈第九次推介優良中小學生課外讀物清
　　　　冊〉，凡圖書一三七種四四九冊，雜誌八種七十八冊。

廿九日至八月三日　中華文化復興運動總會、臺灣省教育廳主辦，臺
　　　　灣省兒童文學協會承辦之「臺灣省80年度兒童文學創作
　　　　夏令營」，在日月潭分童話、小說組與新詩組二組進行，其
　　　　課程如下：

卅　日　邱各容主講：我國童話小說的演進與展望。洪文瓊：童話
　　　　創作與教學。李潼：少年小說創作研究。趙天儀：我國童
　　　　詩的演進與展望。白萩：成人與兒童的詩意象比較。鍾俊
　　　　雄：兒童的視覺藝術與文學表現。

卅一日　洪中周主講，小說創作經驗。陳憲仁：小說作品欣賞。洪
　　　　志明：童詩作品欣賞。林武憲：童詩創作經驗。蕭秀芳：
　　　　童詩教學與經驗。張瑟琴：兒童漫畫的文學效用。王武
　　　　昌：家庭、宗教與文學。

八月一日　寧克文主講：兒童戲劇研究。陳千武：童詩的主題表
　　　　現。陳明台：國外兒童文學簡介及其特色諸問題。日人宮
　　　　入黎子演講，陳明台譯：培育兒童增加豐富的感性教育。
　　　　日人高丸茂登子講，陳千武譯：增加兒童表現能力指導方
　　　　法。

二　日　日人野呂昶主講，桓夫譯：少年詩創作鑑賞。日人保坂登
　　　　志子講，陳明台譯：臺灣與日本的童詩比較。

下　旬　苗栗縣政府在苗栗市舉辦國小教師兒童劇展研習營，凡二梯
　　　　次。

本　月　李潼《順風耳的新香爐》韓文本由漢城太陽社出版。

八月

四　日　臺北兒童合唱團在國家音樂廳演出兒童少年歌劇「地心一
　　　　百」，係由景翔作詞，有科幻劇情；另外，又演唱童謠。

五日至八日　魔奇兒童偶劇團為殘障小朋友舉辦「魔奇創造力戲劇
　　　　營」。

八　日　臺灣省兒童文學協會出版《我心目中的爸爸》童詩集。

十二日至十七日　魔奇兒童偶劇團為幼稚園大班幼生及國小低、中學
　　　　　童，舉辦「魔奇兒童戲劇營」，分紙袋偶營、童話天地和科
　　　　　幻世界三梯次。

廿二日起八天　捷克愛麗絲魔幻黑光劇團在北、中、南三區，演出九
　　　　　場「愛麗絲幻遊奇境」。

本　　月　《中華民國兒童文學學會會訊》七卷四期刊出大陸陳子典、
　　　　　許平辛合編之〈大陸兒童期刊目錄彙編〉，凡二十三頁。
　　　　　薛林撰幼兒詩論述集《童稚心靈皆是詩》，由臺北秋水詩社
　　　　　出版，凡廿九篇。

九月

十四日　中華民國兒童文學會等舉辦「兩岸兒童文學座談會」，討論
　　　　近年來臺灣海峽兩岸兒童少年文學交流互動之情形等五項議
　　　　題。其記錄刊於十月出版《會訊》七卷五期，凡廿三頁。

十四日　中華民國兒童文學會第四屆中華兒童文學獎文學類得主為李
　　　　潼，作品是《藍天燈塔》。

廿三日　一元布偶劇團在臺中市中山堂演出「新西遊記」。另配合演
　　　　出短劇「愛」。

廿五日　九歌兒童劇團在臺北市永樂國小演出環保劇「李兒上山」。

廿六日　九歌兒童劇團在臺北華江國小演出「李兒上山」劇。

下　　旬　桂文亞〈江南可採蓮〉一文，獲得大陸第十屆陳伯吹兒童文
　　　　學散文類獎。文刊一九九〇年元月十三日《民生報兒童天
　　　　地》。

本月起　國立成功大學外文系開設「兒童少年文學」選修課，由施常
　　　　花教授擔任講授。

本月起 私立中原大學商業設計系開設「兒童插畫」課程，由施政廷
教授講授。

本月起 小西園掌中劇團在新莊國小開班授徒，由團主許王教導三年
級學生演戲。

月底起至隔年四月 行政院文化建設委員會資助九歌、魔奇、鞋子兒
童劇團，分赴全省北、中、南三區作「親子戲劇遊──淨土
八〇」巡迴演出。

本　月 莫渝譯法國兒童詩選《夢中的花朵》，由臺北富春文化事業
公司出版。凡五十五首，並附〈法國兒童詩導讀〉、〈法國兒
童詩欣賞〉等文。

十月

十二日 鞋子兒童實驗劇團在臺北市國語實小演出「拼圖的夢」音樂
默劇。

十四日 國立臺北師範學院圖書館在林政華主任之規畫下，新闢「兒
童少年圖書閱覽專區」，典藏新舊兒童少年文學圖書、期
刊、雜誌為主，近萬冊，分類陳列，提供閱覽。

十七日起 中華電視臺在每週四下午五時，推出半小時之「詩歌童
唱」節目，由林少雯編劇，介紹古典兒童少年詩歌。並聘請
黃永武、邱燮友、李殿魁、林政華、鄭向恆等教授解說有關
詩歌的問題。

下　旬 第一信託公司委託製作立體童話故事書《噴火恐龍》，捐贈
全國各小學圖書館。

十一月

十　日　教育部核准私立靜宜大學夜間部，於一九九二學年度設立
　　　　「青少年兒童福利學系」。其日間部已有此系，並開設有
　　　　「兒童文學」相關課程。

十四日　《中國時報》刊載〈啊川人百萬芳鄰李文淑住新店〉一文，
　　　　稱李老太太於一九七五年即在新店開辦「中華兒童少年服務
　　　　社」；除服務之外，又充實圖書設備供免費借閱。按：此可
　　　　能為臺灣首次使用「兒童少年」一名。

十四日　第十八屆洪建全兒童文學獎揭曉，黃志民、蔡淑惠等獲圖畫
　　　　故事類首獎，汪婾芝獲童話類首獎，陳木城《吹牛，登山者
　　　　的兒歌》獲兒歌類首獎。按：此為最後一屆舉辦。

十七日　鞋子兒童實驗劇團在臺南縣立文化中心演出「泡泡口香糖」
　　　　一劇。

廿八日至十二月一日　九歌兒童劇團在幼獅藝文中心演出「小朋友找
　　　　叔叔」。

廿九、卅日　高雄市媽咪兒童劇團在中正文化中心公演「夢境成真」
　　　　舞臺劇，由周炳成編導，分「黃昏暮色」、「月影朦朧」和
　　　　「晨光普照」三幕。

十二月

一　日　中華民國兒童文學會第三屆第一會員大會在臺北市立圖書館
　　　　召開。下午並舉辦「兒歌討論會」，研討兒歌的創作、教
　　　　學、兒歌與兒童詩、田野調查與談方言兒歌等五項主題。
　　　　臺南市《兒童文學雜誌》雙月刊正式創刊，社長、總編輯鄭
　　　　文山，主編蔡錦德，該刊在此之前曾試刊四期。

《中華民國兒童文學會訊》七卷六期刊出洪文瓊〈臺灣兒童讀物出版公司簡介〉，陳子典〈大陸兒童讀物出版社介紹〉，中均含沿革、重要代表性出版品等項目。

十日至隔年元月廿日　大陸浙江師範大學與杭州大學向海外聯合招收「中國現代兒童文學專業碩士研究生」報名。

十四日　教育廳中華兒童叢書第五期金書獎頒布，分最佳寫作獎，由楊明麗《蘇東坡》、徐仁修《婆羅洲雨林探險》、楊茂樹《北海岸之旅》、楊仁江《先民的遺跡》等獲得。優良寫作獎，由嚴友梅《老牛上山》、陳玉珠《菱角塘》、張曉風《談戲》等獲得。

十五日　臺北市兒童文學教育學會頒發第二屆臺北市兒童文學獎，分推動兒童文學教育獎，由林政華、鄭奕宏、胡曉英、董素貞、楊喜媛、張淑華、林妙玲、張嘉真等獲得。成人創作獎，由應平書、劉素萍、方鴻鳴獲得。兒童創作獎，由謝昀臻等廿位獲得。

廿　日　張珠兒（名幸元）童詩攝影集《童年——生活與愛》由臺中尚陽文化公司出版，刊有兒童少年詩四十六首，圖（影）文並茂。

臺北市教育局舉辦中學詩歌朗誦比賽，國中團體組由大直、金華、吳興、內湖獲最佳獎，個人組士林國中黃景珩等得獎。

廿二日至廿五日　魔奇兒童偶劇團在臺北市國立藝術館，演出「淨土八○」，包括「豆芽幻想家」、「淘氣精靈」和「新龜兔賽跑」等劇目。

廿三日　徐仁修、劉還月合著之《臺灣生活日記》四冊，獲得兒童讀物一般類金鼎獎。

結語

綜觀這一年的兒童少年文學發展概況，在持續進展中，有下列幾項值得提出的：

一、為兒童少年戲劇活動頗為頻繁；而外國劇團的來訪公演，也使國人得到觀摩之機會。但是，他們的劇本多未發表，嚴格說來，文學性劇本方屬兒童少年文學作品。

二、為中央以及地方政府推展、輔導兒童少年文學活動，不減當年。

三、是九所師院每年一度的兒童少年文學學術研討會，因故未舉辦，實為憾事。

四、為與海峽對岸以及與國外交流活動日多；惟外國作品之翻譯與介紹，似仍嫌不足。

五、為兒童少年文學推展活動積極進入校園，頗為可取。

展望明年，將有更大的進步，更豐碩的收穫。

（一九九一年十二月三十一日）

一九九一年度兒童文學書目

兒童讀物研究中心

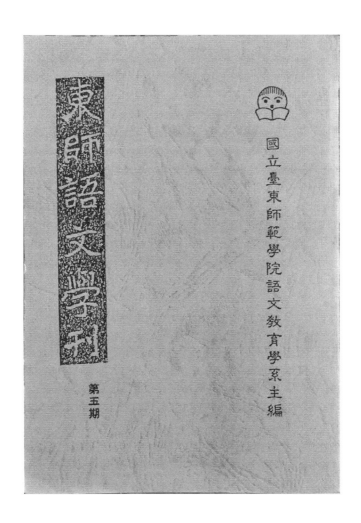

　　年度書目專欄自本期起，由「兒童讀物研究中心」負責。本中心
是本系自一九九一年八月一日新增設，因本中心之設立，更確立本系
的研究與發展的方向。本中心由於初設，除中心主任一人外，並無組
員，更無經費。因此，書籍之購買，仍由林文寶主任個人支付，是以
年度書目的收錄仍沿舊例。

一九九一年兒童文學論述書目

書名	作者（譯者）	出版社	出版日期	開數	頁數	備註
兒童少年文學	林政華	富春文化事業公司	1月	25	494	
兒童文學評論集	洪文珍	臺東師院語文教育系	1月	25	333	
東師語文學刊（第四期）	東師語教系主編	臺東師院語文教育系	2月	25	447	兒童詩歌專輯
親子共擁書香	吳幸玲、吳心蘭、陳玟如、楊錦鑾	牛頓出版公司	4月	新25	210	
華文兒童文學小史（1945-1990）	林良等	中華民國兒童文學學會	5月	16	154	
中國兒童文學	王秀芝	臺灣書店	5月	25	356	新版
民俗與兒童文學研究	蔡尚志主編	臺義師院語文研究發展中心	6月	25	358	
兒童文學大事紀要（1945-1990）	洪文瓊主編	中華民國兒童文學學會	6月	16	341	
海峽兩岸兒童詩歌比較研究	杜榮琛	培根兒童文學雜誌社	6月	16	66	

書名	作者 （譯者）	出版社	出版日期	開數	頁數	備註
臺北市公私立兒童圖書館（室）現況調查研究	計劃主持人：鄭雪玫	國立中央圖書館臺灣分館	6月	116	113	
童稚心靈皆是詩	薛林	秋水詩刊社	8月	25	144	
兒童文學創作論	張清榮	富春文化事業公司	9月	25	358	
兒童文學周刊第八輯	張劍鳴主編	國語日報	11月	8		
認識兒歌	林文寶主編	中華民國兒童文學學會	12月	16	124	
「兒童圖書館之經營管理」觀摩會參考資料選輯（第一輯）、（第二輯）、（第三輯）	行政院文化建設委員會	行政院文化建設委員會		16	（一）183（二）227（三）312	無出版日期

一九九一年兒童文學創作書目

書名	作者 （譯者）	出版社	出版日期	開數	頁數	備註
你不是我最好的朋友	鄭世安、林竺霓	林白出版社	1月	新25	244	
金色的鹿	藍祥雲	富春文化事業公司	1月	25	139	舊書新版
愛結	敻虹	大地出版社	1月	32	147	頁 63-123 為童詩

書名	作者（譯者）	出版社	出版日期	開數	頁數	備註
九歌兒童書房第十一集 　藍天燈塔 　醜醜 　時間魔術師 　吹泡泡的小馬	李潼 周芬伶 黃海 王玉	九歌出版社	2月	25	138 126 133 163	
臺東行	東師語教系主編	臺東師院語文教育系	2月	25	124	
童心映月	慈濟文化出版社主編	慈濟文化出版社	3月	直21橫17.5	210	
魚兒水中游	陳啟淦	富春文化事業公司	3月	25	171	
我和姊姊哥哥	卜貴美	國語日報	3月	25	271	
天的眼睛	董大琦改編	東華書局	4月	直17.3橫18.8	215	
瑪拉瑪與鱷魚河	董大琦改編	東華書局	4月	直17.3橫18.8	131	
小巴掌童話	張秋生	民生報社	4月	直17.5橫21.2	233	大陸翻印
特別通行證	周銳	民生報社	4月	直17.5橫21.2	92	大陸翻印
百安大廈	陳玉珠	富春文化事業公司	4月	25	187	
輕歌細語	陳清枝	中華民國假日生活教育推廣協會	4月	25	258	
畫眉鳥風波	林方舟等	省政府教育廳	5月	16	279	

書名	作者（譯者）	出版社	出版日期	開數	頁數	備註
小池塘的歌王	陳焱	文經出版社	5月	25	152	
小龍新主張	溫小平	業強出版社	5月	新25	215	
唉唉國王吃月亮	羊憶如	國語日報	5月	直20.7橫18.5	130	
金螺仙女	練美成	國語日報	5月	25	165	
少年耀宗的故事	邱傑	聯經出版事業公司	6月	25	105	
紅龜粿	王金選	信誼基金出版社	6月	直20.5橫22	23	
一百個中國孩子的夢（一）、（二）、（三）	董宏猷	國際少年村圖書出版社	6月	新25	（一）253（二）254（二）251	大陸翻印
吳姐姐講歷史故事續壹集（元末）	吳涵碧	皇冠文化出版公司	6月	32	172	
吳姐姐講歷史故事續貳集（明初）	吳涵碧	皇冠文化出版公司	6月	32	175	
縱谷裏的呼喚：巴掌大的仙子雨，還在下著嗎？盛開吧，野薑花弟弟不要怕！	李淑真	幼獅文化事業公司	6月	25	101151171127	
口水龍	管家琪	民生報社	7月	直17.5橫21.1	135	
奇妙的旅行袋	謝武彰	民生報社	7月	32	238	

書名	作者（譯者）	出版社	出版日期	開數	頁數	備註
小雨點（兒童詩曲集）	詩／李秀 曲／黃友棣	李秀	8月	16	83	
地球人與魚	邱傑等	台灣東方出版社	8月	32	253	
娃娃	小野	遠流出版事業公司	8月	新25	154	
空瓶之歌	楊雅惠	文豪出版社	9月	25	235	
救難記	蕭奇元	文豪出版社	9月	25	199	
臺灣兒童詩選集（一）	薛林等	臺灣省兒童文學協會	11月	25	211	
再見，長尾巴	陳啟淦	富春文化事業公司	11月	25	171	
是誰偷了果子——寓言新說	紫楓	富春文化事業公司	11月	25	133	
長腿七和短腿八——木子說故事	木子	富春文化事業公司	11月	25	224	
爸爸的話——女兒篇（第三集）、（第四集）	酈時洲	聯經出版事業公司	11月	32	（三）326 （四）324	
誠實心‧快樂心	教育部、國語日報社合編	國語日報社	12月	25	160	
乳牛和珍珠雞	教育部、國語日報社合編	國語日報社	12月	25	152	
老三甲的故事	嶺月	文經出版社	12月	25	223	

一九九一年兒童文學語文書目

書名	作者（譯者）	出版社	出版日期	開數	頁數	備註
作文的好導師（上）、（下）	蕭奇元	富春文化事業公司	2月	25	（上）232（下）198	
同義辭辨析	江必興、胡家賜、段德森	新學識文教出版中心	2月	25	388	大陸翻印
小學語文教育研討會論文集	市北師主編	市北師國語文教學中心	3月	16	92	
兒童文學與現代修辭學	杜淑貞	富春文化事業公司	3月	25	785	
修辭學（上）、（中）、（下）	沈謙	空中大學	4月	25	（上）386（中）242（下）321	
臺灣省第二屆教育學術論文發表會（語文教育）	新竹師院主編	新竹師院	6月	16	433	
看故事學語文	賴慶雄	國語日報社	7月	25	287	
美讀與朗誦	邱燮友	幼獅文化事業公司	8月	25	355	
修辭散步	張春榮	東大圖書公司	9月	25	286	
現代漢語修辭學公	黎運漢、	書林出版公司	9月	25	267	

書名	作者 （譯者）	出版社	出版 日期	開數	頁數	備註
司	張維耿					
小學作文教學——劇本	黃基博	仙吉國小	10月	25	39	

一九九二年度兒童文學書目

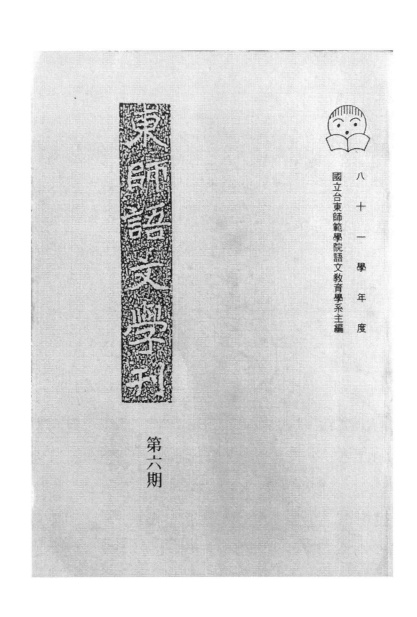

一九九二年兒童文學論述書目

書名	作者（譯者）	出版社	出版日期	開數	頁數	備註
兒童故事寫作研究	蔡尚志	百誠出版社	1月	25	319	
第一屆中國語文教學學術研討會論文集（國小組）		臺灣省教育廳、高師大國文研究所編印	5月	16	186	
審美教育國際學術研討會論文集		屏東師院編印	5月	16	376	
兒童文學學術研討會論文集——少年小說	東師語教系編	臺東師院	6月	25	322	
中國歌謠大家唸	馮輝岳	武陵出版社	6月	25	225	
伊索寓言的人生智慧	李赫解析	稻田出版公司	6月	新25	335	
兒童故事寫作研究	蔡尚志	五南圖書出版公司	9月	25	307	與百誠版同
兒童詩初探	趙天儀	富春文化事業公司	10月	25	431	
第一屆兒童文學與兒童語言學術研討會論文集	文學院編印	靜宜大學	11月	16		只列各單篇頁數
臺灣地區兒童文學工作者名錄	執行編輯：林麗娟	中華民國兒童文學學會	11月	16	297	
認識童話	林文寶主編	中華民國兒童文學學會	11月	16	166	
楊喚童詩賞析	吳當	國語日報社	12月	25	142	

一九九二年兒童文學創作書目

書名	作者（譯者）	出版社	出版日期	開數	頁數	備註
淘氣故事集	侯文詠	皇冠文化出版公司	1月	新25	166	
藍裙子上的星星	周芬伶	皇冠文化出版公司	1月	新25	182	
熊智銳童話故事選輯（全輯六冊）：剝了皮的兒童節 阿彩的老師 兩顆糖 三滴汗 玲玲與巧巧 白文鳥的奇遇	熊智銳	臺灣書店	1月	20.5×17.5	85 81 85 82 89 85	
綠衣人	李潼	大地出版社	1月	25	168	
月亮上的獨角獸	劉洪順主編	石頭出版公司	1月	25	236	
安安上學	林武憲	富春文化事業公司	1月	25	187	
最長的一夜	李銘愛	富春文化事業公司	1月	25	162	
第三軍團（上、下）	張之路	國際少年村圖書出版社	2月	新25	上冊232 下冊234	
九歌兒童書房（第十二集）：彩虹公主 魔鏡 老鼠看下棋	陳金田 陳玉珠 吳夢起	九歌出版社	2月	25	159 165 181	全集計四冊，另一冊是翻譯。

書名	作者（譯者）	出版社	出版日期	開數	頁數	備註
坐在雲端的鵝	夏婉雲	富春文化事業公司	2月	25	249	
溫暖的心	琹涵	皇冠文化出版公司	3月	新25	182	
年少情懷	琹涵	皇冠文化出版公司	3月	新25	190	
二十隻腳趾	杜白	民生報社	3月	25	233	
是誰偷了果子	紫楓	富春文化事業公司	3月	25	133	
人生花園——祖母畫家吳李玉哥傳	李再鈐	漢文文化公司	3月	12×19	153	
小精靈	徐士欽	久洋出版社	3月	29.5×20.5	64	
人類童年的夢	朱蓓蓓編寫	業強出版社	4月	新25	237	
未發表的童話	劉洪順主編	石頭出版公司	4月	25	187	
作家的童話盒子	劉洪順主編	石頭出版公司	4月	25	193	
彩虹妹妹	林少雯	文經出版社	4月	25	184	
這就是我的個性	李潼	民生報社	4月	25	280	
我有絕招	可白	小兵出版社	4月	19.5×21	150	
大個兒周銳寫童話	周銳	民生報社	4月	17.5×21	191	
臺灣的囝仔歌	簡上仁	自立晚報文化出版部	4月	25×23.5		計三冊，無頁次
智慧魔術袋（中國歷代寓言精選）	謝武彰	聯經出版事業公司	5月	25		計十冊，頁數自145至204不等。
鹿鳴溪的故事	林文寶編	臺東師院	5月	25	413	

書名	作者 （譯者）	出版社	出版 日期	開數	頁數	備註
雷龍沙普	王麗秋	富春文化事業 公司	5月	25	183	
少年噶瑪蘭	李潼	天衛文化圖書 公司	5月	25	319	
中國民間傳奇故事		豐年社	6月	25		全套六 冊，第一 集175頁， 其餘皆 182頁。
紐西蘭神話故事集	林方舟	國語日報社	6月	25	111	
袋鼠跳躍的大地	夏祖麗	民生報社	6月	25	201	
小婉心	管家琪	天衛文化圖書 公司	6月	25	223	
思想貓遊英國	桂文亞	民生報社	6月	25	253	
捉拿古奇颱風	管家琪等	臺灣省政府教 育廳	6月	16	266	
失去的童話工廠	小野	皇冠文化出版 公司	7月	新25	191	
烤箱裡的小狗	揚歌	富春文化事業 公司	7月	25	182	
恐龍星座	李潼	大地出版社	7月	25	203	
人魚小孩的初戀故 事	賴曉珍	民生報社	7月	17.5×21	166	
搭船的鳥	郭風	業強出版社	8月	新25	134	
廢五金少年的偉大 夢想	李順興	聯經出版事業 公司	8月	新25	121	
日落臺北城	周姚萍	天衛文化圖書 公司	8月	24	192	

書名	作者（譯者）	出版社	出版日期	開數	頁數	備註
中國孩子在美國	路安俐	國語日報社	8月	25	282	
少年大頭春的生活週記	大頭春	聯合文學出版社	8月	25	173	
孩子王‧老虎	王家珍	民生報社	8月	18×21	164	
邊城兒小三——兒童版沈從文傳	蔡宜容編著	天衛文化圖書公司	9月	25	191	
母子禪	王靜蓉	圓神出版社	9月	25	162	
這是一個小小世界	簡宛	民生報社	10月	32	219	
帶電的貝貝	張之路	國際少年村圖書出版社	10月	新25	299	
我有絕招續集	可白	小兵出版社	10月	20×21	150	
原來如此	陳益源	臺灣新生報出版部	10月	20×19	176	
變色的天使	陳玉珠等	幼獅文化事業公司、法務部	10月	25	137	
危險遊戲	陳玉珠等	幼獅文化事業公司、法務部	10月	25	133	
今年你七歲	劉健屏	國際少年村圖書出版社	11月	新25	263	
剪燈新語故事集	陳益源	臺灣新生報出版部	11月	20×19	143	
蓮蓮和她的弟弟妹妹們	王淑俐	師大書苑公司	11月	25	169	
大鼻國歷險記	黃海	民生報社	11月	25	173	重新出版
姚碧漪的故事（上、中、下）	李淑真	業強出版社	11月	25		上冊155頁 中冊153頁 下冊163頁

書名	作者（譯者）	出版社	出版日期	開數	頁數	備註
千年夢	周銳、邱傑	東方出版社	11月	32	229	
竹鳳凰	朱效文	天衛文化圖書公司	12月	24	240	
放風箏的手——懷恩童詩集	馮喜秀	自印本		25	49	無出版日期

一九九二年兒童文學語文教學書目

書名	作者（譯者）	出版社	出版日期	開數	頁數	備註
作文小百科——童詩篇	林鍾隆	正生出版社	1月	25	212	
創意童詩教室	林本源	小暢書房	3月	新25	234	
修辭方法析論	沈謙	宏翰文化事業公司	3月	25	399	
筆耕在春天	趙天儀	正中書局	4月	25	144	
神奇的小方塊——文字的形・音・義	李文茹	知青頻道出版公司	5月	25	121	
第一屆臺灣地區國語文教學學術研討會論文集	師大國文系、中輔會編印	師大、中輔會	6月	25	502	
我的作文老師	朱錫林	禮記出版社	6月	21.5×20	195	
童詩寫作技巧	柯錦鋒	欣大出版社	8月	25	255	
常用詞一百講	羊汝德	國語日報	8月	19×10.5	201	
快樂小作家	趙天儀	正中書局	9月	25	131	
豆豆學說話	張嘉真	富春文化事業公司	9月	25	323	

書名	作者 （譯者）	出版社	出版 日期	開數	頁數	備註
童詩心園（壹套四冊） 　詩詩談詩話 　童詩的滋味 　童詩朵朵開 　詩人小故事	策劃： 何翠華； 作者： 林淑英、 談衛那	華一書局	11月	25	143	各冊皆同為143頁
神來之筆（壹套四冊）： 　生活點滴 　抒情世界 　說理篇章 　應用天地	策劃： 何翠華； 作者： 林淑英、 林淑卿	華一書局	11月	25	143	各冊皆同為143頁
國語日報童詩選	陳木城等	國語日報社	12月	20.5×19	367	
童詩開門（壹套三冊）： 　敲門篇 　開門篇 　進門篇	陳木城、 凌俊嫻	國語日報社	12月	20.5×19	117 114 119	重新出版

一九九三年度兒童文學書目

兒童讀物研究中心

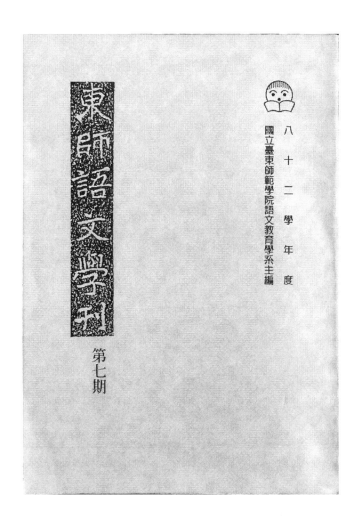

教育部長郭為藩先生面對爭議三年多未決的國小、國中、高中課程的修訂，提出對二十一世紀人才所需特質想法是「本土化、國際化、資訊科技化、人文素養」，一般被認為是相當前瞻的看法。依此看法考察兒童讀物，似乎亦無不可。

一般說來，兒童讀物銷售仍以直銷與郵購方式為主要方式，因此拼湊成套的惡習，仍是不可避免。以出版市場來說，一九九三年仍是譯書與圖畫書的天下。各家出版社搶購 DK（Dorling Kerdersley）公司的書，造成「DK 強風過境」的現象，將仍會在一九九四年繼續瀰漫。

兩岸兒童文學的交流也在持續進行，只是交流與合作的模式已有了改變。如民生報五月間與河南海燕出版社合作《吃彩虹的星星》、《大俠、少年、我》各上下共四冊。中國時報開卷一九九三年度的十本最佳童書中，只有兩本圖畫書是本土創作。整體來說，國際化、資訊科技化有餘；而本土化、文化素養仍嫌不足。

如果我們把眼光鎖定在本土創作與出版社方面，我們發現少年小說類的氣勢正盛，它仍會是一九九四年的主流趨勢。其中最值得稱道的是天衛文化圖書公司，天衛的招牌書就是少年小說。除外，皇冠出版公司繼兒童圖畫書「小皇冠叢書」，又推出以文字為主的普及性兒童讀物「皇冠童書舖」系列。皇冠童書以「本土性、人文性、創造性」為訴求，這是臺灣地區兒童讀物出版界的清流，至目前為止，皇冠童書皆以本土創作為主。

又南部出版社，一般說來，毀多於譽。在一九九三年裡，大千文化出版社推出本土創作的森林文庫；世一書局推出陳順和編譯日本國語教科書文學作品選集的親子劇場十二冊。給人面目一新的感覺。

在各種的兒童文學獎當中，第一屆師範學院學生兒童文學創作獎的出現，代表著教育當局的重視。

　　由於本中心的人力、財力有限，有處東隅，年度書目仍沿前例，不收幼兒讀物，且以兒童文學論述、兒童文學創作、語文教學等三類為主彙集收錄。

一九九三年兒童文學論述書目

書名	作者	出版社	出版日期	開數	頁數	備註
好書大家讀	桂文亞主編	民生報、中華民國兒童文學學會	2月	16	182	
青少年課外讀物展覽及評鑑實錄		國立教育資料館編印	2月	菊8	528	
海峽兩岸寓言詩研究	杜榮琛	先登出版社	3月	16	108	
第二屆中國語文教學學術研討會論文集		臺灣省教育廳、國立高雄師範大學國文研究所編印	4月	16	347	
東師語文學刊第六期	國立臺東師院語文教育學系	臺東師院語文教育學系	5月	24	342	
童詩廣角鏡	杜萱	正中書局	5月	24	238	
幼兒的一一〇本好書		信誼基金會	5月	20×18.5	67	
國小作文寫字教學學術研討會論文集		臺南師院語文教育學系主編	6月	16	337	
1945-1992年臺灣地區外國兒童讀物		國立中央圖書館臺灣分館	6月	16	837	

書名	作者	出版社	出版日期	開數	頁數	備註
文學類作品中譯本調查研究						
觀念玩具──蘇斯博士與新兒童文學	楊茂秀、吳敏而	遠流出版事業公司	6月	24	80	
兒童文學與兒童讀物的探索	林武憲	彰化縣立文化中心	6月	24	287	
兒童讀物研究	司琦	臺灣商務印書館	6月	新25	221	重印本
兒童文學	林文寶、徐守濤、蔡尚志、陳正治編著	國立空中大學	6月	24	441	
童詩的樂趣	陳千武	臺中縣立文化中心	6月	24	232	
兒童文學周刊第九輯	張劍鳴主編	國語日報社	7月	8	100	
兒童文學周刊第十輯	張劍鳴主篇	國語日報社	7月	8	100	
1992年優良圖書好書大家讀手冊		中華民國兒童文學學會、民生報、臺北市立圖書館、國立中央圖書館臺灣分館	8月	25.5×12.5	124	
林良和子敏	中國海峽兩岸兒童文學研究會編	業強出版社	10月	新25	224	

書名	作者	出版社	出版日期	開數	頁數	備註
耕耘者的果樹園	中國海峽兩岸兒童文學研究會編	業強出版社	10月	新25	283	
童詩的孕育與誕生	郁沫（化清）	南投文化中心	10月	24	228	
美加兒童文學博士論文提要	洪文瓊主編	中華民國兒童文學學會	11月	16	166	
心靈舞臺——心理劇的本土經驗	王行、鄭玉英	張老師出版社	11月	24	306	
科學童話研究	李麗霞	先登出版社		24	282	無出版日期

一九九三年兒童文學語文教學書目

書名	作者	出版社	出版日期	開數	頁數	備註
幼兒的語文經驗	黃瑞琴	五南圖書出版公司	1月	24	206	
實用修辭學	關紹箕	遠流出版事業公司	2月	24	340	
名家教你學作文	林良講評	國語日報社	3月	24	230	
小書桌上的創意日記	粘子奕、蔡蕙蓉	兒童日報	4月	19×17.5	156	
動動腦學語文	賴慶雄	國語日報社	5月	24	279	
國小語文科教學探索	李漢偉	復文圖書出版社	6月	24	331	
一把文學的梯子	張春榮	爾雅出版社	7月	19×13	317	

書名	作者	出版社	出版日期	開數	頁數	備註
大家來猜謎	鄭同元、鄭博真編著	漢風出版社	7月	新25	171	
小學生作文指導	陳龍安主編	漢禾文化	8月	24	155	
國民小學國語科教材教法研究第三輯		臺灣省國民學校教師研習會	10月	16	101	
思考與寫作技巧	林慧玲編譯	書泉出版社	10月	24	212	
孩子一生的閱讀計畫		天衛文化圖書公司	11月	24	254	
剪剪貼貼學作文	蘇洵明、林鴻傑	西北出版社	11月	24	507	

一九九三年兒童文學創作書目

書名	作者	出版社	出版日期	開數	頁數	備註
老鹿王哈克	沈石溪	國際少年村圖書出版社	1月	新25	280	
怕癢樹	李昆純	民生報社	1月	24	168	
怒氣收集袋	管家琪	民生報社	1月	17.5×21	196	
麒麟下山	謝鵬雄	九歌出版社	2月	24	178	
胖胖這一家	楊小雲	九歌出版社	2月	24	167	
我是英雄	朱秀芳	九歌出版社	2月	24	169	
神奇的汗衫（上、下）	林少雯	文經出版社	2月	24	（上）140（下）141	

書名	作者	出版社	出版日期	開數	頁數	備註
烏龜飛上天	王金選	大千文化出版事業公司	2月	21×15.5	139	
白鷺鷥的故鄉	王金選	大千文化出版事業公司	2月	21×15.5	135	
再見天人菊	李潼	自立晚報社	2月	24	154	重印本
燕心果	鄭清文	自立晚報社	2月	24	186	重印本
順風耳的新香爐	李潼	自立晚報社	2月	24	148	重印本
布丁果凍二重奏	唐琮	民生報社	2月	17.5×21	185	
不發脾氣的貓	陳啟淦	大千文化出版事業公司	3月	21×15.5	131	
搗蛋的莎莎	王蘭	大千文化出版事業公司	3月	21×15.5	143	
初旅	東年	麥田出版公司公司	3月	新25	204	
明月醉李白	戎林	民生報社	3月	18.5×13	294	
魔奇兒童劇選	李永豐等	周凱劇場基金會	3月	新25	66	
哪吒鬧海	李永豐	周凱劇場基金會	3月	新25	64	
年獸來了	黃美滿等	周凱劇場基金會	3月	新25	55	
夢幻仙境之旅	張黎明	周凱劇場基金會	3月	新25	36	
小狗的小房子	孫幼軍	民生報社	5月	17.5×21	173	
灰盒子寶貝	方素珍	大千文化出版公司	5月	24	157	
孫媽媽獵狼記	可白	小兵出版社	5月	19.5×20.5	159	

書名	作者	出版社	出版日期	開數	頁數	備註
長毛與餅乾	林淑玟	小兵出版社	5月	19.5×20.5	161	
捉拿古奇颱風	管家琪	民生報社	5月	17.5×21	180	
到歐洲去玩	謝明錩	民生報社	5月	24	298	
畫自己的臉譜（偉人的少年時代之一）	琴涵編著	漢藝色研文化公司	5月	24	151	
臺灣省第六屆兒童文學創作獎專輯——賴瑞、莫德與黑皮	張淑美等	臺灣省政府教育廳	6月	16	240	
土地公出差	王蘭	大千文化出版公司	6月	24	137	
愛吃雞腿的國王	夏婉雲	大千文化出版公司	6月	24	136	
奇異的航行	黃海	民生報社	6月	24	180	重印本
阿瘦找野果——木子說故事	木子	富春文化事業公司	6月	24	212	
小華麗在華麗小鎮	周芬伶	皇冠文化出版公司	6月	24	168	
鳥翎狐傳奇	劉慧軍	天衛文化圖書公司	6月	24	240	
兒童劇本創作集	黃基博	屏東縣立文化中心	6月	24	249	
臺灣省81學年度優良兒童劇本徵選集		高雄縣立文化中心	6月	23×23	164	
現代寓言	方崇智	國語日報社	7月	24	291	
三百字故事（上、中、下）	王玉川主編	國語日報社	7月	24	（上）243	重印本

書名	作者	出版社	出版日期	開數	頁數	備註
					(中)222(下)232	
誰偷吃了雞蛋	呂紹澄	大千文化出版公司	7月	24	141	
冰小鴨的春天	孫幼軍	民生報社	7月	17.5×21	178	
新生「鮮」事多	王淑芬	小兵出版社	7月	17.5×21	163	
超時空友情	蔡宜容	天衛文化圖書公司	7月	24	208	
大衛表哥	管家琪	民生報社	7月	19×13	159	
飛行船之夢（I）	林鬱企劃；班馬、張秋林主編	國際少年村圖書出版社	7月	新25	250	
飛行船之夢（II）	林鬱企劃；班馬、張秋林主編	國際少年村圖書出版社	7月	新25	275	
飛行船之夢（III）	林鬱企劃；班馬、張秋林主編	國際少年村圖書出版社	7月	新25	219	
飛行船之夢（IV）	林鬱企劃；班馬、張秋林主編	國際少年村圖書出版社	7月	新25	244	
飛行船之夢（V）	林鬱企劃；班馬、張秋林主編	國際少年村圖書出版社	7月	新25	290	
成語劇場	李玉屏	業強出版社	7月	新25	191	
聰明的爸爸	嶺月	文經出版社	7月	24	185	

書名	作者	出版社	出版日期	開數	頁數	備註
一隻小青蟲——1993年海峽兩岸兒童文學選集《大陸童話卷》	王泉根主編	民生報社	8月		295	
一片紅樹葉——1993年海峽兩岸兒童文學選集《大陸童話卷》	金波主編	民生報社	8月		207	
借一百隻綿羊——1993年海峽兩岸兒童文學選集《臺灣童話卷》	林煥彰主編	民生報社	8月		237	
吃童話果果——1993年海峽兩岸兒童文學選集《臺灣童話卷》	桂文亞主編	民生報社	8月		290	
做孩子的生活大師	林微微	國語日報社	9月	24	236	
會笑的狗	杜白	幼獅文化事業公司	9月	24	253	
我得到了一個啟示：兒童散文選	謝武彰主編	正中書局	9月	24	141	
星際娛樂獎	吳燈山	大千文化出版公司	9月	24	142	
蓮霧國的小女巫	管家琪	大千文化出版公司	9月	24	143	
無姓家族	周銳	天衛文化圖書公司	10月	20.5×21	133	

書名	作者	出版社	出版日期	開數	頁數	備註
十個害人精	陳廷鴻	天衛文化圖書公司	10月	20.5×21	169	
木柳村的抱抱樹	李潼	天衛文化圖書公司	10月	20.5×21	133	
魔鬼機器人	葛冰	天衛文化圖書公司	10月	20.5×21	181	
最快樂的歌	張文哲	天衛文化圖書公司	10月	20.5×21	169	
烏龜大夢	李淑真	天衛文化圖書公司	10月	20.5×21	193	
妙妙聯合國	周姚萍	天衛文化圖書公司	10月	20.5×21	133	
傻鴨子歐巴兒	張之路	天衛文化圖書公司	10月	20.5×21	145	
九龍闖三江	戎林	九歌出版社	10月	24	130	
五十一世紀	劉台痕	九歌出版社	10月	24	152	
茵茵的十歲願望	楊美玲、趙映雪	九歌出版社	10月	24	152	
我們的土地	柯錦鋒	九歌出版社	10月	24	126	
魔錶	張之路	天衛文化圖書公司	10月	24	222	
我愛青蛙呱呱呱	林煥彰	小兵出版社	10月	17.5×21	112	
木棉樹的噴嚏	凌拂	皇冠文化出版公司	10月	24	109	
少女念慈的秘密	管家琪	皇冠文化出版公司	10月	24	159	

書名	作者	出版社	出版日期	開數	頁數	備註
少年龍船隊	李潼	天衛文化圖書公司	11月	24	190	
蛇寶石	劉興詩	天衛文化圖書公司	11月	24	172	
從滇池飛出的旋律	谷應	天衛文化圖書公司	11月	24	240	
擦拭的旅行——檳榔大王遷徙記	陳千武	臺原出版社	12月	16	123	
謎樣的歷史——臺灣平埔族傳說	陳千武	臺原出版社	12月	16	103	
盲童與狗	沈石溪	國際少年村圖書出版社	12月	新25	301	
回去看童年	林煥彰	國際少年村圖書出版社	12月	新25	173	
一隻獵鵰的遭遇	沈石溪	國際少年村圖書出版社	12月	新25	282	
男生賈里	秦文君	天衛文化圖書公司	12月	24	204	

一九九四年度兒童文學書目

兒童讀物研究中心

沙永玲女士於〈臺灣童書一九九四〉一文裡說：

> 如果用兒童文學的筆法來寫這篇探討「臺灣童書出版這一年」
> 的文章，我們不妨把一九九四年童書界描寫成一個叫「新新」
> 的小男孩。他剛脫下又沉又厚的舊外套，換上全新的運動裝，
> 正精神抖擻地在起跑線上各就各位，等待著向前衝刺呢！

的確，臺灣的童書出版在一九九四年又是一個活絡的年度。其間圖畫
書依然是最強勢的產品，但本土自製的品質與比例已然上升。又「看
得到，買不到」的套書單本不零售的產銷現象，依然未獲改善反而變
本加厲的廣泛延伸。然而我們更看到青少年文學的再崛起、優良兒童
讀物的介紹、兒童文學獎的增設以及大出版社的投入。其中《國語日
報》似乎有重執童書出版界牛耳的企圖。而《聯合報》「讀書人專
刊」參與「最佳童書金榜」的評選，除與《中國時報》「開卷版」較
技外，更有促銷的功能，試列兩大報最佳童書如下：

「開卷一九九四年度最佳童書」的決選委員：有林樵、邵廣昭、
唐香燕、郭城孟、葉青華、謝小芩。並於一九九五年一月五日中國時
報「開卷版」公布，其書單是：

《午夜劇場開演囉》 Kvĕta Pacovská 棠雍圖書公司
《失落的一角》 Shel Silverstein 文圖 林良譯 自立晚報出
 版部
《失落的一角會見大圓滿》 Shel Silverstein 文圖 林良譯
 自立晚報出版部
《地下鐵開工了》 加古里子文圖 黃郁文譯 台灣英文雜誌
 社

《迎媽祖》　李潼文　張哲銘圖　行政院農委會

《城南舊事》　林海音文　關維興圖　格林文化事業公司

《紅葫蘆》　曹文軒著　民生報社

《第七條獵狗》　沈石溪著　民生報社

《森林大熊》　Jörg Steiner 文　Jory Müller 圖　格林文化事業
公司

《想念五月》　Cynthia Rylant 著　小密柑譯　智茂文化公司

《噗噗熊溫尼》　A. A. Milne 文　E H. Shepard 圖　張艾茜譯
聯經出版事業公司

《噗噗熊溫尼和老灰驢的家》　A. A. Milne 文　E H. Shepard
圖　張艾茜譯　聯經出版事業公司

聯合報「讀書人一九九四最佳童書」的評選委員有沙永玲、黃宣
勳、孫小英、愛亞。其評選分讀物、繪本兩類，並於一九九五年一月
十二日《聯合報》「讀書人專刊」揭曉，其書目：

讀物類：

《漫畫科學小百科》（套書）　李黨等　東方

《莎拉塔的圍城日記》　莎拉塔・菲力波維克著　麥慧芳譯
智庫文化

《童詩旅遊指南》　黃秋芳著　爾雅

《臺灣小兵造飛機》　周姚萍著　天衛

《了解你的狗・貓》　Dr. Bruce Fogle 著　張麗瓊、王道方譯
牛頓

繪本類：

《城南舊事》　林海音著　關維興圖　格林文化

《白石山歷險記》　孫晴峰著　陳志賢圖　信誼

《黑白村莊》　劉伯樂文圖　信誼

《我們要去捉狗熊》　羅森文　奧森貝里圖　林良譯　台英

《唸唸兒歌認認字》　謝武彰著　龔雲鵬圖　東華

　　個人相信一九九四年對童書而言，是豐盛且是蛻變的一年。回顧過往，展望未來，寄語我們的兒童文學界，可別又走進新殖民的泥淖。針對新舊殖民經驗，如何界定自己的本土文化，強調傳統文化的契機及其特點，便成為刻不容緩的課題。

一九九四年兒童文學論述書目

書名	作者（譯者）	出版社	出版日期	開數	頁數	備註
兒童文學事體寫作論	林文寶	毛毛蟲兒童哲學基金會	1月	25	365	新版
海峽兩岸小學語文教學研討論文集	臺北師範學院語文教育系編	臺北師範學院	4月	16	345	
一九九三年優良童書指南	管家琪主編	中華民國兒童文學學會	4月	長：25.7 寬：12.8	119	
兒童文學析論（上）（下）	杜淑貞	五南圖書出版公司	4月	25	553 695	
童詩童話比較研究論文特刊		中國海峽兩岸兒童文學研究會	5月	16	183	

書名	作者（譯者）	出版社	出版日期	開數	頁數	備註
童書非童書	黃迺毓、李坤珊、王碧華	財團法人基督教宇宙光傳播中心出版社	5月	長：20.8 寬：19	281	
創作性兒童戲劇入門	林玫君編譯	心理出版社	6月	25	169	
中國本土童話鑑賞	陳蒲清	駱駝出版社	6月	25	676	
楊喚與兒童文學	林文寶	臺東師範學院語文教育系	6月	25	341	
兒童文學學術研討會論文集——兒童文學教育	臺東師院語文教育系編	臺東師範學院語文教育系	6月	25	243	
臺灣兒童文學史	洪文瓊	傳文文化事業公司	6月	25	154	
兒童文學見思集	洪文瓊	傳文文化事業公司	6月	25	187	
兒童圖書的推廣與應用	洪文瓊	傳文文化事業公司	6月	25	120	
臺灣囝仔歌的故事（一）（二）	康原	自立晚報社文化出版部	6月	25	91 109	
少年小說初探	傅林統	富春文化事業公司	9月	25	282	
日文版與中文版「小紅帽」的比較研究	吳淑琴	傳文文化事業公司	11月	25	145	

一九九四年兒童文學語文書目

書名	作者（譯者）	出版社	出版日期	開數	頁數	備　註
書架上的精靈──創意閱讀指導	吳美鈴	紅蕃茄文化公司	1月	25	147	
寫出心中的美──創意寫作引導	吳美鈴	紅蕃茄文化公司	1月	25	171	
小學作文四步訓練	李昌斌、馬兆銘	建宏出版社	1月	25	387	
寫詩寫情	張嘉真	富春文化事業公司	2月	25	368	
錯別字解惑──別字篇	柯劍星	國語日報社	2月	長：18.8 寬：10.4	166	
錯別字解惑──錯字篇	柯劍星	國語日報社	2月	長：18.8 寬：10.4	166	
名家教你演說	林葳葳	國語日報社	2月	25	246	
體檢國小教科書	江文瑜編	前衛出版社	3月	25	215	
童詩旅遊指南	黃秋芳	爾雅出版社	3月	32	260	
小學生作文實用手冊	吳忠豪等	建宏出版社	3月	長：23.5 寬：17		
不信青春喚不回──詩詞賞析（一）	吳淑玲	新苗文化事業公司	5月	25	167	
春到人間草木知──詩詞賞析（二）	吳淑玲	新苗文化事業公司	5月	25	163	
談詩說詞真好玩（上）（下）	蔡惠蓉	翰輝圖書鬘公司	5月	長：18.5 寬：17.5	175 178	

書名	作者 （譯者）	出版社	出版 日期	開數	頁數	備　註
作文的鳳頭與豹尾 ──論說文	吳淑玲	國語日報社	5月	25	139	
作文的鳳頭與豹尾──抒情文	林淑英	國語日報社	6月	25	183	
喵喵喵喵鵝游水	謝武彰	紅蕃茄文化公司	6月	長：25 寬：20.5	未標 頁碼	
嘰嘰喳喳蟲蟲飛	謝武彰	紅蕃茄文化公司	6月	長：25 寬：20.5	未標 頁碼	
綠綠大樹香香花	謝武彰	紅蕃茄文化公司	6月	長：25 寬：20.5	未標 頁碼	
脆脆蔬菜甜果	謝武彰	紅蕃茄文化公司	6月	長：25 寬：20.5	未標 頁碼	
靜靜悄悄雪花飄	謝武彰	紅蕃茄文化公司	6月	長：25 寬：20.5	未標 頁碼	
作文的鳳頭與豹尾──記敘文	方家瑜	國語日報社	8月	25	183	
怎樣修改作文	程漢傑	萬卷樓圖書公司	8月	25	177	
美妙的古詩歌（上）（下）	張水金	國語日報社	8月	25	242 226	
兒童寫作技巧百招（上）（下）	黃基博	國語日報社	10月	25	196 218	
快樂作文一二三	藍祥雲	國語日報社	10月	長：21.4 寬：19.2	80	
小學作文分類指導	徐金海、孫雲卿編	建宏出版社	10月	25	628	
全方位兒童作文	何綺華等	全國兒童出版社	10月	長：27.5 寬：20.2	446	

書名	作者 （譯者）	出版社	出版 日期	開數	頁數	備　註
低年級作文指導 （上）（下）	黃基博	國語日報社	11月	25	179 189	
小學作文訓練教程	秦兆基編著	建宏出版社	11月	25	992	

一九九四年兒童文學創作書目

書名	作者 （譯者）	出版社	出版 日期	開數	頁數	備註
星星的作業簿	許悔之	皇冠文化出版公司	1月	25	145	
笑霸王	謝武彰	民生報社	1月	25	200	
布袋戲	謝武彰	民生報社	1月	25	207	
超級大灰毛	小野	皇冠文化出版公司	1月	25	143	
失蹤的航線	劉興詩	天一圖書公司	2月	25	355	
九歌兒童書房（第十五集）： 　雪地菠蘿 　北京七小時 　我是一隻博美狗	陳曙光 俞金鳳 邱傑	九歌出版社	2月	25	142 123 123	
遨遊古人世界	李雲嬌	國語日報社	2月	25	258	
大頑童劉興欽的故事	林少雯	業強出版社	2月	新25	261	
秦始皇到臺灣神祕事件	黃海	天衛圖書公司	3月	25	187	
少年阿杰生活留言板	朱家杰	幼獅文化事業公司	3月	25	215	

書名	作者（譯者）	出版社	出版日期	開數	頁數	備註
小響馬	吳夢起	天衛圖書公司	3月	25	240	
紅葉的故事	王惠民	民生報社	3月	25	114	
幸福之城	王玉	水牛出版社	3月	32	180	
春神來了	王玉	水牛出版社	3月	32	198	
小班頭的天空	柯錦鋒	天衛圖書公司	4月	25	173	
愛的顏色	徐薏藍	皇冠文化出版公司	4月	新25	214	
歡歡樂樂遊西南	郜瑩	國語日報社	4月	25	196	
歡歡樂樂遊川貴	郜瑩	國語日報社	4月	25	179	
沙沙和皮皮	林少雯	文經出版社	4月	25	189	
科學童話（一） 　　　　（二） 　　　　（三） 　　　　（四）	謝武彰主編	愛智圖書公司	4月	25	179 171 171 179	
父母心・兒女情	洪紹凡、洪三雄、陳玲玉	國語日報社	5月	25	250	
長著翅膀遊英國	桂文亞	民生報社	5月	25	252	
蓮花開	馮輝岳	國語日報社	5月	長：21.2 寬：19.5	57	
落鼻祖師	余遠炫	天衛圖書公司	5月	25	191	
草原上的打雷聲	鄭麗娥	皇冠文化出版公司	5月	25	158	
小龍的心情故事	溫小平	號角出版社	6月	新25	187	
空箱子	張之路	民生報社	6月	25	234	
旋風阿達	林世仁等	臺灣省教育廳	6月	16	370	

書名	作者（譯者）	出版社	出版日期	開數	頁數	備註
春天感冒了	李淑貞	皇冠文化出版公司	6月	25	162	
遺忘的咒語	徐玉青等	臺東師範學院	6月	25	206	
二年仔孫悟空	王淑芬	小兵出版社	6月	長：19.5 寬：20.6	160	
紅葫蘆	曹文軒	民生報社	7月	25	274	
山羊不吃天堂草（上）（下）	曹文軒	民生報社	7月	25	268 205	
九歌兒童書房（第十六集） 重返家園 少年曹丕 安妮的天空・安妮的夢 家有小丑	陳曙光 陳素燕 胡音英 秦文君	九歌出版社	7月	25	155 134 131 135	
糊塗爸爸	紫楓	富春文化事業公司	7月	25	170	
偷夢的妖精	劉興詩	天衛文化圖書公司	8月	25	167	
辛巴達太空浪遊記	劉興詩	天衛文化圖書公司	8月	25	209	
櫻桃城	黃一輝	天衛文化圖書公司	8月	25	159	
再見金門	陳啟淦	天衛文化圖書公司	8月	25	191	
天才與白癡	曹若梅	國語日報社	8月	25	200	
月亮的歌	徐煥雲	國語日報社	8月	長：21.2 寬：19.1	61	
見晴山	李潼	國語日報社	8月	25	218	

書名	作者 （譯者）	出版社	出版 日期	開數	頁數	備註
大家來學 ABC	林淑美	國語日報社	8月	長：21.2 寬：19.1	53	
少年青春嶺	李潼	幼獅文化事業公司	8月	25	183	
綠綠公主	王淑芬	天衛文化圖書公司	9月	25	200	
狼王夢	沈石溪	聯經出版事業公司	9月	25	278	
懲罰	張之路	民生報社	9月	25	280	
了凡叔叔說故事	吳明翰改編	和裕出版社	9月	長：21 寬：19.5	141	
少年鄭成功 （上）（下）	徐翔	漢光文化公司	9月	25	207 218	
讀歷史話英雄 （上）（下）	馬允倫	國語日報社	9月	25	210 197	
唸唸兒歌認認字	謝武彰	東華書局	9月	長：25.5 寬：26.5	136	
爸爸菸城歷險記	彭懿	天衛文化圖書公司	10月	25	149	
臺灣小兵造飛機	周姚萍	天衛文化圖書公司	10月	25	208	
人生禮物	林煥彰	國際少年村出版社	10月	新25	189	
第七條獵狗	沈石溪	民生報社	10月	25	304	
誰是老狐狸	李春霞	國語日報社	10月	25	180	
魯也出國啦	莫等卿	富春文化事業公司	11月	25	115	

書名	作者 （譯者）	出版社	出版 日期	開數	頁數	備註
醉猩猩	杜白	幼獅文化事業公司	11月	25	254	
和小星說童話	駱以軍	皇冠文化出版公司	11月	25	167	
我的鬼弟弟	陳璐茜	皇冠文化出版公司	11月	25	154	
懶豬村裏的勤勞豬	曾陽晴	皇冠文化出版公司	11月	25	148	
帶往火星的貓	黃海	皇冠文化出版公司	11月	25	175	
奇奇鎮的怪事	張如鈞	皇冠文化出版公司	11月	25	150	
包公趕驢	魯兵	民生報社	11月	25	233	
奶奶的傻瓜相機	林海音	民生報社	11月	25	269	
給我海闊天空	張昆華	民生報社	11月	新25	215	
狗洞	魯兵	民生報社	11月	25	227	
心中的信	陳木城	國語日報社	11月	長：21.2 寬：19.1	58	
智慧的花朵	楊雅惠	國語日報社	11月	25	208	
幼學瓊林的故事	李炳傑	國語日報社	11月	25	294	
閃電貓斑斑	藍逸康	新苗文化公司	12月	25	209	
肉包與鱷魚	王淑芳	新苗文化公司	12月	25	172	
少女的紅髮卡	程瑋	國際少年村出版社	12月	24	253	
埋在雪下的小屋	曹文軒	國際少年村出版社	12月	24	317	
恐龍醜八怪	金逸銘	天衛文化出版社	12月	24	171	

一九九三年度補遺

書名	作者（譯者）	出版社	出版日期	開數	頁數	備註
圖表作文教學對國小學生語文能力、創造力及作文焦慮之影響	夏婉雲、蔡淑桂	臺北市教師研習中心	6月	16	59	
國民小學國語科教材教法研究第三輯	臺灣省國民教師研習會	臺灣省國民教師研習會	10月	16	101	
三百字的故事（上、中、下）	王玉川主編	國語日報社	7月	24	243 222 232	
澎湖奇航記	邱承宗	紅蕃茄文化公司	8月	24	227	
地球闖入者	劉台痕	紅蕃茄文化公司	10月	24	194	
作文百科全書（共八冊）　作文實用辭典　作文基礎訓練　作文語段辭典　作文方法大全　作文常見疾病　成語分類辭典（一）　成語分類辭典（二）　作文應試技巧	總編輯：鄧海翔	人類文化公司	9月	16	623 590 610 523 655 579 583 607	

一九九五年度兒童文學書目

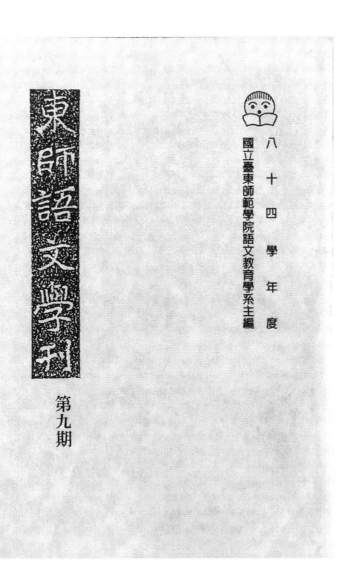

回顧一九九五年的兒童圖書出版，有下列現象值得我們注意：

一、兒童圖畫書走上國際市場。

二、大陸兒童圖書仍不斷湧入。其中年度的套書當首推：故鄉
　　出版社印行的鄭淵潔《現代童話名作精選》十二冊（開數
　　為17×23）、《趣味故事名作精選》十二冊（開數同上）。

三、本土兒童圖書製作漸趨精良，尤其是本土兒童自然書籍的
　　內容，活潑而有系統的簡介，已經接近滿分。

四、電子書開始搶攻兒童圖書市場。

五、兒童文學徵文獎等活動依然熱絡。以本校臺東師範學院而
　　言，即有由教育部與環境中心主辦的「自然、環保文學徵
　　文」活動，其中有童話、童詩兩項。

透過「社區」與「讀書會」的耕耘，兒童圖書逐漸受到重視與肯
定。而參與和關心的人也愈來愈多。只是有時似乎仍有許多疑問，到
底我們的批評與評審的立足點何在？

總體而論，一九九五年的兒童圖書成績是可觀的。雖然套書依舊
是臺灣兒童圖書主場的主力。出版社的經營和策劃無不針對這個市場
的需求，進行下一波大型計劃。單本創作不僅顯得力不從心；連帶的
波及到本土的創作。國內創作人才不多，這種持續多年的窘境依然未
改善。

東方出版社在光復節前夕，傳出終止「編輯部」。對建立本土文
化是一大嘲諷。有心為下一代做自己的書，本土文化工作竟如此沒有
尊嚴！我們稱許引進外版書，但是我們更關心自製的兒童圖書。關懷
本土，現在才要開始；關於這塊土地的傳說、人文地方特色的書籍，
也是現在才要開始，童書自製是代表著一種關懷與良心。

如果我們本土童書能增多，如果我們文學類本土童書能更多，那
會是更燦爛更可觀的一年。對文學類本土童書的出版，我們懷有無比

的謝意與關心。尤其是文學類套書能單本零售，更是便民不少。其中可單本零售的套書有：

《中國古代傳奇故事精選》（二十四開，計十冊）　胡爺爺講
　　著　青少文化公司
《故事版資治通鑑》（二十四開，計二十冊）　天衛文化公司
《時報全語文經典大史詩》（二十四開，計二十冊）　時報文
　　化公司
《孫越叔叔說故事》（二十四開，計十冊）　徐忠華主編　金
　　菠蘿文化公司

　　由於個人對文學類與創作的執著，因此以上的分析係以文學類為主（中華兒童叢書暫時未收錄）；且由於個人能力有限，幼兒文學仍未能兼顧。

一九九五年兒童文學論述書目

書名	作者	出版社	出版日期	開數	頁數	備註
世界童話史	韋葦	天衛文化公司	1月	24	424	
新詩的呼喚	吳當	國語日報社	1月	24	305	
兒童詩歌研究	林文寶	銓民國際公司	2月	24	219	
瓶頸與突破——兒童少年文學觀念論集	林政華	富春文化事業公司	2月	24	236	
小小劇場	黃美滿等編著	豐泰文教基金會	3月	24	47	

書名	作者	出版社	出版日期	開數	頁數	備註
（1992-1993）幼兒好書書目	高明美等編輯	信誼基金會	3月	長20寬18.5	66	
一九九四年優良少年兒童讀物指南	林麗娟主編	中華民兒童文學學會	3月	長25.5寬12.5	139	
歷代啟蒙教材初探	林文寶	臺東師院語教系	4月	24	247	
兒童文學的理論與創作	謝新福	四維國小	4月	24	113	
幼兒故事學	何三本	五南圖書出版公司	4月	24	491	
兒童詩寫作研究	陳正治	五南圖書出版公司	5月	24	412	
明代童謠的賞析與研究	龔顯宗	富春文化事業公司	5月	24	156	
閱讀與詮釋之間——少年兒童文學論集	張子樟	花蓮縣文化中心	6月	24	176	
「知識寶庫」廣播節目兒童文學系列專業	推廣輔導組編印	國立中央圖書館臺灣分館	9月	24	163	
兒童的故事畫指導	鄭明進編著	世界文物出版社	9月	24	201	
幸福的種子——親子共讀圖畫書	松居直著劉滌昭譯鄭明進審訂	台灣英文雜誌社	10月	24	182	
臺灣地區科學兒童讀物調查報告（1985-1994）	陳美智	漢美圖書	10月	24	142	

書名	作者	出版社	出版日期	開數	頁數	備註
兒童詩歌論集	林文寶	富春文化事業公司	11月	24	385	
經濟騰飛為兒童文學帶來什麼？	桂文亞等	中國海峽兩岸兒童文學學會	12月	15.5×25.5		
認識幼兒讀物	張湘君主編	天衛文化公司	12月	24	181	
幼兒文學——在文學中成長	Walter Sawyer, Diana E. Comer 著，墨高君譯、吳幸玲校閱	揚智文化	12月	23×17	302	版權頁標示1996年元月

一九九五年兒童文學語文書目

書名	作者	出版社	出版日期	開數	頁數	備註
趣味語文廣場	賴慶雄	國語日報社	2月	24	168	
八十三年兒童語文教材創作專輯一		中華民國教材研究發展學會	2月	16	303	
詞語由來趣談	顧興義	國語日報社	4月	24	157	
第一屆小學語文課程教材教法國際學術研討會論文集	臺東師院編	臺東師院	4月	16	879	
千字文今解	喬衍琯	臺灣新生報	4月	24	235	
圖解作文教學法	黃基博	國語日報社	5月	24	106	新版
文字小拼盤	夏婉雲、談衛那等	新苗文化公司	5月	24	166	

書名	作者	出版社	出版日期	開數	頁數	備註
第一屆臺灣區國語文教學學術研討會論文集	高師大國文系編	高師大國文系	5月	16	153	國小組
童詩萬花筒	趙天儀編	民聖文化公司	6月	24	170	
童詩開獎	葉日松編	民聖文化公司	6月	24	202	
兩岸暨港新中小學國語文教學國際學術研討會論文集	臺灣師大國文系等編	臺灣師大國文系、中等教育輔導委員會	6月	24	683	
兒童閱讀文選（基礎篇）	江煜坤編著	國語日報社	6月	24	209	
兒童閱讀文選（中級篇）	江煜坤編著	國語日報社	6月	24	210	
兒童閱讀文選（高級篇）	江煜坤編著	國語日報社	6月	24	221	
親愛的，我把童詩變作文了	蔡榮勇編	民聖文化公司	7月	24	191	
幼兒詩詞教案設計	楊倩華、賴雅莉、黃淑蓉等編	新苗文化公司	7月	24	150	
童詩寫作導航	柯錦鋒編著	民聖文化公司	8月	24	223	
名家教你朗讀	林威威著	國語日報社	9月	24	179	
正音指南（上）	賴慶雄編著	國語日報社	10月	24	228	
正音指南（下）	賴慶雄編著	國語日報社	10月	24	224	
開啟童詩的鑰匙	江連君編著	民聖文化公司	10月	24	253	
深意的捕捉	陳智弘	國語日報社	12月	24	80	
技法的琢磨	陳智弘	國語日報社	12月	24	80	
含苞的詩蕾（上）	黃基博	國語日報社	12月	24	151	
含苞的詩蕾（下）	黃基博	國語日報社	12月	24	166	

一九九五年兒童文學創作書目

書名	作者	出版社	出版日期	開數	頁數	備註
今日寓言	李奕定	臺灣商務印書館	1月	新25	225	新版
霧中山傳奇	劉興詩	小魯文化事業公司	1月	24	169	
小龍的週記	溫小平	一葦國際公司出版部	1月	24	230	新修版
娃娃的眼睛	方素珍	國語日報出版部	1月	長19.5 寬21.5	50	新版
童言	江洽榮	國語日報出版部	1月	長19.5 寬21.5	61	同上
水溝裡的大肚魚	鄭文山	國語日報出版部	1月	長19.5 寬21.5	59	同上
賞月童謠	徐煥雲	國語日報出版部	1月	24	118	同上
長頸鹿整型記	康逸藍	建新書局	1月	24	161	
聰明的傻瓜蛋	方崇智	建新書局	1月	24	111	
仙境拾寶	方崇智	建新書局	1月	24	115	
磨性兄弟	方崇智	建新書局	1月	24	172	
帖之謎	張成新	天衛文化公司	1月	24	224	
樹哥哥和花妹妹（上、下）	林少雯	大地出版社	1月	24	(上)207 (下)173	
豐子愷童話集	林文寶編	洪範書局	2月	24	225	
飛翔的恐龍蛋	馮傑	九歌出版社	2月	24	180	九歌兒童書房66
飛奔吧！黃耳朵	屠佳	九歌出版社	2月	24	166	同上67

書名	作者	出版社	出版日期	開數	頁數	備註
回家	趙映雲	九歌出版社	2月	24	174	同上68
臺灣地名的故事	馬祭森	臺原出版社	2月	16	125	
晉晉的四年仁班	蔡宜容	建新書局	3月	24	238	
小野豬的玫瑰花	王家珍	民生報社	3月	長17.5 寬21	114	
小豬唏哩呼嚕	孫幼軍	民生報社	3月	長17.5 寬21	258	
紫喇叭	吳燈山	文經出版社	3月	24	159	
人魚公主的婚禮	西沙	躍昇文化公司	3月	32	95	
大戰金媽媽	如蘭改寫	建新書局	3月	24	93	
山羊巫師的魔藥	王家珍	民生報社	4月	長17.5 寬21	120	
月亮有眼睛	林政華	瑞成書局	4月	24	119	
波波寶貝	唐土兒	小兵出版社	4月	長19.5 寬20.5	163	
老巫茶館	李淑真	天衛文化公司	4月	24	234	
瘋狂的石頭鄉	李淑真	業強出版社	4月	新25	133	
小泰山日記	吳金葉	國語日報社	4月	24	218	
奇幻溫泉	管家琪	民生報社	4月	長17.5 寬21	160	
寂寞安安和他的朋友們──第二屆師院生兒童文學創作獎作品集	劉怡瑩等	東師語教系	5月	24	266	
童話節	武玉桂	天衛文化公司	5月	24	174	
哼哈二將	周銳	民生報社	5月	長17.5 寬21	126	

書名	作者	出版社	出版日期	開數	頁數	備註
野孩子的春天	李淑真	平氏出版社	5月	新25	254	
黑色的臉	管家琪	平氏出版社	5月	24	135	
魔蛋	孫晴峰	平氏出版社	5月	24	179	
十四歲的森林	董宏猷	國際少年村出版社	6月	24	508	
沖天炮大使——臺灣省第八屆兒童文學創作獎專輯	張淑美等	臺灣省教育廳	6月	16	375	
從前從前有一條龍	余還炫	平氏出版社	6月	24	171	
國王郊遊去	黃瑋琳	臺灣縣文化中心	6月	24	176	
吃煩惱的巫婆	陳瑞璧	彰化縣文化中心	6月	24	287	
大石頭的胳肢窩	賴曉珍	民生報社	7月	長17.5 寬21	141	
尋找北京人	管家琪	平氏出版社	7月	新25	197	
歡樂綠森林	吳燈山	天衛文化公司	7月	24	163	
童話河裡的魚	黃文進	高雄文化基金會補助出補	8月	24	111	
珍珠奶茶的誘惑	管家琪	幼獅文化事業公司	8月	24	199	
九歌兒童書房（第十八集） 　69老蕃王與小頭目 　70天才不老媽 　71奔向閃亮的日子	張淑美 陳素宜 趙映雲	九歌出版社	9月	24	148 153 142	以上四書亦即是九歌「第三屆現代兒童文學」得獎作品集

書名	作者	出版社	出版日期	開數	頁數	備註
72十三歲的深秋	黃虹堅				157	
金色童年	白寶貴	天衛文化公司	9月	24	239	
大漠藍虎	鹿子	天衛文化公司	9月	24	367	
梨子提琴	冰波	民生報社	9月	24	226	
躲在樹上的雨	張秋生	天衛文化公司	9月	24	183	
金海螺小屋	金波	天衛文化公司	9月	24	203	
十四個窗口	林世仁	天衛文化公司	9月	24	194	
親愛的歐莎娜	陳素燕	幼獅文化事業公司	9月	24	183	
家教情人夢	管家琪	幼獅文化事業公司	9月	24	185	
山上的孩子	李淑真	業強出版社	9月	新25	132	
魔衣	南天	業強出版社	9月	新25	186	
有骨氣的臺灣囝仔 ——阿喜	嶺月	九歌出版社	10月	新25	204	
再見外婆灣	鄭如晴	小兵出版社	10月	19.5×20.5	163	
采石大戰	戎林	天衛文化公司	10月	24	256	
海角赤子情	夏祖麗	民生報社	10月	24	185	
雨天裡有一隻貓	李淑真	平氏出版公司	10月	24	159	
多生與多莉	李美玲	平氏出版公司	11月	24	198	
保母蟒	沈石溪	民生報社	11月	24	155	
再被狐狸騙一次	沈石溪	民生報社	11月	24	165	
五百字故事	馬允倫	國語日報社	11月	24	309	
寶貝在說話	游乾桂	國際少年村	12月	24	236	
穿紅襪的噴火龍	黃漢耀	文經出版社	12月	24	156	

一九九六年度兒童文學書目

第十期

國立臺東師範學院語文教育學系主編

後現代正式在臺灣地區登場，是以一九九六年在各方面都顯得非常弔詭，也因弔詭而有書香浮動。由台視「人與書的對話」製作單位主辦的「一九九六年十大讀書新聞結果發表會」，於一九九六年十二月十五日下午在力霸飯店舉行，節目製作兼主持人、新評會秘書長賴國洲，在會中說明舉辦這次活動的目的與意義，是在回顧一九九六年臺灣書香社會的脈動。所謂十則新聞並沒有排序。十大讀書新聞包括：

一、行政院新聞局自十二月十五日起，推行第二屆「讀書月」活動。

二、電子書潮流衝擊出版界，電腦相關書籍專賣店紛紛成立。

三、「誠品閱讀」、「雄師美術」、「島嶼邊緣」等人文藝術雜誌相繼停刊。

四、麥田、格林文化、貓頭鷹出版社合組成城邦集團。

五、中盤商嘉興書報社跳票，是近十年國內出版界金額最大、波及業界最多的一次倒帳。

六、不是作家的公眾人物出書。

七、同性戀雜誌創刊，同志書自成一類，備受矚目。

八、第一本華臺語對照辭典出版、臺語世界雜誌創刊、臺語漢字版聖經推出後，供不應求。

九、自然生態著作愈來愈多，環保書類出版者默默耕耘。

十、命理書、靈修書大量進駐書市。

（見《中央日報》1996年12月16日〈文教〉版）

一九九六年十二月二十六日《中國時報》〈開卷〉〈回顧九六年今年出版界十大重要事件〉：

一、臺北國際書展規模創紀錄。

二、《雄師美術》等文化刊物喊停。

三、外國雜誌來勢洶洶。

四、同志書籍、雜誌受矚目。

五、中盤商嘉興跳票。

六、城邦出版集團成立。

七、網路文學、網路書店成形。

八、臺灣研究出土新史料。

九、口水書引發爭議。

十、文學出版與獎項振衰起敝。

當然，兩大報仍有年度最佳童書獎的活動。《聯合報》〈讀書人〉一九九六年最佳書獎童書類如下：

圖書類：

《阿公的八角風箏》　馮岳輝文　曹俊彥圖　民生報

《目擊者叢書：科學博物館》　史提夫・波洛克等著　劉光政等譯　英文漢聲

《安徒生大獎傑作選》（第一輯）　阿絲特麗・林格倫等著　張定綺等譯　時報

《小小自然觀察家》　洪立三著　辰星

《臺灣歷史故事》　王淑芬等文　張振松等圖　聯經

繪本類：

《黑與白》　大衛・麥考利文圖　孫晴峰譯　上誼

《恐龍王國歷險記》　艾・傑・伍德文　韋恩・安德森圖　鄭榮珍譯　上誼

《眼睛的旅行》　宋珮等著　江宏光等攝影　林芬名圖　東華

《第一次藝術大發現》　湯尼‧洛斯等著　林達譯　青林

《祝你生日快樂》　方素珍　仉桂芳圖　國語日報社

（見1996年12月23日《聯合報》〈讀書人〉版）

至於，《中國時報》〈開卷〉版一九九六年度最佳童書則是：

書名	作者（譯者）	出版社	適讀年齡
小燕鷗之愛	黃朝洲文‧攝影	牛罵頭文化協進會	國小以上
世界大企業家傳奇（四冊）	Peter Brooke-Ball, David Bond, David Marshall 著，陳燕珍等譯	時報文化出版公司	國小中、高年級，國中
我一個人去布拉格	Bohumil Riha-Heirs 著，林真美譯	遠流出版事業公司	學前、國小
威尼斯商人	Mary Lamb 文，Dusan Kallay 圖，蕭乾譯寫	格林文化事業公司	國小高年級、國中
哈利的花毛衣	Eugene Zion 文，Margaret Bloy Graham 圖，林真美譯	遠流出版事業公司	學前、國小
耶穌，你餓了嗎？	Jose Maria Sanchez-Silva 著，王安博譯	時報文化出版公司	國小中、高年級、國中
壺中的故事	安野雅一郎文，安野光雅圖，吳家怡譯	上誼文化公司	國小以上
新世紀學習百科	Neil Ardley, David Burnie & John Farndon 著，貓頭鷹出版社編輯小組譯	貓頭鷹出版社	國小高年級，國、高中
鐵馬	王蘭文，張哲銘圖	國語日報社	國小以上

（見1996年12月26日《中國時報》〈開卷〉版）

其間相同者僅有一本，有夠弔詭與後現代。在這一年裡，有廣電基金監製，前衛傳播公司製作的「動筆寫童心」的公共電視節目（台視頻道播出）。同時，並有文章於《國語日報》刊登，標題是〈作家會客室‧動筆寫童心〉，共計介紹十三位兒童文學創作者。又新聞局優良中小學生課外讀物清冊有了全新的面貌，並有〈小太陽獎〉活動；又「中華民國兒童文學學會」也到了改選理監事的時候，將是第五屆的到來，會是另種的開始；又弔詭的後現代也湧入了臺灣兒童文學市場，在論述類中就有許多顛覆性的書寫，重新開拓兒童文學的領域，再加上電子書推波，兒童文學似有破繭之姿，走出更開放性的領域。

然而，對兒童文學而言，真正的大事或許該是：臺東師範學院奉准籌設兒童文學研究所，並預定一九九七年五月招生入學大事。這件事在報刊披露後，成為國內兒童文學界關注的焦點，並有不少專家學者發表文章，表示嘉許，或提建言。個人身為籌備處召集人，亦頗與有榮焉之感受。有關兒童文學所籌設一事，我們是把它當作兒童文學界的大事來辦。

其間除了問卷與透過傳播媒體歡迎建言外，並於臺北市（11月30日下午2時30分至4時30分，假國語日報社五樓）、高雄市（12月14日下午2時30分至4時30分，假七賢國小），各舉辦一場座談會，實地聽取專家學者及各方關心人士的建議。舉凡有關兒童文學研究所入學資格、考試科目、開設課程、師資聘請、發展走向、及如何與國內外兒童文學界互動等等……皆可在現場提供建言。個人誠惶誠恐，仍有待同好與社會大眾的支持與鼓勵。

一九九六年兒童文學創作書目

書名	作者	出版社	出版日期	開數	頁數	備註
英雄國	秦文君	時報出版公司	1月	24	207	大史詩之16
野地的花——小雪的故事	溫小平	一葦國際公司出版部	1月	24	167	計分四，每冊頁數皆同
山野稚子情	余存先	小兵出版社	1月	19.5×20.5	161	
火金姑來照路	陳啟淦	文經出版社	2月	24	159	
九歌兒童書房（第十九集） 　阿雄與小敏 　一道打球去 　隱形恐龍蛋 　小掌故大啟示	俞金鳳 李安民 張永琛 應平書	九歌出版社	2月	24	143 142 156 155	
吃爺	葛冰	民生報社	2月	242	20	
逃學狗	馮輝岳	紅蕃茄公司	2月	16	39	
火焰蟲	馮輝岳	紅蕃茄公司	2月	16	39	以上兩書為客家童謠
蜃帆	周銳	國語日報社	3月	24	75	此六冊是首屆「國語日報社兒童文學牧笛獎」童話類得獎作品
入侵紫蝶谷	陳素宜					
放狼的孩子	劉燕琍					
動物語言翻譯機	杜紫楓					
天羅與地網	呂玖芳					
神祕森林的神神祕祕事件	林淑芬					
我們一起的童年		花蓮縣文化中心	3月	24	167	
阿公的八角風箏	馮輝岳	民生報社	4月	24	220	

書名	作者	出版社	出版日期	開數	頁數	備註
小城之夏	周姚萍	天衛文化公司	4月	24	240	
拔河馬比賽	張秋生	天衛文化公司	4月	24	248	
小白鴿	馬景賢	天衛文化公司	4月	24	216	
馬雅探險手記	陳佩周	民生報社	5月	24	316	
小玩家大陸行	陳梅英	高雄市文化中心	5月	24	141	
天空破了一個洞	徐傳倫等	臺東師院語教系	5月	24	260	第三屆師院生兒童文學創作獎作品集
將軍和跳蚤	樊發稼	民生報社	5月	24	203	
三字經裡的故事	李炳傑	國語日報社	5月	24	245	
親愛的小耳朵	林少雯	文經出版社	5月	24	188	
怕養樹	吳燈山	文經出版社	5月	24	155	
閻王不要的小子	劉台痕	健行文化出版社	6月	新25	172	
一九九五水鴨旅行	陳正恩等	省教育廳社	6月	16	264	臺灣省第九屆兒童文學創作專輯
臺灣歷史故事: (1)原住民與鄭氏王朝時代 (2)披荊斬棘的時代 (3)開拓發展的時代 (4)外力衝擊的時代 (5)日本統治的時代	王淑芬 張淑美 鄒敦怜 洪志明 周姚萍	聯經出版事業公司	6月	24	190 173 181 172 190	
片片楓葉情	紫楓	大海洋詩刊雜誌社	6月	24	107	卷二為〈童詩〉,頁53-107

書名	作者	出版社	出版日期	開數	頁數	備註
名家兒童散文精選	蘇國書主編	國語日報社	6月	24	167	
林良的散文	林良	國語日報社	6月	24	146	
開心女孩	秦文君	民生報社	6月	24	254	
九歌兒童書集（第二十集）： 兩本日記 「阿高斯失蹤之謎」 冬天裡的童話 永遠的小孩	莫劍蘭 盧振中 馮傑 黃淑美	九歌出版社	7月	24	188 147 151 155	
小辮子精靈	張秋生	文經出版社	7月	24	159	
少年	曹文軒	民生報社	7月	24	217	
二郎橋那個野丫頭	桂文亞	民生報社	7月	24	270	
第三代青春痘	小野	麥田出版公司公司	7月	新25	219	
無花城的春天	張水金	國語日報	7月	21×29	149	新版
想躺下來的不倒翁	管家琪	國語日報	7月	21×29	168	
誰是機器人	黃海	國語日報	7月	21×29	205	
小熊貓開廳	鄧小秋	國語日報	7月	21×29	184	
我的小馬	吳然	民生報社	8月	24	265	
太陽鳥	喬傳藻	民生報社	8月	24	234	
美麗的圓——李遠哲的故事	小野	遠哲教育基金會	8月	21.5×21.5	93	
野孩子	大頭春	聯合文學出版社	9月	24	215	
怪物童話	張嘉驊	民生報社	9月	24	221	

書名	作者	出版社	出版日期	開數	頁數	備註
番薯變大了	李坤宗	金橋出版社	6月	24	135	
天使請不要帶我走	李淑真	皇冠文化出版公司	8月	新25	190	
老師，下課了	王瑞琪	幼獅文化事業公司	9月	24	153	
同學，上課了	王瑞琪	幼獅文化事業公司	9月	24	163	
豬老闆開店	常瑞	文經出版公司	9月	菊16開	141	
妖怪森林	劉思源	民生報社	9月	24	220	
少年阿田恩仇記	羅青	民生報社	9月	24	168	
搶劫童話的強盜	吳燈山	文經出版公司	11月	24	159	
糊塗大頭鬼	管家琪	亞太經網公司	11月	24	199	
蘋果小人兒	金波	文經出版公司	12月	24	127	

一九九六年兒童文學論述書目

書名	作者（譯者）	出版社	出版日期	開數	頁數	備註
幼兒文學	Walter Sawyer, Diana E. Comer 著／墨高君譯	揚智文化公司	1月	23×17	207	
一千零一夜——女人的新童話	姚若姍	碩人出版公司	2月	新25	181	
一九九五優良少年兒童讀物指南	曹正芳主編	中華民國兒童文學學會	3月	22.5×12.5	147	

書名	作者（譯者）	出版社	出版日期	開數	頁數	備註
同志童話	Peter Cashorali 著／景翔譯	開心陽光出版公司	5月	24	233	
臺灣童謠大家唸	馮輝岳	武陵出版社	5月	24	158	
兒童詩探究	杜淑貞	五南圖書出版公司	5月	24	650	
童詩創作園	邱雲忠主編	青少文化	5月	22.5×19.5	87	
詩和圖書的婚禮	顏福南、賴仲麗	民聖文化公司	5月	24	249	
全國兒童圖書目錄三編	閱覽組典藏組編輯	中央圖書館臺灣分館	6月	24	1305	
童話創作的原理與技巧	蔡尚志	五南圖書出版公司	6月	24	361	
童話 B. B Call	張月環編著	民聖文化公司	6月	24	218	
童詩凸透鏡	詹婷編著	民聖文化公司	6月	24	189	
大陸時期兒童文學	林煥彰、杜榮琛	文建會	6月	16	167	
童思・童詩	何元亨	項淵文化公司	6月	24	210	
楊喚與兒童文學	林文寶	萬卷樓圖書公司	7月	24	387	
誰喚醒了睡美人	伊林・費屆著／陳貞吟譯	世紀書房	7月	24	249	
童詩桃花源	江蓮君	民聖文化公司	7月	24	172	
個人成長寓言	米蘭坦・萊尼克原著／王介文譯	九儀出版社	7月	24	291	
這一路我們說散文	桂文亞主編	亞太經網公司	8月	24	143	
讀與寫她——桂文亞作品評論集	金波主編	亞太經網公司	8月	24	380	

書名	作者（譯者）	出版社	出版日期	開數	頁數	備註
桂文亞探論——走通散文藝術的兒童之道	班馬	亞太經網公司	8月	24	335	
兒童文學	林文寶等	五南圖書出版公司	9月	24	435	
超越英雄	Allan B. Chinen, M. D 著／陳芝鳳譯	新苗文化公司	9月	24	245	
拜訪童詩花園	杜榮琛	五洲出版社	9月	24	271	新版書
創作性戲劇原理與實作	張曉華	黎明文化事業公司	9月	24.5×17.5	440	
跟童話交朋友（上、下）	黃基博	國語日報社	1月	24	(上)361(下)161	
認識少年小說	馬景賢主編	天衛文化公司	11月	24	243	
認識兒童讀物插畫	鄭明進等	天衛文化公司	11月	24	215	
醜女與野獸——女性主義顛覆書寫	Barbara G. Walker 著／薛興國譯	智庫出版社	12月	24	311	

一九九七年度兒童文學書目

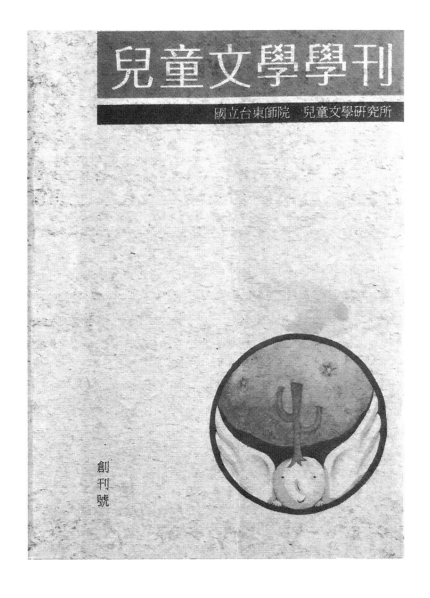

　　兩大報每年年底都會有最佳童書的評選。其書目如下：

《中國時報》〈開卷版〉一九九七年度最佳童書：

書名	作者（譯者）	出版者
小黃瓜三明治驚異奇航	Peter Rowan 著，許琳英譯	遠哲科學教育基金會
地球寶盒	Ron Van der Meer & Ron Fisher 著，余珊珊等譯	迪茂國際出版公司
我家住在大海邊	林世仁文，李瑾倫圖	新學友書局
雨林探險	松岡達英著，張碧員譯	大樹文化公司
海烏姆村的鯉魚	Isaac Bashevis Singer 原著，Christophe Durual 繪圖，郝廣才譯寫	臺灣麥克公司
追追追	赤羽末吉文、圖	格林文化事業公司
媽媽上戲去	邱婷文，鄭淑芬圖	行政院文建會
遠古臺灣的故事	呂理政文，呂理政、夏麗芳圖	南天書局
請不要忘記那些孩子	Chana Byers Abells 著，林真美譯	遠流出版事業公司
曬棉被的那一天	連翠茉文，張振松圖	新學友書局

（見1998年元旦〈開卷版〉）

《聯合報》〈讀書人〉一九九七年最佳書獎童書類：

　　繪本類：

　　《逃家小兔》　瑪格麗特・布朗文　克雷門・赫德圖　黃迺毓
　　　譯　上誼

　　《我和我家附近的野狗們》　賴馬文、圖　信誼

　　《音樂萬歲》　掉毛貓咪們文、圖　吳倩怡譯　格林文化

《彩虹學習圖畫書系列》（三十五本）　劉宗慧等著　新學友
《獾的禮物》　蘇珊・巴蕾文、圖　林真美譯　遠流

讀物類：
《小四的煩惱》　王淑芬文　徐建國圖　小兵
《望遠鏡裡的精靈》　劉克襄文、圖　玉山社
《媽媽上戲去》　邱婷文　鄭淑芬圖　文建會
《來玩寫作的遊戲》（第二冊）　沈惠芳文　賴馬圖　國語日報
《貓頭鷹在家、蚱蜢旅遊記、大象舅舅》／阿諾・羅北兒文、
　　圖　楊茂秀譯　遠流
（見1998年1月5日〈讀書人〉版）

綜觀所謂最佳的童書，似乎要皆以圖畫書（或稱繪本）為主，我們果
真進入遊戲與圖像的時代，兒童文學界似乎該有所省思。以下試說兒
童文學界年度重大事件。

　　臺東師院成立「兒童文學研究所」，這是臺灣首次成立的兒童文
學研究所，稱它為年度大事，自是無用置疑。以下依時間先後述之。

　　元月，「波隆那繪本插畫展」首次移師臺灣，展出八十餘位各國
畫家二百五十幅繪本原畫，及三十位享譽世界名插畫家推出「祕密花
園」特展。

　　為落實文化資產保存的札根工作，文建會與雄獅圖書公司合作出
版《兒童文化資產叢書》，於兒童節正式發行。

　　三民書局於六月推出八本《小詩人系列》，這是八位成名詩人為
兒童寫的童詩集。

　　因癌症去世的周大觀，為我們留下《我還有一隻腳》（國語日報
版，四月）並有《大觀》一書的編輯（遠流版，六月）。又盲童王芃
因入選臺北市公車詩文獎而受矚目，於是有《光明小天使——王芃的

創作世界》（文經出版社，七月）與《光明小天使——王芃的故事》
（文經出版社，七月）兩書的出版。

　　日資在臺發行九年的《巧連智》月刊，於八月份改版，推出擁有
三種分齡版的形態：小班的「快樂版」、中班的「成長版」、大班的
「學習版」。

　　十一月，格林出版社與經營兒童網路的全高公司合併為全高格林
公司。

　　十一月二日，中華民國兒童文學學會，首次舉辦《千歲宴》，其
目的是為對年滿七十歲以上兒童文學工作者表達敬意。

　　台英社發行《精湛兒童之友》，化高價位繪本套書為月刊，且平
價單冊出售。

一九九七年兒童文學創作書目

書名	作者	出版社	出版日期	開數	頁數	備註
大海螺它說	卜京	民生報社	1月	24	218	
一個哭出來的故事	張之路	民生報社	1月	24	234	
校長的溫馨故事	傅林統等	國語日報社	2月	24	177	
我從西藏高原來	畢淑敏	民生報社	2月	24	219	
寫給兒童的好散文	謝武彰編著	小魯文化事業公司	3月	24	191	
春天底下三條蟲	小野	麥田出版公司公司	3月	新25	185	
沒勁	班馬	民生報社	3月	24	248	
男生女生ㄆㄟˋ	王淑芬	小兵出版社	3月	19.5×20.5	155	
太陽天使——黃乃輝	黃乃輝口述 林少雯整理	文經出版社	4月	24	191	

書名	作者	出版社	出版日期	開數	頁數	備註
怪怪書怪怪讀(1)	張嘉驊	文經出版社	4月	24	221	
地上的星星	郭心雲	黎明文化事業公司	4月	24	214	
阿貴的眼睛	郭心雲	黎明文化事業公司	4月	24	194	
老鼠吃掉千心秤	陳敬介	黎明文化事業公司	4月	24	156	
山洞會說話	陳敬介	黎明文化事業公司	4月	24	182	
阿輝正傳	周姚萍	小魯文化事業公司	4月	24	246	
戈爾登星球奇遇記	陳曙光	九歌出版社	4月	24	154	九歌兒童書房82
秀巒山上的金交椅	陳素宜	九歌出版社	4月	24	178	九歌兒童書房83
小子阿辛	木子	九歌出版社	4月	24	157	九歌兒童書房84
真情蘋果派	管家琪	幼獅文化事業公司	4月	24	179	
黃金鼠大逃亡	張淑美	文經出版社	4月	24	143	
媽媽樹	葉維廉文、陳璐茜圖	三民書局	4月	24×21	61	
螢火蟲	向明文、董心如圖	三民書局	4月	24×21	53	
稻草人	敻虹文、拉拉圖	三民書局	4月	24×21	59	
童話風	陳黎文、王蘭圖	三民書局	4月	24×21	63	

書名	作者	出版社	出版日期	開數	頁數	備註
雙胞胎月亮	蘇紹連文、藍珮禎圖	三民書局	4月	24×21	53	
妖怪的本事	白靈文、吳應堅圖	三民書局	4月	24×21	57	
魚和蝦的對話	張默文、董心如圖	三民書局	4月	24×21	53	
我的夢夢見我在夢中作夢	向陽文、陳璐茜圖	三民書局	4月	24×21	55	以上為小詩人系列
天吃星下凡	周銳	育昇文化公司	4月	24	160	
木偶人水手	郭風	育昇文化公司	4月	24	154	
九十九年煩惱和一年快樂	張秋生	育昇文化公司	4月	24	158	
氣功大師半撇鬍	彭懿	育昇文化公司	4月	24	166	
大空金字塔	葛冰	育昇文化公司	4月	24	172	
沒有鼻子的小狗	孫幼軍	育昇文化公司	4月	24	159	
皮皮逃學記	莊大偉	育昇文化公司	4月	24	155	
大樹王、大鳥王和大蟲王	李仁曉	育昇文化公司	4月	24	160	
火龍	冰波	育昇文化公司	4月	24	158	
壞蛋打氣筒	武玉桂	育昇文化公司	4月	24	160	以上十冊合稱為《大陸金獎文學精選》
成功的小勇士	蕭奇元	富春文化事業公司	5月	24	199	
我是白癡	王淑芬	民生報社	5月	24	222	
杜鵑花	楊智豪等	屏東師院語教	5月	24	260	第四屆師

書名	作者	出版社	出版日期	開數	頁數	備註
		系				院生兒童文學創作獎作品集
99棵人樹	康逸藍	漢藝色研文化公司	5月	24	133	
一色畫	晴美	臺中市立文化中心	5月	24	243	臺中市籍作品作品集(54)
徐士欽童詩集	陳昌明編校	臺南市立文化中心	5月	24	313	
阿古登巴的故事	陳慶英	蒙藏委員會	6月	24	95	蒙藏兒童民間故事叢書
江格爾	史習成	蒙藏委員會	6月	24	95	蒙藏兒童民間故事叢書
成吉思汗的故事	支水文	蒙藏委員會	6月	24	95	蒙藏兒童民間故事叢書
李遠哲	李倩萍	聯經出版事業公司	6月	24	179	
施振榮	陳啟明	聯經出版事業公司	6月	24	158	
證嚴法師	吳燈山	聯經出版事業公司	6月	24	177	
貝聿銘	管家琪	聯經出版事業公司	6月	24	156	
馬友友	王淑芬	聯經出版事業公司	6月	24	156	以上是《成功者

書名	作者	出版社	出版日期	開數	頁數	備註
						的故事》第一批全套五冊
排灣族神話故事	陳枝烈	屏東縣立文化中心	6月	24	198	
獨角大仙	孫迎	民生報社	6月	24	225	
石縫裡的信	蔡宜容	小兵出版社	6月	19.5×20.5	166	
過山蝦要回家	毛威麟等	臺灣書店	6月	19.5×20.5	286	臺灣省第十屆兒童文學創作獎專輯
美麗的肥料	主編：魏桂洲、洪志明	臺中市政府	6月	24	199	臺中市教師兒童文學創作專輯
臺灣童謠選編專輯	林金田主編	臺灣省文獻會	6月	16	216	
光明小天使——王苀的故事	高錚口述、黃羿爍執筆	文經出版社	7月	24	173	
蝗蟲一族——趣味昆蟲童話	張嘉驊著	民生報社	7月	24	218	
童年的我・少年的我	何紫	小魯文化事業公司	7月	24	206	
林良的看圖說話	林良	國語日報社	7月	20.5×18.5	107	
小王子與阿文	潘文良	頂淵文化公司	7月	24	173+257	另有附錄，不計
愛神邱比特的新娘	陳啟淦	文經出版社	8月	24	142	
成丁禮	沈石溪	民生報社	8月	24	211	
小鸚鵡	劉玉琛	富春文化事業公司	8月	24	158	

書名	作者	出版社	出版日期	開數	頁數	備註
古域探奇——找到古淡水	彭增龍	富春文化事業公司	8月	24	151	
一年二班小警察	余遠炫	皇冠文化出版公司	9月	24	175	
救命啊！警察先生	余遠炫	皇冠文化出版公司	9月	24	173	
119！急先鋒	余遠炫	皇冠文化出版公司	9月	24	183	
執金吾的故事	余遠炫	皇冠文化出版公司	9月	24	175	以上四冊合稱為《余遠炫警察故事》
紅紅罌粟花——兒童版鴉片戰爭	戒林	小魯文化事業公司	9月	24	24	
狼妻	沈石溪	國語日報社	9月	24	231	
皇帝的艦隊	洪中周	布穀鳥語文中心	9月	24	175	新版
寓言三百篇（上、中、下）	何海鷗、孫黎編	風車圖書出版公司	9月	24	各冊皆為239	
女孩子城來了大盜賊	彭懿	天衛文化公司	10月	24	149	
七個小精靈	吳燈山	文經出版社	10月	24	155	
牧羊犬阿甲	沈石溪	光復書局	10月	24	235	
愛情鳥	沈石溪	光復書局	10月	24	229	
小四的煩惱	王淑芬	小兵出版社	9月	19.5×20.5	160	
比爾‧蓋茲的少年時光	管家琪	文經出版社	9月	24	205	

書名	作者	出版社	出版日期	開數	頁數	備註
藍藍的天上白雲飄	屠佳	九歌出版社	9月	24	162	
第三種選擇	陳素宜	九歌出版社	9月	24	190	
LOVE	趙映雲	九歌出版社	9月	24	173	
紅帽子西西	林小晴	九歌出版社	9月	24	177	以上四冊為九歌兒童書房第22集。亦即是第五屆現代兒童文學得獎作品。
小班頭的心情故事	柯錦鋒	小魯文化事業公司	9月	24	210	
蔚藍的太平洋日記	李潼	民生報社	10月	24	273	
最愛 story	孫小英主編	幼獅文化事業公司	10月	24	158	
第5代青春痘	小野	麥田出版公司公司	11月	新25	193	
怪怪書怪怪讀（2）	張嘉驊	文經出版社	11月	24	203	
洪荒少年	朱效文	小魯文化事業公司	11月	24	221	
頑皮太子到臺灣	吳明錦	文經出版社	11月	24	175	
摩登烏龍怪鎮	賴曉珍	民生報社	11月	24	190	
不想被噓的童話故事	陳月文	富春文化事業公司	11月	24	175	
不怕鬼的書生	鄒敦怜	小兵出版社	12月	19.5×20.5	160	
星星樹	洪志明	國語日報社	12月	20.5×18.5	65	
三角地	曹文軒	民生報社	12月	24	286	

書名	作者	出版社	出版日期	開數	頁數	備註
誰是老大	龐德	聯合文學出版社	12月	20×21	161	
五線譜先生	葛競	民生報社	12月	24	228	
複製瞌睡羊	管家琪	民生報社	12月	24	212	
影子人	金波	民生報社	12月	24	204	
11個小紅帽	林世仁	民生報社	12月	24	181	
生死平衡	王晉康	小魯文化事業公司	12月	24	251	

一九九七年兒童文學論述書目

書名	作者（譯者）	出版社	出版日期	開數	頁數	備註
兒童文學與教育學術研討會論文集	東師語教系編	臺東師院語教系	3月	24	159	
不是兒歌──鄧志浩談兒童戲	鄧志浩口述，王鴻佑執筆	張老師文化公司	3月	24	230	
歷代啟蒙教材初探	林文寶	萬卷樓圖書公司	4月	24	249	新版
兒童少年文學與研究精選	林政華	文史哲出版社	4月	24	194	
少年小說寫作論	張清榮	供學出版社	4月	16	304	
第四屆師院生兒童文學創作獎發表會暨學術研討會手冊	陸又新等	屏師語教系	5月	16	103	其中頁27-93為研討會論文
玩兒遊戲說故事	陳月文	國語日報社	5月	24	122	
故事媽媽寶典	陳月文	天衛文化公司	5月	24	185	

書名	作者（譯者）	出版社	出版日期	開數	頁數	備註
神話故事	李查‧辛普金森、安‧辛普金森編賴惠辛譯	雅音出版公司	5月	24	223	
白雪公主的復仇	梁瀨光世著，呂紹鳳譯	尖端出版公司	6月	32	202	
故事與討論	趙鏡中譯寫	臺灣省國民學校教師研習會	6月	20.5×19	180	
金魚之舞——認識兒童文學作家與作品	桂文亞	民生報社	6月	24	290	
林老師說故事工作手冊		臺北市立圖書館	6月	24	94	
電子童書小論叢	洪文瓊	東師語教系	6月	24	158	
臺灣兒童少年文學	林政華	世一文化公司	7月	24	225	
行政院新聞局第十五次推介中小學生優良課外課物暨第二屆小太陽獎得獎作品	主編：王麗婉等	行政院新聞局	7月	16	143	
兒語三百則與理論研究	林文寶、林政華編著	駱駝出版社	7月	24	202	新版
魏晉南北朝童謠研析	龔顯宗	國語日報社	9月	24	254	
一所研究所的成立	東師兒文所編	臺東師院	10月	24	220	

補遺

兒童文學創作書目

書名	作者	出版社	出版日期	開數	頁數	備註
老師的童年	李坤宗	金橋出版社	1993年1月	24	135	
電線桿裡的貓	詹國榮	桃園縣立文化中心	1993年6月	24	149	
豆滕會寫字	劉正盛	彰化縣立文化中心	1994年6月	24	263	
眨眼的星期	魏桂洲	臺中市政府	1994年6月	24	185	
希望鳥	馮喜秀	自印本	1994年8月	16	96	文章後面附有〈欣賞目標〉、〈故事研討〉、〈故事活動〉等
神祕的新鄰居	黃登漢	臺灣書店	1995年2月	20.5×17.5	123	
會變色的眼睛	魏桂洲	臺中市政府	1995年6月	24	184	
眼鏡國遊記	范姜春枝	華童出版社	1995年9月	24	94	
童話盒子	謝新福	華童出版社	1995年9月	24	79	
飛鴿日記	馮輝岳	華童出版社	1995年9月	24	75	
快來救月亮	胡鍊輝	華童出版社	1995年9月	24	120	以上四冊成套《創作童話故事系列》
兒童語文教材創作專輯（二）	企劃：莊梅枝	中華民國教材研究發展學會	1995年11月	16	352	

書名	作者	出版社	出版日期	開數	頁數	備註
老師的童年往事	王淑芬	國語日報社	1996年11月	24	268	

兒童文學論述書目

書名	作者	出版社	出版日期	開數	頁數	備註
童詩彩虹	主編：陳育慧、陳淑慎	泉源出版社	3月	24	251	
臺灣地區科學類：兒童讀物調查研究（1985-1994）	陳美智	漢美圖書公司	1月	24	142	
美麗的水鏡——從多方位深究童話的創作和改寫	傅林統	桃園縣立文化中心	6月	24	156	
拜訪童詩花園	杜榮琛	五洲出版社	9月	24	271	新版

一九九七年兒童文學大事記要

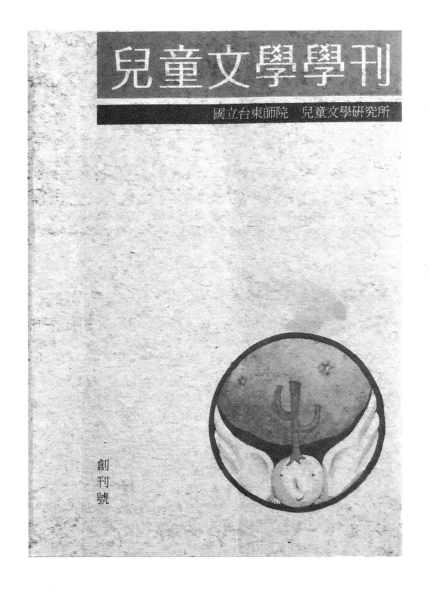

元月

十九日 東師語教系和兒文所籌備處共同籌組前往大陸進行兒童文學
交流活動，領隊為語教系洪固教授，成員包括兒文所林文寶
及吳朝輝教授。他們先後訪問重慶西南師大王泉根教授和金
華浙江師大兒童文學研究所，商討雙方未來可能的合作計劃
及學術交流的可能性。

三月

十　日 中華民國兒童文學學會舉辦「探訪作、畫家心靈故鄉」活
動，第一梯次金瓜石之旅。為黃郁文校長幼時住過的地方。

十三日 臺東師院語文教育學系主辦一九九六學年度兒童文學與教育
學術研討會，為期兩天。林良應邀發表《認養兒童文學》之
專題演講。本次研討會並印行論文集，收錄八篇論文。

廿二日 第九屆中華兒童文學獎贈獎典禮。

廿九日 舉辦蘇尚耀先生逝世週年紀念會。（中華兒童文學學會）

四月

一　日 中華民國兒童文學學會與《國語日報》兒童版合作「兒童文
學月」為期一個月。

五月

廿九日 臺東師院兒童文學研究所碩士班新生榜示，一般生正取生十
二名依報名號碼先後依序為：洪美珍、馬祥來、王貞芳、蘇
茹玲、林靜怡、張珮歆、林玲遠、林孟琦、楊佳惠、游鎮

維、黃孟嬌、郭祐慈。備取生七名，依成績高低先後依序
為：鄭丞鈞、吳聲淼、蔡雅文、汪光慧、張逸雯、陳冠如、
蕭玉娟專業在職生，正取生三名依次為廖健雅、陳昇群、洪
志明備取生二名：簡淑玲、楊琇惠。

六月

十五日　中華民國兒童文學學會舉辦「探訪作、畫家心靈故鄉」活動
　　　　第二梯次陽明山之旅——劉宗銘、陳芳美夫婦工作室。
廿二日　東師兒文所籌備處召集人林文寶教授，應中國海峽兩岸兒童
　　　　文學研究會於年會作〈兩岸兒童文學交流〉專題報告。

七月

一　日　中華民國兒童文學學會在《師友月刊》上發表「兒童文學與
　　　　教育」系列論文，預計分為六期，每期兩篇。
廿一日　中華民國兒童文學學會舉辦的一九九七年度兒童文學寫作夏
　　　　令營開始上課，為期一週。
廿二日　中華民國兒童文學學會與中央圖書館臺灣分館主辦的全國優
　　　　良兒童圖書展，為期九天。展覽地點在東方出版社。

八月

五　日　第四屆亞洲兒童文學大會即日起在南韓漢城舉行，為期四
　　　　天。八月八日各地區正副代表會議（臺北正代表：林煥彰、
　　　　副代表：趙天儀）決定第五屆亞洲兒童文學大會在臺北開，
　　　　臺灣地區兒童文學工作者與會的計有：林煥彰、趙天儀、洪

文瓊、洪文珍、林武憲、洪中周、蔡尚志、蔡榮勇、黃玉蘭、楊麗娥、吳麗櫻、徐佩瑩等。

六　日　前臺南師院語教系教授林守為病逝，享年七十七歲。八月二十一日假臺北市第一殯儀館至安廳舉行告別式。林教授專業是兒童文學理論。

廿四日　國語日報《兒童文學周刊》，即日起連續三週推出第四屆亞洲兒童文學大會與會感言專輯。計有洪中周、蔡榮勇、林煥彰、蔡尚志、林武憲、黃玉蘭、洪文珍等先後抒感。

廿九日　中華民國兒童文學學會理事長林煥彰，應香港市政局邀請擔任第四屆雙年文學獎，兒童文學組總評審工作，並擔任香港市政公共圖書館所承辦的兒童文學研習班講座，講授有關童詩寫作，欣賞及教學的課程。

九月

廿一日　中華民國兒童文學學會、國語日報社、世界華文兒童文學資料館、中國海峽兩岸兒童文學研究會為緬懷已故兒童文學界前輩特合辦張劍鳴先生逝世週年紀念會，假臺北市福州街二號五樓國語日報新大會議廳舉行，並由該報《兒童文學周刊》於十四日及二十一日分別刊出黃女娥〈默默耕耘的園丁——兒童文學家張劍鳴〉、洪文瓊〈從張劍鳴先生的譯事與藏書，看他的為學與做人〉、林良〈兒童文學譯作家——張劍鳴〉等三篇文章。林淑慧小姐也撰寫〈朵朵的思念——張劍鳴先生追思紀念會側學〉刊在十一月號的會訊。當天出席紀念會的計有林良、馬景賢、林煥彰、姚宜瑛、瘂弦、何欣、蔣竹君、陳正治、劉玉琛等數十人。

十一月

二　日　由行政院新聞局指導，中華民國兒童文學學會國際佛光會中
　　　　華總會主辦金秋慶豐收——千歲宴——向資深兒童文學工作
　　　　者致敬，假臺北市佛光山臺北道場舉行。整個活動由陳木城、
　　　　趙翠慧聯合主持，當天出席的都是年滿七十歲的兒童文學工
　　　　作者，分別是蕭奇元、華霞菱、潘佛彬（潘人木）陳武雄
　　　　（陳千武）陳梅生、劉玉琛、林良、陳雄、朱傳譽等九位。
　　　　主辦單位並向每位致贈紀念品及素描畫像，同時請他們留下
　　　　珍貴的手印，期間並穿插詩的朗誦、說唱藝術、相聲等助興。

六　日　大陸知名兒童文學作家陳伯吹先生病逝於上海華東醫院，享
　　　　年九十二歲。十一月十一日在上海舉行告別追思會。

十五日　《小作家》月刊榮獲一九九七年度行政院新聞局圖書出版金
　　　　鼎獎兒童及少年類優良雜誌推薦。

十八日　洪建全教育文化基金會董事長洪簡靜惠，獲聘榮獲國家文化
　　　　藝術基金會執行長。

廿三日　中華民國兒童文學學會第五屆第一次會員大會假臺北市國語
　　　　日報五樓會議室舉行，並邀請臺大外文系歐茵西教授以〈簡
　　　　說俄羅斯兒童文學〉發表專題演講。會中將領發一九九七年
　　　　度大專院校兒童文學研究獎學金、第五屆陳國政兒童文學
　　　　獎、及第五屆中華兒童文學獎（文學類得主王淑芬、美術類
　　　　得主劉建志）。

廿八日　日中兒童文學美術文化交流協會會員——中由美子翻譯李潼
　　　　《少年葛瑪蘭》，與另一位日本女作家木村祐知子相偕來
　　　　臺，翌日赴羅東拜會李潼，以便對原著的小說背景作深入的
　　　　了解。

十二月

五　日 由靜宜大學文學院主辦的第二屆全國兒童文學與兒童語言學
術研討會，假該校新國際會議廳舉行，為期兩天。會中並邀
請文壇前輩鄭清文以〈我對兒童文學的看法〉為題發表專題
演講。並有四場研討主題分別是童話、少年小說、兒童文學
中的語言及歐洲兒童文學。七篇論文發表人依序為黃玉蘭
〈從意象與象徵談《小王子》的主題〉，講評人李魁賢。劉
瑩〈童話的讀者反映研究──以牧笛獎童話作品為例〉講評
人許建崑。張子樟〈扁平與圓形──淺析少年小說中的人物
刻劃〉，講評人蔡尚志。馬佑真〈翻譯少年小說應有的顧慮
與考量〉，講評人梁景峰（趙天儀代）。陳秀鳳〈窗道雄的語
言表現〉，講評人向陽。黃惠玲〈以兒童文學為橋樑──談
英美兒童文學對英文系學生的幫助〉，講評人海柏。李惠加
〈圖畫書的語言訊息傳達〉，講評人曹俊彥。〈神奇的貓──
法國兒童文學中的寵物〉講評人阮若缺。綜合座談會中趙天
儀院長主持主題為兒童文學中的語言。由林良、馬景賢、林
文寶、陳千武、何德華等當引言人。

六　日 國內首見的國家級兒童插畫作品比賽──福爾摩沙兒童圖畫
插畫展徵選，得獎名單揭曉。特優獎：劉宗慧「元元的發財
夢」。優選獎：楊翠玉「兒子大玩偶」、鍾易真「村童的遊
戲」。佳作獎：卓昆峰、林麗琪、賴建名、林傳宗、劉伯樂
等人。決審委員包話國際知名插畫家，法國克洛德‧拉布安
特，日本佐野洋子，國內的鄭明進、曹俊彥、高明美、劉萬
航、黃光男等人。

九　日 兩廳院為拔擢表演藝術新人和團體，一九九八年度甄選名單
公布，鞋子兒童實驗劇團入選。

一九九八年兒童文學年度書目

《聯合報》〈讀書人〉一九九八年最佳童書獎童書類如下：

繪本類：

《微笑的魚》　幾米文、圖　玉山社

《那裡有條界線》　黃南文、圖　遠流

《媽媽的紅沙發》　威拉・畢・威廉斯文、圖　柯倩華譯　三之三文化

《瞬間收藏家》　布赫茲文、圖　張莉莉譯　格林文化

《我會愛》精選繪本（六冊）　珍恩・懷特豪斯・彼得森等文黛博拉・雷伊等圖　陳質采等譯　遠流

讀物類：

《咕咕精與小老頭》　王拓著　人本

《女生愛男生》　施寄青文　張妙如圖　臺灣商務印書館

《創意小畫家》系列　M. Angels Comella 著　三民書局編輯部譯　三民書局

《男孩：我的童年往事》　羅爾德・達爾文　昆汀・布雷克圖幼獅文化

《從野地誕生的科技發明》　費爾・蓋茲著　黃啟明譯　藍墨水

（見1998年12月21日《聯合報》41版）

《中國時報》〈開卷〉一九九八年度最佳童書是：

最佳青少年圖書

書名	作者（譯者）	出版社
不好意思	周銳著，季青圖	民生報社
妙妙和梭魚	町田純著，徐華譯	小知堂文化公司
伽利略	彼德席斯文、圖，郭恩惠譯	格林文化事業公司

最佳童書

書名	作者（譯者）	出版社
我不知道我是誰	強布雷克文，薛弗勒圖，郭恩惠譯	格林文化事業公司
我的爸爸是流氓	張友漁著，小凱圖	小兵出版社
我的妹妹聽不見	珍恩・懷特豪斯・彼得森文，黛博拉・雷伊圖，陳質采譯	遠流出版事業公司
森林裡的祕密	幾米著	玉山社出版事業公司
跟著爺爺看	派翠西亞・麥蘭赫蘭文，黛博拉・雷伊圖，楊珮榆譯	遠流出版事業公司
螢火蟲之歌	陳月文著，陳燦榮攝影	紅蕃茄文化事業公司
藍鯨是世界最大的東西嗎？	羅伯特・伊・威爾斯著，鄭榮珍譯	台灣英文雜誌社

（見1998年12月31日《中國時報》41版）

　　就出版或創作的觀點，本年仍是翻譯與繪本的天下。當然，紅蕃茄事業文化公司的《追追追生活系列》本土性創作仍在出版中，三民書局的《小詩人系列》，也在繼續出版。而民生報社仍堅持文學性的創作。

　　本書目分創作類與論述類兩部分。創作類以中文書寫者為主，其間並包括大陸在臺出版作品。至於幼兒文學與中華兒童叢書，則不在收錄之列。又論述類由於作品不多，是以譯作亦在收錄範圍之內。

一九九八年兒童文學創作書目

書名	作者	出版社	出版日期	開數	頁數	備註
血經	范錫林	小魯文化事業公司	1月	24	223	
不理媽媽的雞蛋	張秋生	民生報社	1月	24	235	
大腳李柔	張如鈞	小魯文化事業公司	2月	24	185	
獵人的故事	余存先	小兵出版社	2月	19.5×20.5	160	
莉莉的花藍	木子	富春文化事業公司	2月	24	199	
聰明孩子的童話	程聖民、程選民	文經出版社出版公司	2月	24	191	
諸鬼狂歡節	管家琪	亞太經網公司	2月	24	157	
原始人阿麗	管家琪	亞太經網公司	2月	24	186	
夢中少年	管家琪	亞太經網公司	2月	24	128	
不好意思	周銳	民生報社	2月	24	255	
母老虎吃粽子	王家珍	民生報社	2月	24	184	
卡通大師——華德迪士尼的少年時光	管家琪	文經出版社	3月	24	183	
牙龍灣奇遇	南天	業強出版社	3月	新25	199	
西元2903年的一次飛行	卜京	民生報社	3月	24	196	

書名	作者	出版社	出版日期	開數	頁數	備註
恐龍阿瓜和他的大尾巴	張嘉驊	民生報社	3月	24	171	
藍鯨的眼睛	冰波	民生報社	3月	24	195	
網一把星	詩／葉維廉 圖／朱美靜	三民書局	3月	24×21	61	
穿過老樹林	詩／蘇紹連 圖／陳致元	三民書局	3月	24×21	51	
咕咕精與小老頭	王拓	人本教育基金會出版部	3月	19.5×14	167	
小豆子歷險記	王拓	人本教育基金會出版部	3月	19.5×14	171	
祖母綠寶石	劉興詩	小魯文化事業公司	4月	24	256	
祕方・祕方・祕方	金曾豪	小魯文化事業公司	4月	24	223	
高樓上的小捕手	林世仁	國語日報社	4月	24	77	
狀況三	陳素宜	國語日報社	4月	24	93	
羅密海鷗與小豬麗葉	王淑芬	國語日報社	4月	24	77	
尋找快樂的鬼	麥莉	國語日報社	4月	24	61	
一隻豬在網路上	方素珍	國語日報社	4月	24	75	
形狀的故事	陳昇群	國語日報社	4月	24	77	以上六冊為第二屆國語日報社兒童文學牧笛獎〈童話故事〉類得獎作品

書名	作者	出版社	出版日期	開數	頁數	備註
我看到了彩虹——盲者之歌	曹麗娟	綠生活國際公司	4月	24	238	
林肯大郡	聖容	富春文化事業公司	5月	24	209	
兄妹情深	閻瑞珍等	臺南師院語教系	5月	24	388	第五屆師院生兒童文學創作獎作品集（非賣品）
俄羅斯鼠尾草	張子樟主編	幼獅文化事業公司	5月	24	215	
一把蓮——黑水溝傳奇	林滿秋	小魯文化事業公司	5月	24	272	
一分鐘寓言	洪志明	小魯文化事業公司	5月	24	172	
我畫的豬跑掉了	七星潭	臺灣省國民學校教師研習會	5月	21×19	133	非賣品
見鬼不怪鬼	鄒敦怜	小兵出版社	5月	20×19.5	159	
銀髮與童心	詹冰	臺中市文化中心	5月	24	265	
鄉野遊蹤	陳梅英	百晟文化出版公司	5月	新25	194	高雄市文化基金會獎助出版
星星仙女下凡塵	摩迦等	佛光文化事業公司	5月	32	125	
畫鯉的奇蹟	慈莊等	佛光文化事業公司	5月	32	124	

書名	作者	出版社	出版日期	開數	頁數	備註
七十二朵蓮花	慈惠等	佛光文化事業公司	5月	32	126	
仁慈的須大拏	慈惠等	佛光文化事業公司	5月	32	126	
九道難題	慈惠等	佛光文化事業公司	5月	32	125	
我的希望	謝冰瑩等	佛光文化事業公司	5月	32	126	
蛇王與菩薩	張慈蓮等	佛光文化事業公司	5月	32	125	
一半親情	陳昇群等	臺灣省文化處	6月	16	449	臺灣省第十一屆兒童文學創作獎專輯
哈啦巴啦怪物節	張嘉驊	天衛文化圖書公司	6月	24	163	
阿黃的尾巴──木子說故事（四）	木子	富春文化事業公司	6月	24	187	革新版
石頭開講	陳益源	富春文化事業公司	6月	24	197	
打不倒的孩子──設計大師朱魯青	李文茹	文經出版社	6月	24	254	
速食大王──麥當勞叔叔的故事	管家琪	文經出版社	6月	24	155	
林老師說故事：兒童劇團演出紀要1996-1998	臺北市立圖書館		6月	16	115	非賣品
花木蘭	管家琪	文經出版社	7月	24	143	
我愛綠蠟龜	子安	九歌出版社	7月	24	162	

書名	作者	出版社	出版日期	開數	頁數	備註
荒原上的小淳棚	盧振中	九歌出版社	7月	24	166	
孿生國度	陳愫儀	九歌出版社	7月	24	210	
蘋果日記	劉俐綺	九歌出版社	7月	24	172	以上四冊合為《九歌兒童書房 第 23 集》
瘋狂綠刺蝟	彭懿	小魯文化事業公司	7月	24	178	
隨身聽小孩	林滿秋	小魯文化事業公司	7月	24	222	
會說話的雲	管家琪	中華日報	7月	24	266	
森林 EQ 童話	柯錦鋒	中華日報	7月	24	230	
孤獨的時候	周曉、沈碧娟編	民生報社	7月	24	263	中國大陸少年小說選（一）
男孩寄來一封信	周曉、沈碧娟編	民生報社	7月	24	257	中國大陸少年小說選（二）
有一個女孩叫星竹	周曉、沈碧娟編	民生報社	8月	24	206	中國大陸少年小說選（三）
崗背的小孩	馮輝岳	民生報社	8月	24	254	
童年懺悔錄	王淑芬	民生報社	8月	24	216	
謎天謎地謎故事	蔡清波	富春文化事業公司	8月	24	113	
驢打滾兒王二	馬景賢	民生報社	8月	24	228	
兩隻老虎變小蜜峰	揚歌	富春文化事業公司	8月	24	218	

書名	作者	出版社	出版日期	開數	頁數	備註
蠻皮兒	李潼	幼獅文化事業公司	8月	24	211	
夢中音樂會	朵思	三民書局	8月	24×21.5	47	
小孩與鸚鵡	陳義芝	三民書局	8月	24×21.5	49	
我的夢在夜裡飛行	葉日松	晨光出版社	9月	24	229	
夢想販賣機	黃文進	富春文化事業公司	9月	24	221	
小白要出嫁	杜白	幼獅文化事業公司	9月	24	225	
安順宮風波	木子	富春文化事業公司	9月	24	154	
大自然的探索	楊美玲	富春文化事業公司	9月	24	195	
說媽媽的故事	何麗華編著	屏師教育基金會	10月	24	274	非賣品
話神	史軍超編著	漢藝色研文化事業公司	10月	24	207	
新爐主	吳燈山	文經出版社	10月	24	169	
螳螂	張之路	小魯文化事業公司	10月	24	189	
到大海去呀，孩子	汪啟疆	三民書局	10月	24×21.5	55	
我的爸爸是流氓	張友漁	小兵出版社	10月	19.5×20.5	160	
金色的羽毛披風	夏菱	國語日報社	10月	24	185	
超級狗──小逗逗	林葳	富春文化事業公司	11月	24	148	
童年26	朱秀芳	富春文化事業公司	11月	24	204	舊書新版

書名	作者	出版社	出版日期	開數	頁數	備註
思鄉的外星人——臺灣少年小說選（一）	桂文亞、李潼編	民生報社	11月	24	300	
寂寞夜行車——臺灣少年小說選	桂文亞、李潼編	民生報社	11月	24	305	
烏奴	沈石溪	國語日報社	11月	24	186	
施公奇案	吳燈山	聯經出版事業公司	11月	24	196	
包公奇案	沙淑芬	聯經出版事業公司	11月	24	169	
廖添丁傳奇	鄒敦怜	聯經出版事業公司	11月	24	153	
臭腳丫的日記	林煥彰	富春文化事業公司	11月	24	170	
屋簷上的秘密	林芳萍	民生報社	11月	24	149	
草魚潭孩子	王文華	小兵出版社	12月	19.5×20.5	161	
老師同學再會吧！	林靜昕	幼獅文化事業公司	12月	24	191	
草房子（上、下）	曹文軒	民生報社	12月	24	607	
馬丘比丘組曲	桂文亞	民生報社	12月	24	215	
豆豆的前世公主	康逸藍	正中書局	12月	24	162	
唱歌的樹	黃長安	正中書局	12月	24	151	
太陽結婚	薛賢榮	正中書局	12月	24	137	
行俠俠義小巫公	康逸藍	正中書局	12月	24	116	

一九九八年兒童文學論述書目

書名	作者	出版社	出版日期	開數	頁數	備註
科學童話寫作與教學研究	李麗霞	先登出版社		24	348	1998年初版（無出版日期）
喚醒睡美人	Jean Freeman著，廖瑞雯譯	探索文化事業公司	1月	24	175	
試著做一把兒童詩的梯子	蔡榮勇	臺灣省兒童文學協會	1月	24	144	
第二屆全國兒童文學與兒童語言學術研討會論文集		靜宜大學文學院	1月	24	266	非賣品
閱讀的喜悅──少兒文學品賞	張子樟	九歌出版社	2月	32	245	
創意童詩教室	林本源	國際少年村	3月	24	234	
1997年兒童讀物・少年讀物好書指南	策劃：桂文亞 主編：馮季眉	健行文化出版事業公司	3月	25.5×19.5	223	
兒童文學新論	周慶華著	生智文化事業公司	3月	24	305	
1998年海峽兩岸童話學術研討會論文特刊	馮季眉主編	中國海峽兩岸兒童文學研究會	3月	16	71	非賣品
臺灣地區1945年以來現代童話學術研討會論文集	兒文所編	臺東師院	3月	24	290	非賣品

書名	作者	出版社	出版日期	開數	頁數	備註
童詩教學遊戲──童詩教學活動設計手冊	企劃指導陳木城	臺北市明德國小	4月	24	166	非賣品
逛《ㄨㄤ》書	周惠玲	幼獅文化事業公司	4月	24	146	
拿什麼給下一代	林煥彰	宜蘭縣立文化中心	4月	24	201	非賣品
第一屆兒童文學國際會議論文集		靜宜大學文學院、臺灣省兒童文學協會	5月	21.5×30	343	非賣品
1998年海峽兩岸童話學術研討會論文特刊		臺北市立圖書館	5月	16	95	非賣品
圖畫書的美妙世界	鄭明進編著	國立臺灣藝術館	5月	23×27	167	
童詩──奶奶的童年	謝金治編著	世一文化事業公司	5月	24	121	
臺灣民間文學學術研討會論文集	總編輯：胡萬川	清華中文系	6月	16	313	非賣品
圖書分級制研討會會議實錄	中國文化大學青少年兒童福利學系編印	行政院新聞局主辦	8月	16	118	非賣品
寫作縱橫談──兒童文學	李銘愛編寫	臺北市文藝協會	9月	24	141	
行政院新聞局第十六次推介中小學生優良課外讀物暨第三屆小太陽獎得獎作品	主編：謝美裕、項文苓	行政院新聞局	9月	16	143	非賣品

書名	作者	出版社	出版日期	開數	頁數	備註
國小作文教學與文化互動學術研討會論文集	總編輯：徐泉聲	花師語教系	9月	20.5×29	244	非賣品
好書之旅——愛亞導讀	愛亞著	幼獅文化事業公司	10月	24	169	
兩岸兒童文學交流回顧與展望專輯	策劃主編：林煥彰	中華民國兒童文學學會	10月	16	177	非賣品
童詩新樂園	姜聰味	民聖文化事業公司	11月	24	221	
童詩豐年祭	呂嘉紋	民聖文化事業公司	11月	24	186	
認識童話	主編：許建崑	天衛文化圖書公司	12月	24	244	
世界幻想兒童文學導論	彭懿著	天衛文化圖書公司	12月	24	295	
孩子說的故事——了解童年的敘事	蘇珊・恩傑著，黃孟嬌譯	成長文教基金會	12月	24	270	
民間文學與作家文學研討會論文集	總編輯：胡萬川、呂興昌、陳萬益	清華中文系	12月	16	301	非賣品

補遺

兒童文學創作書目

書名	作者	出版社	出版日期	開數	頁數	備註
喇叭精靈	李錦珠	高雄市中正文化中心	1993年3月	24	167	非賣品
臺灣省81學年度優良兒童劇本徵選集	李春霞等	高雄縣文化中心	1993年6月	21×18.5	164	非賣品
臺灣省82學年度優良兒童舞台劇本徵選集	黃基博等	高雄縣文化中心	1994年6月	21×18.5	166	非賣品
臺灣省83學年度優良兒童舞台劇本徵選集	薛弘生等	高雄縣文化中心	1994年6月	21×18.5	31	非賣品
小玩家大陸行	陳梅英	高雄市中正文化中心	1996年5月	24	141	非賣品
我要給風加上顏色	林鍾隆	桃園縣文化中心	1997年5月	24	153	非賣品
85，86年度優良兒童舞台劇本徵選集	王素淳等	高雄縣文化中心	1997年6月	21×17.5	322	非賣品
親愛的野狼	曾西霸	臺灣省教育廳	1997年1月	10	78	
小小與心情王國	黃玲蘭	心理出版社	1997年12月	21×19	170	
留級生教授	丁凡	心理出版社	1997年12月	12×19	78	
最棒的過動兒	何善欣	心理出版社	1997年12月	12×19	68	
快樂說晚安	趙映雪	心理出版社	1997年12月	12×19	58	以上四冊合稱

書名	作者	出版社	出版日期	開數	頁數	備註
						為《兒童健康成長故事集》

兒童文學論述書目

書名	作者	出版社	出版日期	開數	頁數	備註
圖畫書・學習與探索	光佑文化事業編輯部	光佑文化事業公司	1997年12月	16	143	

一九九八年兒童文學大事紀要

邱各容

元月

一　日　由台灣英文雜誌社創辦的《精湛兒童之友》圖畫書月刊正式
　　　　創刊。第一期為《神奇畫具箱》，林明子〈圖與文〉，汪仲譯。

十一日　《國語日報》「兒童文學周刊」即日起推出「迎接九九年第五
　　　　屆亞洲兒童文學大會系列專文」，邀請國內外學者專家撰寫有
　　　　關專文，擴大國內兒童文學界同仁對世界兒童文學的認知。

十二日　《滿天星兒童文學雜誌》第四十六期出刊，內容計有靜宜大
　　　　學「第二屆兒童文學與兒童語言學術研討會」趙天儀院長的
　　　　開會致詞，鄭清文先生的專題演講〈我對兒童文學的看法〉
　　　　等。

十七日　中華民國兒童文學協會一九九八年度年會假臺中市上智社教
　　　　院召開。
　　　　臺灣兒童插畫藝術節──一九九八福爾摩沙兒童圖書插畫展
　　　　假臺灣藝術教育館舉行，為期六天。該展覽由行政院文建會
　　　　策劃，臺灣藝術教育館主辦，中華民國兒童文學學會和信誼
　　　　基金會共同承辦。為配合該項插畫展，主辦單位特主辦「福
　　　　爾摩沙 VS 波隆納」座談會，主題談兒童圖書插畫創作的自
　　　　我風格與國際視野，座談會由林煥彰及高明美共同主持。由
　　　　徐素霞、王行恭、鄭明進、曹俊彥、郝廣才、劉宗慧主講。

二月

七　日　台灣英文雜誌社為增進讀者對圖畫書的了解，並享受親子共
　　　　讀的樂趣，即日起每週一次，分別在讀書樂長沙店、民生店
　　　　及誠品敦南店舉辦「幸福種子──圖畫書欣賞」系列演講，
　　　　本次由資深美術教育家鄭明進主講「林明子的圖畫世界」。

九　日　高雄縣立文化中心主辦，蔡清波先生策劃的高雄縣一九九七
　　　　年度教師兒童文學研習營為期五天，師資有李潼、周炳成、
　　　　張清榮、翁翠芝、蔡清波、林加春等。

廿八日　發行已有十年歷史的《兒童日報》正式停刊，並自三月六日
　　　　起改為周刊，新周刊名為《兒童周刊》，菊八開、色彩精
　　　　印，訂價七十元。主編汪淑玲。
　　　　中國海峽兩岸兒童文學研究會前任秘書長張子樟教授，經由
　　　　兒童文學界大老國語日報社董事長林良先生及民生報桂文亞
　　　　小組的聯名推薦，獲得國家文藝基金會的進修補助，赴美國
　　　　威斯康辛州大學〈麥迪遜校區〉進修半年專研少年小說。

三月

一　日　第五屆亞洲兒童文學會議籌備會執行委員會假松山國小會議
　　　　室舉行。

十二日　大陸重慶西南師範大學王泉根教授應臺東師範學院兒童文學
　　　　研究所所長林文寶教授之邀，來臺作為期十八天的訪問教
　　　　學。並將參加「一九九八年海峽兩岸童話學術研討會」及
　　　　「臺灣地區（1945年以來）現代童話學術研討會」。

十三日　民生報與臺北市立圖書館合辦「一九九八年海峽兩岸童話學
　　　　術研討會暨民生報二十週年慶童話新書發表會」，假該報少
　　　　年兒童版推出專輯，一連四天。

十九日　大陸兒童文學界人士方衛平、孫建江、湯銳、張秋生、金燕
　　　　玉、趙冰波、葛競等人抵臺參加一九九八年海峽兩岸童話學
　　　　術研討會。

廿二日　臺北市立兒童育樂中心為慶祝兒童節，即日起推出兒童劇表
　　　　演，至四月九日止，在星期假日及春假期間舉行，其中包括

一元布偶劇團、三月二十八日〈小袋鼠說故事劇團〉、三月
二十九日〈大腳丫劇團〉。此外，有新興閣掌中劇團、華州
園皮影戲團等為小朋友演出精彩好看的布偶戲、人偶秀、掌
中戲和皮影戲。

中國海峽兩岸兒童文學研究會與民生報合辦「一九九八年海
峽兩岸童話學術研討會」，假臺北市聯合報第二大樓會議廳
舉行為期兩天的七場研討活動。受邀參加的兩岸學者專家計
有林良、許建崑、張湘君、蔡尚志、孫晴峰、周慧玲、林文
寶、金燕玉、王泉根、湯銳、方衛平、趙冰波、張秋生、葛
競等發表論文或講評及座談，分別由桂文亞及林煥彰主持。

廿四日 應邀來臺參加「海峽兩岸童話學術研討會」的大陸兒童文學
作家、學者張秋生、金燕玉、孫建江、方衛平、趙冰波、湯
銳、葛競等於今日上午在主辦單位中國海峽兩岸兒童文學研
究會召集人桂文亞陪同下分別參觀國語日報、中華民國兒童
文學學會及世界華文兒童文學資料館。

廿六日 「臺灣地區（1945以來）現代童話學術研討會」，假臺東師
範學院國際會議廳舉行，為期兩天。

由臺東師範學院兒童文學研究所主辦的《兒童文學學刊》創
刊號出刊，本期要目計有：兒童文學是什麼／林文寶；臺灣
當代兒童佛教文學初探／陳奕愷；臺灣地區兒童文學從業人
員對大陸童話在台出版之反映初探／游鎮維；平行或交
叉──少年小說中的父子關係／張子樟；美國與臺灣原住民
少年小說概觀／傅林統

四月

二　日 成立十多年的一元布偶劇團應臺北縣三芝鄉公所邀請，假鄉

公所五樓禮堂演出〈三隻小豬〉、〈愛的故事〉二齣戲碼。全鄉公私立托兒所五百多位小朋友欣賞，四日上午將上演改編自日本童話故事的〈猴子與螃蟹大戲〉。

四　日　由文建會指導，桃園縣立文化中心，桃園市北門國小主辦，臺東小木偶劇坊下午假北門國小演出〈彩虹女兒童劇〉。免費邀請小朋友及家長一起觀賞。該劇坊是由臺東師院郭美女教授於一九九三年推動成立的劇團。專門推動兒童音樂戲劇活動，成員以幼稚園及國小教師、師院生為主，是東臺灣兒童音樂劇先驅。翌日改在臺北社教館活動中心演出。

　　　加拿大 ZEF 兒童舞蹈劇場下午及晚上假國家劇院演出〈火鳥〉、〈行星〉兩齣戲。

　　　實驗國樂團與九歌兒童劇團今明兩天假國家音樂廳上演〈星星、蝴蝶、三輪車〉音樂會，將國樂與兒童劇結合演出。

五　日　由高雄縣立文化中心主辦，鞋子兒童劇團假高雄縣勞工育樂中心推出〈彈珠、巫婆、魔法國〉的溫馨舞臺劇。

　　　主建會舉辦「認識文化資產／親子說書列車」系列活動。自即日起到五月三日止，為期一個月。活動地區包括臺北、桃園、新竹、臺中、彰化、嘉義、臺南、高雄、宜蘭、臺東、花蓮等縣市共二十四場次。

十　日　紙風車劇團年度新戲〈美國巫婆不在家〉即日起將在臺北新舞臺一連五天上演。演出內容包括〈動作與聲音〉、〈起床號〉、〈小口袋〉、〈手指交響曲〉、〈藍騎士與白武士〉、〈賣芭樂〉、〈歡樂中國節〉等七個單元。

　　　《師友》月刊四月號以「童心與書香──從文學透視兒童的心」為專輯主題，邀請臺北師院語文教育系張湘君教授談〈讓孩子與書牽手〉，中華民國兒童文學學會理事長林煥彰

談〈為兒童的夢土〉，東海大學中文系教授許建崑〈減枷成佳家〉談從少年小說談父子親情的建立，林茂談〈讓文藝教育獨立於文化教育之外〉。

五月

三　日　中國時報主辦的童心版第六屆紙上說故事比賽今年的主題是〈我心中的媽媽〉，得獎名單揭曉，將於母親節當天，假中國時報大樓二樓舉行頒獎典禮。今年活動係由中國時報童心版、美國亞培藥廠臺灣分公司、臺灣雅芳公司合辦，由二千四百八十二件作品中，經過三審選出低、中、高年級組前三名（共九名）及佳作三十名。

十五日　臺北市「快樂讀書會」所安排的「詩詞曲藝」系列活動，邀請中華民國兒童文學學會理事長林煥彰在「兒童詩・詩歌朗頌」單元為特別來賓。由該會會員討論並朗誦他的兒童詩作品。

廿三日　鞋子兒童實驗劇團應邀參加今年度臺北藝術節演出。今明兩天在臺北大安森林公園演出〈隱身草〉。這是一部說臺語嘛也通的兒童劇。逗趣的臺語童謠、歡樂的歌舞場面，讓小朋友輕鬆認識自己生長地方的母語和文化。

廿九日　靜宜大學文學院主辦「第一屆兒童文學國際會議」，文建會指導，臺灣省兒童文學協會承辦，為期五天。活動主題為「邁向二十一世紀——兒童文學的展望」，分論主題為：一、兒童文學的意義與價值。二、兒童文學的意義與社會。三、兒童文學的表現方式。四、兒童文學的讀者反應。五、孩子的創作與成人的創作。主辦單位並出版《第一屆兒童文學國際會議論文集》。

六月

十二日 中華民國兒童文學學會、中國海峽兩岸兒童文學研究會、臺東師範學院兒童文學研究所合辦〈兩岸兒童文學文學交流回顧與展望座談會〉，地點在臺北市國語日報社四樓舉行。題綱為：一、回顧十年交流經驗談。二、拓展交流深度與廣度。三、展望未來可能之途徑。由林煥彰擔任主持人，三組引言人分別是一：林良、沙永玲。二：林文寶、陳木城。三：陳信元、桂文亞。

　　台灣英文雜誌社，下午為鄭清文與陳建良合作的圖畫書《沙灘上的琴聲》舉辦新書發表會，並邀請黃才郎談陳建良的繪畫風格；許素蘭女士談鄭清文的童話創作，該書並列入《精湛兒童之友》月刊第五期。

　　臺灣省教育廳一九九八年度獎勵教育人員研究著作得獎名單公布：國小組著作類——優等：黃基博（屏東縣立仙吉國小），作品名稱：跟童話交朋友（上、下）；佳作：柯錦鋒（臺北縣立修德國小），作品名稱：精選唐詩三百首（正續篇）。

十四日 中國海峽兩岸兒童文學研究會年會上午在國語日報會議廳舉行，會中選出第三屆理監事、常務理監事及理事長當選名單如下：理事長——馬景賢；常務理事——林煥彰、楊孝濚、陳木城、方素珍；常務監事——洪義男；理事——王淑芬、杜榮琛、林文寶、桂文亞、謝武彰、洪志明、王金選、周慧珠、蔣竹君、余治瑩；監事——馮輝岳、吳榮斌、曾西霸、許建崑。

卅　日 新聞局主辦獎勵兒童讀物出版的第三屆小太陽獎得獎名單公布，計有七個出版獎、四個個人獎得主。

小太陽出版獎圖畫故事類：《那裡有條界限》（遠流出版）、科學類：《深山尋鳥蹤》（紅蕃茄文化）、人文類：《八音的世界》（雄獅圖書）、文學語文類：《兩朝天子》（遠流）、叢書。工具書類：《國語日報量詞典》（國語日報）、漫畫類：《宇宙大蒸發》（時報出版）、雜誌類：《臺灣博物季刊》（臺灣省立博物館）。

小太陽個人獎：最佳文字創作——劉克襄《望遠鏡裡的精靈》、最佳編輯——鄭榮珍《處處聞啼鳥——給孩子一百首詩》、最佳插畫——賴馬《我和我家附近的野狗們》、最佳美術設計——官月淑《岩石之門》。

第十屆楊喚兒童文學獎揭曉，班馬先生以《沒勁》得獎，可獲獎三萬元及獎牌一座，特殊貢獻獎贈與孫幼軍先生，以表彰其在童話創作的卓越貢獻，獲贈獎牌一面。以上兩人皆為大陸兒童文學界人士。

信誼基金會兒童文學推廣部主任高明美小組及第五屆亞洲兒童文學會議籌備會兼任祕書林文茜小組膺選為財團法人大阪國際兒童文學館一九九八年外國人客員研究員。高、林兩位小組是臺灣首次赴此館研究的人員。

七月

十三日 中華民國兒童文學學會和國語日報合辦的一九九八年度兒童文學寫作夏令營假國語日報正式展開，為期六天。由國語日報董事長林良，社長張學喜和中華民國兒童文學學會理事長林煥彰共同主持始業式，本期共有六十五名學員，並首度安排兒童電子書相關介紹。

廿四日　著名兒童文學家丁淑卿（筆名嶺月）因癌症病逝於臺大醫
　　　　院，享年六十五歲。八月十七日下午二點假臺北第二殯儀館
　　　　舉行告別式，薇薇夫人、張杏如女士、簡靜惠女士相繼致
　　　　詞，其家人擬於明年逝世週年時出版懷念文集。

廿七日　一九九八年度臺灣省兒童文學創作研究員夏令營即日起假靜
　　　　宜大學文學院小劇場舉行，為期六天。該夏令營由臺灣省兒
　　　　童文學協會主辦，靜宜大學兒童文學專業研究室協辦。
　　　　長期鑽研兒童圖畫書的鄭明進先生，將其研究心得交由國立
　　　　臺灣藝術教育館出版《圖畫書的美妙世界》，取材本土與國
　　　　際六十多位圖畫書專業畫家作品，分門別類介紹〈文學性圖
　　　　畫書〉、〈科學性圖畫書〉以及本土繪畫者劉伯樂、許文綺、
　　　　楊翠玉和世界級大師安野光雅、杜桑、凱利等人的作品。

八月

一　日　屏東師院語文教育系徐守濤教授，應邀隨同該校林顯輝副教
　　　　授前往緬甸推廣僑教，並擔任「兒童文學」課程講座，為期
　　　　十八天。

四　日　「第三屆世界華文作家協會會員代表大會暨中華文化與世界
　　　　漢文學研討會」假臺北圓山大飯店開會，資深作家及兒童文
　　　　學界前輩林海音獲頒「終身成就獎」。

十二日　幼獅文化事業公司秉持當代兒童文學的出版理念及編選的經
　　　　驗，延請臺東師院兒童文學研究所林文寶所長針對近十年
　　　　（1988-1998）臺灣地區兒童文學出版品編輯一套《兒童文
　　　　學選集》，並於是日假幼獅公司召開編輯會議。該套選集共
　　　　分七冊，其類別及編者分別是：論述／劉鳳芯；詩歌／洪志

　　　　明；故事／馮季眉；童話／周慧玲；小說／張子樟；散文／
　　　　馮輝岳；戲劇／曾西霸。

十六日　由中華民國兒童文學學會主辦，世界華文兒童文學資料館協
　　　　辦的〈兒童文學家林守為教授逝世週年紀念會〉假臺北市福
　　　　州街一號 B1 快雪堂舉行，計有林良、馬景賢、林文寶、王
　　　　天福、洪義男、陳正治、林武憲、邱各容及林教授的哲嗣、
　　　　受業學生劉孝彬、劉昌平、和遠從臺南趕來參加的蘇秀蘭小
　　　　姐共十四人出席。
　　　　《國語日報》「兒童文學周刊」為紀念逝世週年的前臺南師
　　　　院林守為教授，特刊出〈為兒童文學奉獻心血的林守為教
　　　　授〉（陳正治）、〈懷念默默的耕耘者〉（馬景賢）兩篇紀念性
　　　　文章。

九月

十六日　九歌文教基金會主辦的第六屆〈現代兒童文學獎〉得獎名單
　　　　揭曉：前三名為范富玲《我愛綠蠵龜》，獎金二十萬元。盧
　　　　振中《荒野上的小涼棚》，獎金十五萬元。陳愫儀《孿生國
　　　　度》，獎金十萬元。佳作三名分別是：劉俐綺《蘋果日記》、
　　　　劉台痕《鳳凰山傳奇》、鄭宗弦《姑姑家的夏令營》，獎金各
　　　　為六萬元。該基金會並公布第七屆現代兒童文學獎開始收
　　　　件，明年一月十五日截止。本屆應徵作品以適合十至十五歲
　　　　兒童及少年閱讀的小說為主，文長三萬字。

十七日　已經出版一〇六部作品並獲得德國法蘭克福書展最佳童書等
　　　　多項獎項的兒童文學作家管家琪在亞太經網公司協助下，成
　　　　立管家琪故事網站及管家琪故事周刊，正式跨入網際網路線
　　　　上出版領域。管家琪故事網站除刊登她的作品及目錄外，每

月還提供寫了一半的故事，讓讀者自由完成下半段。管家琪
故事周刊則是每週以 E-Mail 方式免費寄給讀者一個故事。

十九日 杯子兒童劇團年度大戲——「三王子的願望」，即日起將在
臺北市社教館登臺演出。這次劇團特別從國外訂製大型頭
套，讓每個角色的造型更生動活潑。

由高雄寬宏藝術公司安排的以色列孩子王默劇團，即日起假
高雄市立文化中心至德堂演出，並將陸續在中壢藝術館、臺
中中興堂、宜蘭縣立文化中心、嘉義市立文化中心、高雄縣
立文化中心、新竹縣立文化中心等演出。該默劇團由哈諾
克・羅森創辦。

廿六日 紙風車劇團假臺中市立民廣場演出〈蕃薯森林的故事〉，這
項演出活動定名為〈秋風吹動紙風車，安泰請你看好戲〉，
十月十一日在宜蘭縣立文化中心廣場演出。

杯子劇團假臺中市中山堂演出年度大戲〈三王子的願望〉，
該劇是結合人偶和仗頭偶共同演出的大型黑光戲。

蘋果兒童劇團假花蓮縣立文化中心演出〈小葫蘆奇遇記〉。

九歌兒童劇團一九九八年秋季兒童劇巡迴演出——〈寶貝小
咕嚕〉是該劇團成立十年來第一齣以大型人頭偶呈現的兒童
劇，是一個以生態保護為內容的故事。首站假高雄縣立文化
中心岡山演藝廳演出，並將陸續在桃園縣、臺中縣、花蓮
縣、基隆市等文化中心巡迴演出。

中華民國兒童文學學會理事長林煥彰參加中華日報藝文中心
主任應書平的作家團應邀前往加拿大亞伯特大學和卡加利大
學的文學座談會，同行的還有廖輝英、夏烈、邱秀芷等人。

每逢週五、周六見報的《民生報少年兒童版》，將從十月份
起，擇定每個月的第一週闢出兩個全版兒童文學專刊。刊出

與兒童文學發展有關的各項資訊，舉凡出版消息，書市情報、作家動態、兩岸交流、新書評介、活動、展覽及全球各地的兒童文學最新訊息，皆在報導之列。此外，該專刊並將策劃各項專題、座談等系列單元。

中華民國兒童文學學會主辦的一九九七年度大專院校兒童文學研究論文獎學金得主：東師的郭子妃、嘉師的劉苓莉的碩士論文已獲校方通過。郭子妃論文為《布穀鳥兒童詩學季刊與兒童詩教育》。劉苓莉論文為《兒童對童話中〈友誼概念〉之詮釋——以〈青蛙與蟾蜍〉為例》。

十月

三　日　有線電視頻道緯來電視即日起每星期六上午十一時播出由 HBO 精心製作的另類卡通影片——「童話急轉彎」，以不同的文化背景、種族角色來重新詮釋著名的童話故事，如灰姑娘、小紅帽、白雪公主等。

九　日　牛古演劇團即日起在臺北國立臺灣藝術教育館演出兒童劇——「螃蟹與小孩」，該劇取材自原住民傳說。原本是暑假第一波的本土自製兒童大戲，因腸病毒流行的關係而延遲至今。

十三日　臺灣省第七屆音樂藝術季正式開鑼，兒童劇也是活動內容之一。由作家黃春明所編的兒童劇——「愛吃糖的皇帝」，是本屆活動中最適合闔家觀賞的親子節目。演出時間為明年四月四日到二十日，演出地點包括宜蘭、新莊、臺中、南投、彰化、高雄等地。

十九日　板橋教師研習會第九九〇期兒童文學創作坊研習班，即日起

展開為期兩週，參加學員三十餘名。師資計有林文寶、林武憲、朱錫林、陳正治、馮輝岳、賴西安、趙鏡中、王天福、洪志明、楊茂秀、郝廣才、陳木城、林良、王淑芬、劉漢初、管家琪、張嘉驊、羅青、杜明誠、鄧育仁、廖福彬、陳衛平等人。

廿四日　國語日報為慶祝創刊五十週年，本日上午十點到下午三點半，與臺北市婦幼醫院聯合舉辦「關懷兒童送愛心到醫院」園遊會，收入將訂報贈送兒童病房的住院兒童。並將於二十五日假該報十樓大禮堂舉行慶祝活動，教育部林清江部長親臨致詞。

廿四日　九歌兒童劇團即日起推出一齣「判官審石頭」兒童劇。這項演出對象以勞工家庭為主。該劇團希望將藝術欣賞活動拓展到勞工家庭，讓親子共賞兒童劇的溫馨趣味。定二十四日、二十五日及十一月二日、十四日分別在彰化、員林、臺北市、高雄市演出。

廿八日　格林出版公司舉行《四大探險家》新書發表會。這是該公司首次邀請國內作者寫國際知名人物，同時這四大探險家故事也將推上國際出版舞臺。

　　　　四大探險家由該公司委請國內知名作家林良、薇薇夫人、林清玄、郝廣才分別就庫克船長、馬可波羅、玄奘、羅伯史考特的生平事蹟著墨。插圖則由獲得國際安徒生大獎的澳洲插畫家羅伯英潘執筆。

廿九日　臺北縣立三峽國小親師劇團首演「精靈家庭」。該劇團自今年三月起，在每週三教師進修時間，邀請紙風車劇團到該校指導老師研習兒童戲劇。

卅一日　來自澳洲的洛斯現代兒童劇團即日起將特別為臺灣偏遠鄉鎮

社區及學校的小朋友，演出「小紅帽歷險記」。這齣童話布
偶戲，免費招待小朋友觀賞。該劇下鄉巡演，從臺北縣樹林
鎮柑園國小開始，依次是臺北懷恩堂、臺北縣瑞芳國小、南
投縣南豐國小及仁愛國小、桃園縣新屋國中、臺北縣瓜山國
小、基隆市立文化中心、臺中市立文化中心、新竹科學園區
活動中心等。

公共電視臺自十月中旬起，每週五上午八點及下午五點三十
分各播映三十分兒童文學的節目——「童詩之旅」，由中華
民國兒童文學學會總務組長王淑芬主持，每集一個主題。

由行政院文建會及陸委會贊助出版的《兩岸兒童文學交流回
顧與展望專輯（1987-1998）》正式出版，該書係中華民國兒
童文學學會兒童文學史料叢書第五冊，由林煥彰策劃主編，
十六開一九六頁。內容包括座談會記錄、兩岸兒童文學交流
感言，歷年討論兒童文學交流相關資料及附錄。

十一月

三　日　由彥棻文教基金會、中華民國兒童文學學會主辦的第十一屆
　　　　中華兒童文學獎揭曉，得主為洪志明，得獎作品是《星星
　　　　樹》〈國語日報〉、《花花果果》〈臺灣麥克〉、《一分鐘寓言》
　　　　〈小魯〉、《彩色的鴨子》〈信誼〉，獎金十萬元。

七　日　紙風車劇團今明兩天將在中正文化中心年度兒童戲劇盛會中
　　　　演出全新改版的「牛的禮讚——我們一車都是牛」，演出內
　　　　容，計有：一、《西遊記》中有名的「牛魔王」。二、神將黃
　　　　飛虎的作騎「五彩神牛」。三、希臘神話中牛頭人身的「迷
　　　　宮怪獸」宙斯與白牛。四、對牛彈琴、庖丁解牛等成語故

事。五、官月淑繪製的幻燈劇——農夫與老牛。六、黑光手法的「快樂臺灣牛」。七、傳統鬥牛陣的全新風貌——「鬥牛陣」。八、NBA 鬥牛大賽。演出方式還包括：一、牛魔王的真人與戲偶聯演。二、迷宮怪獸的大型人偶演出。三、以布偶劇演出的成語故事。四、五彩神牛則以大型五彩花燈塑造故事中的各種人物角色最為特殊。該齣「牛的禮讚」是去年紙風車劇團應文建會及巴黎文化中心邀請赴法演出的戲碼。

九　日　加拿大喜憨兒螢光劇團應邀前來臺灣，將在臺北、臺中、高雄舉行四場演出。成立已有二十四年的加拿大喜憨兒螢光劇團是北美洲知名度頗高的表演團體，有加拿大多倫多傳奇的美譽，其演出盈餘將全數捐給國內相關的社會福利團體。

十　日　台灣英文雜誌社舉行《咱去看山》和《毛兒的大提琴》新書發表會。第一本作者為資深兒童文學作家潘人木，畫者徐麗媛；第二本作者為在翻譯界享有盛名的汪仲女士，畫者羅婕云。這兩本新書分別是《精湛兒童之友》圖畫書月刊的第九和第八期。

十三日　臺灣省政府文化處主辦，省立臺中圖書館和省立彰化社教館承辦的「第一屆臺灣省文學獎」揭曉，本屆分為散文類和報導文學類，兒童文學作家林少雯獲得報導文學類優選獎。

十五日　臺北市托育協會舉行年會並舉辦義賣活動，義賣所得除必要開支外，餘案二分之一將捐贈給第五屆亞洲兒童文學大會籌備會，該籌備會也發動兒童文學界募集義賣品設攤義賣。

十七日　鞋子兒童劇團一九九八年團訓接近尾聲，由十位受訓學員共同製作的新戲將於二十一日和二十二日兩天，在臺北兒童成長學園和臺北市北投奇岩里活動中心演出。

廿　日　中華民國兒童文學學會假臺北市國語日報社五樓會議室舉行
　　　　第五屆第二次會員大會。會中將頒發中華兒童文學獎、一九
　　　　九七年度大專院校兒童文學研究論文獎學金，以及第六屆陳
　　　　國政兒童文學獎。會中安排東海大學中文系許建崑教授發表
　　　　專題演講——「明年，我們要認識什麼？」該會並編印《兩
　　　　岸兒童文學交流回顧與展望專輯》，贈送與會者。
　　　　中華文學獎得主：洪志明

　　　　大專院校兒童文學研究論文獎學金得主：劉苓莉／兒童對童
　　　　話中友誼概念之詮釋，以《青蛙對蟾蜍》為例。郭子妃／
　　　　《布穀鳥詩學季刊》與國小詩教育關係研究。

　　　　陳國政兒童文學獎得主：

　　　　繪圖故事類——優選獎／蘇阿麗《大大的花紋》，獎金五萬
　　　　元。佳作獎／林莉菁《朋友》、楊雅惠《遙遠的傳說》、黃錦
　　　　蓮《鳳凰木的回憶》，獎金各為二萬元。新人獎／王今葉
　　　　《紅屁股奇奇》、易善馨《森林之愛》。

　　　　兒童散文類——首獎／侯維玲《彩繪玻璃海洋》，獎金十萬
　　　　元。優選獎／姜聰味《夏夜裡的螢火蟲》，獎金五萬元。佳
　　　　作獎／吳源咸《阿弟甫和我》，獎金兩萬元。新人獎／唐珮
　　　　玲《妹妹抓蟲》、劉碧玲《我家門前有小河》。

廿七日　紙風車劇團即日起一連三天假臺北市臺灣藝術教育館二度推
　　　　出兒童劇——「美國巫婆不在家」。

十二月

一　日　英國 Ge Fabori 出版公司授權臺灣新葉圖書公司出版發行的
　　　　《魔幻藝術家》（*Art Magic*）國際中文版生活藝術教材月刊
　　　　中文牌正式創刊。該刊是將大自然、科學介紹、對顏色的認

識與塗鴉等融合在一起。整個刊物內容從生活藝術出發，取材可以跨越年齡的界線。每期十大精彩內容，分別是學素描、學畫漫畫、學繪畫技巧、學做勞作、學觀察力、認識藝術家、學創意、學隨手塗鴉技能、學美術概念、學著色技巧等。總編輯為馬景賢先生。

九 日 第一屆〈知新兒童藝術節〉的演出節目揭曉，受邀參加演出的團體和戲碼分別是：一、九歌兒童劇團／十個太陽；二、鞋子兒童實驗劇團／小飛飛的天空；三、牛古演劇團／草蜢弄雞公；四、杯子劇團／現代虎姑婆；五、蘋果兒童劇團／獵人與貓頭鷹；六、臺北兒童劇團／豬八戒招親。這六個兒童劇團將從明年三月中旬起在臺北知新廣場的知新小劇場輪番上演。

十 日 教育廳兒童讀物出版部第六期華兒童叢書及中華幼兒圖畫書「金書獎」假臺北市來來大飯店的舉行頒獎典禮，教育廳長陳英豪親臨主持。鄧傳楷、潘振球、劉真、梁尚勇、陳漢府、林清江（李建興代表出席）等歷屆廳長應邀出席盛會。劉真、梁尚勇、陳梅生、李建興等先後致詞。

中華兒童叢書寫作、插圖及中華幼兒圖畫書最佳獎作品，各頒「金書獎」一座、獎金五萬元；優良作品獎各頒「金書獎」一座、獎金三萬元。另兒童叢書最佳暨優良印刷獎各頒「金書獎」一座，以資鼓勵。

中華兒童叢書寫作獎：

一、最佳寫作獎

文學類／山中的故事／林鍾隆

科學類／馬路旁的綠衛兵／黎芳玲

　　　　　健康類／快樂學習／羅正芬

　　　　　藝術類／中國的繪畫／王耀庭

　　　　　社會類／墾丁旅行日記／王家祥

　　二、優良寫作獎

　　　　　文學類／永遠的記憶／樊聖

　　　　　科學類／古怪花花國／謝明芳

　　　　　健康類／綠色的朋友／趙雲

　　　　　藝術類／臺灣美術家／張長華、（陳進）

　　　　　社會類／臺灣早期開發總論／溫鎮華

　　中華兒童叢書插圖獎：

　一、最佳插圖獎

　　　　　文學類／昆蟲詩篇／簡滄榕

　　　　　科學類／海岸河口的鳥類／郭志勇

　　　　　健康類／住的地方／何雲姿

　　　　　藝術類／點子怪物／陳璐茜

　　　　　社會類／大航海時代／陳敏捷

　二、中華兒童叢書印書獎

　　　　　最佳印刷獎／小豬農場／政大印書館公司

　　　　　優良印刷獎／低海拔山區的鳥類／花王企業公司

　三、中華幼兒圖畫書獎

　　　　　最佳圖畫書獎／走迷宮／林鴻堯

　　　　　優良圖畫書獎／亞美族的飛魚季／洪義男

十　日　格林文化事業公司繼林海音的《城南舊事》，黃春明的《兒
　　　　子的大玩偶》之後，將鹿橋的《人子》書中〈明還〉一文，

再次以繪本方式呈現文學作品，書名《小小孩》，繪者為美國舊金山藝術學院碩士黃淑美。格林文化事業公司郝廣才認為，以繪本形式呈現文學作品是讓國人共同的文化記憶持久、延續的方法，也是為兒童尋求好的文學作品的一條路。

十二日　鞋子劇團所屬臺中小鞋屋劇團為配合聖誕節來臨，將推出「天使小魔鬼」劇碼。

杯子兒童劇團今明兩天晚上七點半，分別在連江縣社教館演藝廳以及北竿中正堂，演出黑光妙幻劇「神仙糖果屋」，免費讓馬祖地區的小朋友盡情享受充滿奇幻變化與聲光之美的黑光世界。

除兩場演出外，今明兩天上午八點起，在連江縣社教館演藝廳並有兩場戲劇講習，提供對兒童劇有興趣的老師和家長參加。

十六日　九歌兒童劇團即日起到二十日止，假臺北市臺灣藝術教育館演藝廳演出八場「四季花神」。該劇是九歌兒童劇團的歲末大戲，由大鬍子叔叔鄧志鴻擔任編導，由九歌兒童劇團的偶劇明星——了然領銜主演。是一部由執頭偶、大型撐竿偶和真人聯合演出的兒童劇。

十九日　臺北市立兒童交通博物館推出「小丸子最得意的一天」交通安全劇坊，以寓教於樂的兒童劇宣導交通安全常識。

該活動由臺灣師範大學話劇社擔任演出，將在臺北市古亭、河堤、雙園、武功四所國小舉行。

十九日　行政院新聞局公布一九九八年金鼎獎得獎名單，有關少年兒童類得獎名單如下：

雜誌類：

雜誌出版金鼎獎：幼獅少年

優良雜誌出版推薦：資訊小子雜誌、小小牛頓幼兒月刊雜

誌、小朋友巧連智快樂版雜誌

圖書類：

圖書出版金鼎獎：寫給少年的——臺灣早期童玩野趣

優良圖書出版推薦：蔚藍的太平洋日記、圓神、十一個小

紅帽、玩什麼

漫畫類：

漫畫出版金鼎獎：淡水的前世今生

優良漫畫出版推薦：橘子炸彈、漫畫身體的奧秘

廿一日 聯合報讀書人周刊一九九八年最佳書獎揭曉。童書類得獎名
單如下：

繪本類：

微笑的魚／玉山社

那裡有條界線／遠流

媽媽的紅沙發／三之三文化（翻譯）

瞬間收藏家／格林文化（翻譯）

「我會愛」精選繪本（六冊）／遠流（翻譯）

讀物類：

咕咕精與小老頭／人本

愛男生／臺灣商務印書館

「創意小畫家」系列／三民（翻譯）

男孩／幼獅文化（翻譯）

從野地誕生的科技文明／藍墨水（翻譯）

廿五日　鞋子兒童實驗劇團今年年底的壓軸好戲——「門神報到」，即日起在臺北市藝術教育館舉行，為期三天，公演五場。

卅一日　一九九八開卷好書獎十大好書：「最佳童書、最佳青少年圖書」揭曉。

最佳童書：

　　一、我不知道我是誰／格林文化

　　二、我的爸爸是流氓／小兵

　　三、我的妹妹聽不見／遠流

　　四、森林裡的秘密／玉山社

　　五、跟著爺爺看／遠流

　　六、螢火蟲之歌／紅蕃茄

　　七、藍鯨是世界最大的東西嗎？／台灣英文雜誌社

最佳青少年圖書：

　　一、不好意思／民生報

　　二、妙妙和梭魚／小知堂

　　三、伽利略／格林文化

一九九九年度兒童文學書目

兒童讀物研究中心整理

　　本文所收書目以文學性創作及論述為主。期間，文學性創作以中文書為主，而論述則兼收譯作。

一九九九年兒童文學創作書目

書名	作者	出版地	出版社	出版日期	開數	頁數	備註
妹妹的紅雨鞋	林煥彰	臺北縣	富春文化事業公司	1月	24	109	中英對照本兒童詩
偵探班出擊	傅林統	臺北縣	富春文化事業公司	1月	24	218	推理小說
鳥語廣播電臺	鍾寬洪	臺北市	國際少年村	1月	24	154	
真愛小英雄	改寫／陳澤芬	臺北市	正中書局	1月	24	128	歷史故事
鳳凰山傳奇	劉台痕	臺北市	九歌出版社	2月	24	182	小說
姑姑家的夏令營	鄭宗弦	臺北市	九歌出版社	2月	24	219	小說
少年行星	眠月	臺北市	九歌出版社	2月	24	165	小說
ㄅㄨㄍㄧㄟ之家	朱秀芳	臺北市	九歌出版社	2月	24	189	小說
十一歲意見多	王淑芬	臺北市	小兵出版社	2月	19.5×20.5	162	故事
王叫獸和他的學生	江連居	臺北市	大芃出版社	2月	24	204	小說
臺灣民間故事	王詩琅	臺北市	玉山社出版事業公司	2月	24×19	153	民間故事
臺灣歷史故事	王詩琅	臺北市	玉山社出版事業公司	2月	24×19	189	故事
兩隻小豬	陳瑞璧	臺北縣	富春文化事業公司	2月	24	216	散文

書名	作者	出版地	出版社	出版日期	開數	頁數	備註
阿嗡嗡的志願	文／王淑芬 圖／羅安琍	臺北市	小魯文化事業公司	2月	菊12K	48	《王淑芬妙點及故事集》之1
第三隻眼	郭心雲	臺北市	國語日報社	2月	24	187	故事
童話	編著／史軍超	臺北市	漢藝色妍文化事業公司	2月	24	207	童話
三隻小老鼠	張友漁	臺北市	文經出版社	3月	24	187	童話
黑面琵鷺來作寫	文／謝安通 攝影／陳加盛 圖／鍾真真	臺南縣	臺南縣立文化中心	3月	26.5×22	27	南瀛之美圖畫書系列
我家在鹽水	文、攝影／謝玲玉 改寫／陳玉珠 圖／江彬如	臺南縣	臺南縣立文化中心	3月	26.5×22	27	南瀛之美圖畫書系列
關仔嶺好迌迌	文／陳玉珠 圖、攝影／陳麗雅	臺南縣	臺南縣立文化中心	3月	26.5×22	27	南瀛之美圖畫書系列
麻豆阿公種文旦	文／陳玉珠 圖、攝影／陳麗雅	臺南縣	臺南縣立文化中心	3月	26.5×22	27	南瀛之美圖畫書系列
蜈蚣出巡	文、攝影／黃文博 圖／陳敏捷	臺南縣	臺南縣立文化中心	3月	26.5×22	27	南瀛之美圖畫書系列
逛奇美博物館	文／蘇振明 插畫／張哲銘	臺南縣	臺南縣立文化中心	3月	26.5×22	27	南瀛之美圖畫書系列

書名	作者	出版地	出版社	出版日期	開數	頁數	備註
	圖片／奇美博物館						
寓言	編著／史軍超	臺北市	漢藝色研文化事業公司	3月	24	223	寓言
童年霄裡溪──客家風情與我	吳家勳	臺北市	正中書局	3月	24	127	散文
童話娃娃屋	文／管家琪圖／幾米	臺北市	臺北市新聞局	3月	25×20	137	童話
劉羅鍋傳奇	管家琪	臺北市	聯經出版事業公司	3月	24	159	故事
橡皮糖	陳璐茜	臺北市	民生報社	3月	24	190	童話
濟公傳奇	吳燈山	臺北市	聯經出版事業公司	3月	24	167	故事
一朵雲	喬傳藻	臺北市	民生報社	4月	24	199	散文
一百個冰淇淋	文／王淑芬圖／施政廷	臺北市	小魯文化事業公司	4月	菊12K	48	《王淑芬妙點子故事集》之4
小胖鱷魚的驚人之旅	張秋生	臺北市	天衛文化圖書公司	4月	菊16K	240	童話
不會噴火的龍	文／王淑芬圖／林純純	臺北市	小魯文化事業公司	4月	菊12K	48	《王淑芬妙點子故事集》之2
少年的我	郭心雲	臺北縣	富春文化事業公司	4月	24	121	小說

書名	作者	出版地	出版社	出版日期	開數	頁數	備註
沒有圍牆的花園	主編／顏崑陽	臺北市	幼獅文化事業公司	4月	24	163	散文
妮子家的事	陳素宜	臺北市	民生報社	4月	24	217	散文
爸爸的老家失蹤了——風景畫	文／黃于玲 圖／龔雲鵬	臺北市	南畫廊	4月	16K	40	臺灣美術童話書2
花布上的春天——靜物畫	文／黃于玲 圖／龔雲鵬	臺北市	南畫廊	4月	16K	40	臺灣美術童話書1
神氣牛仔	張友漁	臺北市	文經出版社出版公司	4月	24	198	童話
笑話	編著／史軍超	臺北市	漢藝色研文化事業公司	4月	24	223	笑話
假裝是魚	文、圖／林小杯	臺北市	信誼基金出版社	4月	18×19.5	無	繪本
甜雨	文／孫晴峰 圖／唐壽南	臺北市	民生報社	4月	24	305	童話
野蠻的風	班馬	臺北市	民生報社	4月	24	280	小說
最佳女主角	林少雯	臺北縣	富春文化事業公司	4月	24	153	故事
黑白雙鼠	文／王淑芬 圖／黃雄生	臺北市	小魯文化事業公司	4月	菊12K	48	《王淑芬妙點子故事集》之5
葉上花樹	韋伶	臺北市	民生報社	4月	24	184	小說
誰在敲門	文、圖／崔麗君	臺北市	信誼基金出版社	4月	16K	無	繪本

書名	作者	出版地	出版社	出版日期	開數	頁數	備註
橘子小羊	文／王淑芬 圖／黃子瑄	臺北市	小魯文化事業公司	4月	菊12K	48	《王淑芬妙點子故事集》之3
魔法大會串	揚歌	臺北市	天衛文化圖書公司	4月	菊16K	224	童話
龍燈	文／蘇秀絨 圖／黃茗莉	臺北市	國語日報	5月	19×26	40	圖畫書
天燈照平安	文／陳木城 圖／孫基榮	臺北市	國語日報	5月	19×26	40	圖畫書
元宵姑娘	文／管家琪 圖／劉淑如	臺北市	國語日報	5月	19×26	40	圖畫書
地球小英雄	王天福	臺北縣	富春文化事業公司	5月	24	125	兒童劇
忘了時間的鐘——第六屆師院生兒童文學創作獎作品集	黃斯駿等	嘉義市	嘉師語教系	5月	24	339	童話、童詩
虎哥重回森林	張友漁	臺北市	文經出版社	5月	24	190	童話
胖國王	文、圖／張蓬潔	臺北市	信誼基金出版社	5月	20×26	無	繪本
飛魚	文／夏本奇伯愛雅 圖／劉於晴	臺北市	常民文化事業公司	5月	17×23.5	143	雅美族民間故事
尋找阿莉茉	張友漁	高雄市	高雄市文化中心管理處	5月	24	126	第十七屆高雄市文藝獎兒

書名	作者	出版地	出版社	出版日期	開數	頁數	備註
							文學類首獎作品。小說
童年往事	吳訓儀	臺北縣	富春文化事業公司	5月	24	133	散文
童話珍珠派	方素珍	宜蘭縣	宜蘭縣立文化中心	5月	24×26	71	童話
媽媽在美麗的花園	唐潤鈿	臺北縣	富春文化事業公司	5月	24	160	小說
獨木舟	文／夏本奇伯愛雅 圖／劉於晴	臺北市	常民文化事業公司	5月	17×23.5	143	雅美族民間故事
貓人	文／邱惠瑛 圖／七星潭	臺北市	毛毛蟲兒童哲學基金會	5月	24	235	童話
媽祖林默娘	文／黃女娥 圖／葉慧君	臺北市	國語日報	6月	19×26	40	圖畫書
寒食與清明	文／陳木城 圖／洪義男	臺北市	國語日報	6月	19×26	40	圖畫書
一個女孩	陳丹燕	臺北市	民生報社	6月	24	385	小說
白玉狐狸	馬景賢	臺北市	小魯文化事業公司	6月	菊16K	224	小說
地圖女孩 VS. 鯨魚男孩	王淑芬	臺北市	小魯文化事業公司	6月	菊16K	192	小說
快樂公司	文／王淑芬 圖／羅安琍	臺北市	小魯文化事業公司	6月	菊12K	48	《王淑芬妙點子故事集》之7

書名	作者	出版地	出版社	出版日期	開數	頁數	備註
我的左手筆記	王淑芬	臺北市	幼獅文化事業公司	6月	24	109	散文
兩個獸皮袋	楊明芳等	臺北市	臺灣省政府教育廳臺灣書店	6月	16	426	臺灣省第十二屆兒童文學創作專輯。小說
爸爸的三個錦囊	柯錦鋒	臺北縣	富春文化事業公司	6月	24	160	小說
科學家兔子丁丁	吳燈山	臺北市	文經出版社	6月	24	155	童話
祕密小兔	張友漁	臺北市	文經出版社	6月	24	183	童話
張小二	林加春	臺北縣	富春文化事業公司	6月	24	160	小說
甜玉米和爆米花	管家琪	臺北市	幼獅文化事業公司	6月	24	182	小說
蚯蚓泡泡戰	唐土兒	臺北市	小兵出版社	6月	20.5×21	161	生活故事
尋人啟事	李潼	臺北市	幼獅文化事業公司	6月	24	241	散文
減肥怪招	文／王淑芬 圖／伍幼琴	臺北市	小魯文化事業公司	6月	菊12K	48	《王淑芬妙點子故事集》之6
結婚遊戲	劉綺	臺北市	民生報社	6月	24	235	散文

書名	作者	出版地	出版社	出版日期	開數	頁數	備註
傷心 Cheese Cake	管家琪	臺北市	幼獅文化事業公司	6月	24	151	小說
科學少年	詹冰	臺中市	臺中市立文化中心	6月	24	188	作家作品集
巧姑娘的鵲橋	文／管家琪 圖／吳嘉鴻	臺北市	國語日報	7月	19×26	40（一）	圖畫書
妙妙村妙妙事（一）	林少雯	臺北市	中華日報出版部	7月	24	233（二）	童話
妙妙村妙妙事（二）	林少雯	臺北市	中華日報出版部	7月	24	250	童話
拍桌子青蛙	文／王淑芬 圖／姜春年	臺北市	小魯文化事業公司	7月	菊12K	48	《王淑芬妙點子故事》之9
春珠村傳奇	文／李雀美 圖／蔡裕標	臺北縣	富春文化事業公司	7月	24	234	少年小說
烽火歲月	文／鮑曉輝 圖／貓頭鷹工作室	臺北縣	富春文化事業公司	7月	24	209	少年小說
阿公放蛇	陳瑞璧	臺北市	九歌出版社	7月	24	142	少年小說
藍溪記事	匡立杰	臺北市	九歌出版社	7月	24	156	少年小說
姊妹	劉碧玲	臺北市	九歌出版社	7月	24	153	少年小說
第一百面金牌	鄭宗弦	臺北市	九歌出版社	7月	24	183	少年小說

書名	作者	出版地	出版社	出版日期	開數	頁數	備註
黃乃輝說故事（一）	黃乃輝、吳燈山	臺北市	文經出版社	7月	24	191	兒童故事
矮丈夫	文／葛冰 圖／徐秀美	臺北市	民生報社	7月	24	228	童話
夢幻特技團	文／郁化清 圖／陳炫諭	臺北縣	富春文化事業公司	7月	24	203	童話
豬大王	文／王淑芬 圖／楊麗玲	臺北市	小魯文化事業公司	7月	菊12K	48	《王淑芬妙點子故事集》之10
豬愛老鼠	文／王淑芬 圖／林純純	臺北市	小魯文化事業公司	7月	菊12K	48	《王淑芬妙點子故事集》之8
兩個我	黃基博	高雄市	百盛文化出版公司	7月	24	193	青少年童話
童年無忌	羊牧	高雄市	百盛文化出版公司	7月	24	213	青少年散文
草地男孩	張榮彥	高雄市	百盛文化出版公司	7月	24	195	青少年小說
月光下的小鎮	鍾鐵民	高雄市	百盛文化出版公司	7月	24	189	青少年小說
全新吳姊姊講歷史故事（注音版）42-50計九冊	吳涵碧	臺北市	皇冠文化出版公司	7月	24		歷史故事

書名	作者	出版地	出版社	出版日期	開數	頁數	備註
灶王爺	文／張劍鳴 圖／林鴻堯	臺北市	國語日報	7月	19×26	40	圖畫書
霓裳羽衣曲	文／楊雅惠 圖／謝佳玲	臺北市	國語日報	8月	19×26	40	圖畫書
一本火柴盒	文、圖／ 羅青	臺北市	民生報社	8月	24	181	少年詩
不睡覺的國王	文／吳燈山 圖／陳維霖	臺北縣	富春文化事 業公司	8月	24	168	童話
水底學校	文／林鍾隆 圖／林鴻堯	臺北縣	富春文化事 業公司	8月	24	250	童話
玉山的白帽子	文／陳啟淦 圖／林傳宗	臺北縣	富春文化事 業公司	8月	24	148	童話
再見小童	林世仁	臺北市	民生報社	8月	24	195	童話
如何謀殺一首詩	王淑芬	臺北市	民生報社	8月	24	210	少年詩
長了韻腳的馬	文／張嘉驊 圖／賴馬	臺北市	國語日報社	8月	24	183	童話
唐詩裡的故事	李炳傑編著	臺北市	國語日報社	8月	24	222	故事
家是我放心的地方	文／林煥彰 圖／施政廷	臺北縣	富春文化事 業公司	8月	21.5×24	53	童詩
黃乃輝說故事（二）	黃乃輝、簡偉娟	臺北市	文經出版社	8月	24	191	兒童故事
龍弟下凡	張友漁	臺北市	文經出版社	8月	24	188	童話
蟬為誰鳴	張之路	臺北市	民生報社	8月	24	291	少年小說
小紅鞋	文／潘郁琦 圖／鍾易真	臺北市	耶魯國際文 化事業公司	8月	24	203	童詩

書名	作者	出版地	出版社	出版日期	開數	頁數	備註
貓臉花與貓	文／孫晴峰 圖／劉宗指	臺北市	遠流出版事業公司	8月	20×26	30	圖畫書
三個我去旅行	文、圖／陳璐茜	臺北市	遠流出版事業公司	8月	20×26	24	圖畫書
小莫那上山	文／劉曉蕙 圖／溫孟威	臺北市	台灣英文雜誌社	8月	19×26	28	圖畫書
牛郎織女	文／蔡惠光 圖／柯光輝	臺北市	國語日報	8月	19×26	40	圖畫書
吳剛砍桂樹	文／林良 圖／龔雲鵬	臺北市	國語日報	9月	19×26	40	圖畫書
鍾馗捉鬼	文／張劍鳴 圖／洪義男	臺北市	國語日報	9月	19×26	40	圖畫書
彩繪玻璃海洋	文／侯維玲 圖／洪波	臺北市	小魯文化事業公司	9月	菊16K	176	兒童散文
黃乃輝說故（三）	黃乃輝、萬麗敏、萬麗慧	臺北市	文經出版社	9月	24	191	兒童故事
我的爸爸不上班	文、圖／施政廷	臺北市	信誼基金出版社	9月	20×21	24	圖畫書
根鳥	曹文軒	臺北市	民生報社	9月	24	423	少年小說
希望的河水	楊蔚齡	臺北市	正中書局	9月	24	110	少年散文
家住愛丁堡	賴曉珍	臺北市	民生報社	9月	24	228	遊記
花蕊紅紅葉青青	文／林玉鳳 圖／林鴻堯	臺北市	民生報社、稻田出版公司	9月	19×26	64	臺語詩歌繪本

書名	作者	出版地	出版社	出版日期	開數	頁數	備註
風島飛起來了	張嘉驊	臺北市	小魯文化事業公司	9月	菊16K	176	兒童散文
黃乃輝說故事（四）	黃乃輝、陳素宜	臺北市	文經出版社	10月	24	191	兒童故事
月亮忘記了	文、圖／幾米	臺北市	格林文化事業公司	10月	20×20	112	圖畫書
黃乃輝說故事（五）	黃乃輝、吳燈山	臺北市	文經出版社	10月	24	190	兒童故事
毒牙蛇找朋友	張友漁	臺北市	文經出版社	10月	24	172	童話
烏魯木齊先生的假期	文、圖／黃郁欽	臺北市	國語日報社	10月	19×26	32	圖畫書
怕黑的貓頭鷹	文、圖／莊姿萍	臺北市	國語日報社	10月	19×26	32	圖畫書
小小其實並不小	文、圖／林芬名	臺北市	國語日報社	10月	19×26	32	圖畫書
超級哥哥	文／趙美惠 圖／崔永嬿	臺北市	國語日報社	10月	19×26	32	圖畫書
冰山	文／廖婉秀 圖／胡孟宏	臺北市	國語日報社	10月	19×26	32	圖畫書
愛睡覺的小妹頭	文／李國銘 圖／林玉玲	臺北市	國語日報社	10月	19×26	32	圖畫書
小灰吃玉米	文、圖／王金選	花蓮市	幼翔文化事業出版社	10月	19×24	32	圖畫書
小黑仔愛做夢	文／方素珍 圖／王惟慎	花蓮市	幼翔文化事業出版社	10月	19×24	32	圖畫書
不快樂的大巨人	文／陳秋惠 圖／【蝴蝶找貓】兒童創意工作室	臺北市	格林文化事業公司	10月	21×30	63	互動繪本

書名	作者	出版地	出版社	出版日期	開數	頁數	備註
打開藏愛的冰箱	李俊東	臺北市	正中書局	10月	24	161	少年散文
烏煙公公	主編／潘人木	臺北市	民生報社	10月	24	178	兒童散文
好吃的小東西	主編／潘人木	臺北市	民生報社	10月	24	180	兒童散文
小魯的羽毛	文／王秀園 圖／莊姿萍	臺北縣	狗狗圖書公司	10月	24×24	39	圖畫書
小亮的煙火實驗	文／王秀園 圖／劉思伶	臺北縣	狗狗圖書公司	10月	24×24	39	圖畫書
超人氣戀愛講座──在朝陽升起的地方等你！	吳若權	臺北市	幼獅文化事業公司	11月	25	161	少年小說
鼠的祈禱	潘人木	臺北市	民生報社	11月	24	316	兒童散文
我的名字叫希望	周姚萍	臺北市	小魯文化事業公司	11月	菊16K	176	兒童小說
鳥人七號	文／侯維玲 圖／唐壽南	臺北市	國語日報社	11月	24	57	童話
我愛藍樹林	文／張嘉驊 圖／謝祖華	臺北市	國語日報社	11月	24	68	童話
魔幻之鏡	文／蒙永麗 圖／郝洛玟	臺北市	國語日報社	11月	24	60	童話
莫克與恰克	文／周世宗 圖／周燁	臺北市	國語日報社	11月	24	67	童話
花巫婆的寵物店	文／洪志明 圖／龔雲鵬	臺北市	國語日報社	11月	24	59	童話

書名	作者	出版地	出版社	出版日期	開數	頁數	備註
我是一隻電話蟲	游鎮維	臺北縣	富春文化事業公司	11月	25	169	童話
戰馬追風	文／張友漁 圖／陳學建	臺北市	文經出版社	11月	25	199	童話
我被親了好幾下	文、圖／林小杯	臺北市	信誼基金出版社	11月	20×21	24	圖畫書
月亮來看我	文／薇薇夫人 圖／貓頭鷹	臺北市	台灣英文雜誌社	11月	19×26	28	圖畫書
兩道彩虹——我們一起走過九二一	文／王文華 圖／蔡兆倫	臺北市	小兵出版社	12月	19×20.5	160	兒童故事
臺灣的兒女（全套十六冊）	李潼	臺北市	圓神出版社	12月	24	各冊不等	少年小說

一九九九年兒童文學論述書目

書名	作者（譯者）	出版地	出版社	出版日期	開數	頁數	備註
兒童文學與美感教育	趙天儀	臺北縣	富春文化事業公司	1月	25	278	
不一樣的教室	王淑芬	臺北市	天衛文化圖書公司	1月	菊16K	192	
小腦袋大思考	石朝穎	臺北市	新迪文化公司	2月	25	151	
手拿褐色蠟筆的女孩	文／V.G. 裴利 譯／楊茂秀	臺北市	成長文教基金會	2月	25	201	

書名	作者（譯者）	出版地	出版社	出版日期	開數	頁數	備註
在繪本花園裡——和孩子們共享繪本的樂趣	林真美等	臺北市	遠流出版公業公司	2月	25	98	
來玩閱讀的遊戲	沈惠芳	臺北縣	螢火蟲出版社	2月	16	153	
施老師作文教室	施坤鍵	高雄市	派色文化出版社	2月	25	326	
童話裡的智慧——和小孩在故事中成長	廖清碧	臺北市	探索文化事業公司	2月	25	221	
跨世紀臺灣兒童文學的展望	林煥彰等	臺北市	中華民國兒童文學學會	3月	16	39	
人生高手——小寓言、大智慧	謝鵬雄	臺北市	文經出版社	4月	25	253	
多元智能創作思考教室——國語篇	主編／王萬清	高雄市	高雄復文圖書出版社	4月	23.5×17	200	
神奇的窗戶——中國兒童詩歌賞析	主編／莫渝	臺北縣	富春文化事業公司	4月	25	193	
童話裡看人生	文／森省二 譯／于佳琪	臺北縣	駿達出版公司	4月	25	181	
遇見安徒生	主編／楊豫馨	臺北市	遠流出版事業公司	4月	25	182	
豐收的期待——少年小說、童話評論集	傅林統	臺北縣	富春文化事業公司	4月	25	263	

書名	作者（譯者）	出版地	出版社	出版日期	開數	頁數	備註
1999臺灣現代劇場研討會論文集：兒童劇場	主編／成功大學中文系	臺北市	行政院文化建設委員會	5月	23×16	321	
李潼的兒童文學筆記	李潼	宜蘭縣	宜蘭縣立文化中心	5月	25	195	
兒童文學評論集	洪志明	臺中市	臺中市立文化中心	6月	25	212	
文學對話錄——與蘭陽作家有約（上、下）	宋隆全編著	宜蘭縣	宜蘭縣立文化中心	6月	25	454	
少年小說創作坊——李潼答客問	李潼	臺北市	幼獅文化事業公司	6月	25	277	
臺灣區域兒童文學概述	主編／林文寶	臺東市	臺東師院兒文所	6月	25	284	
林老師服務手冊	林老師聯誼會資料檔案組	臺北市	臺北市立圖書館	6月	25	113	
寫給兒童的好童詩	編著／杜榮琛	臺北市	小魯文化事業公司	6月	菊16K	208	
用新觀念學童詩（一）	洪志明編著	臺北縣	螢火蟲出版社	7月	19×26	115	
我是壞孩子？	李苑芳	臺北市	臺視文化事業公司	7月	25	236	
兒童文學概論	主編／黃雲生	臺北市	文津出版社	7月	25	416	
童話許願戒	文／亞瑟・羅森 譯／陳柏蒼	臺北市	人本自然文化事業公司	7月	25	257	

書名	作者（譯者）	出版地	出版社	出版日期	開數	頁數	備註
少年小說大家讀——啟蒙與成長的探索	張子樟	臺北市	天衛文化圖書公司	8月	菊16K	288	
令人戰慄的格林童話	文／桐生操 譯／許嘉祥	臺北市	旗品文化出版社	8月	32	203	
臺灣兒童文學手冊	洪文瓊編著	臺北市	傳文文化事業公司	8月	19×26	90	
第五屆亞洲兒童文學大會——二十一世紀的亞洲兒童文學論文集	林良等64人	臺北市	中華民國兒童文學學會	8月	19×26	221	
新世紀兩岸兒童文學研究發展（論文集·大陸卷）	陳子君等16人18篇	臺北市	中華民國兒童文學學會	8月	19×26	102	
新世紀兩岸兒童文學研究發展（論文集·臺灣卷）	林煥彰等10人	臺北市	中華民國兒童文學學會	8月	19×26	84	
讀書治療	王萬清	臺北市	心理出版社	8月	25	259	
臺灣·兒童·文學	主編／林文寶	臺東市	臺東師院兒文所	8月	25	185	
用新觀念學童詩（二）	洪志明編著	臺北縣	螢火蟲出版社	9月	19×26	130	
令人戰慄的格林童話（II）	文／桐生操 譯／許嘉祥	臺北市	旗品文化出版社	10月	32	250	
童書是童書	黃迺毓	臺北市	財團法人基督教宇宙光	10月	19×21	301	

書名	作者（譯者）	出版地	出版社	出版日期	開數	頁數	備註
			全人關懷機構				
鞋帶劇場——輕輕鬆鬆玩戲劇	文／Nelie McCaslin 譯／馮光宇	臺北市	財團法人成長文教基金會	10月	20.5×18.5	130	
炒一盤作文的好菜	作者／孫晴峰 教學示範／吳蕙芳	臺北市	東方出版社	10月	25	457	增訂新版
成人讀書會——探索團體的經營	財團法人毛毛蟲兒童哲學基金會	臺北市	行政院文化建設委員會	11月	24	175	
穿一件故事的彩衣——故事媽媽的服務經驗	財團法人毛毛蟲兒童哲學基金會	臺北市	行政院文化建設委員會	11月	24	123	
探索兒童文學	蔡尚志	嘉義市	嘉義市立文化中心	11月	25	337	
幼兒文學	鄭瑞菁	臺北市	心理出版社	11月	17×23	425	
兒童文學與兒童語言等術研討會：少年小說論文集	趙天儀等	臺北縣	富春文化事業公司	11月	25	259	
傑出圖畫書插畫家——歐美篇	鄭明進	臺北市	雄獅圖書公司	11月	20×29	175	
傑出圖畫書插畫家——亞州篇	鄭明進	臺北市	雄獅圖書公司	11月	20×29	175	

書名	作者（譯者）	出版地	出版社	出版日期	開數	頁數	備註
歡欣歲月——李利安·H·史密斯的兒童文學觀	譯／傅林統	臺北縣	富春文化事業公司	11月	25	405	
社區兒童讀書會帶領人入門手冊	財團法人毛毛蟲兒童哲學基金會	臺北市	行政院文化建設委員會	12月	24	181	
第二屆原住民音樂世界研討會論文集（童謠篇）	孔文吉、巴奈·母路	花蓮縣	原住民音樂文教基金會	12月	20×29	312	
夢想的翅膀	郝廣才	臺北市	格林文化事業公司	12月	19×26	95	

二〇〇〇年臺灣兒童文學論述、
創作及翻譯書目並序

一　前言

　　為了提倡閱讀風氣，文建會將二〇〇〇年定為「兒童閱讀年」，希望新世紀的主人翁能提升閱讀興趣，從閱讀中培養快樂寬廣的心胸，找到開啟夢想的鑰匙，擁有更好的未來，因而企劃一系列的活動，而臺北市更由各國小舉行「閱讀大使」宣示大會及成立兒童閱讀專屬網站，讓小朋友分享有趣的閱讀世界。

　　而在千禧年，網際網路與兒童閱讀的關係也愈來愈密切。創刊五十二年的《國語日報》，今年四月成立了整合多媒體的國語日報網站，並提供電子報的訂閱服務；文建會網站還特別規畫「兒童文化館」提供多媒體線上閱讀、選書及說故事時間等各項內容；而由資策會、國語日報及勵馨基金會共同辦理千禧年兒童十大「優質網站選拔」活動，包括臺北市立動物園、兒童文化館等網站獲選。

　　同時從英國作家羅琳（J. K. Rowling）創造的《哈利波特》（*Harry Potter*）系列推出三十餘種語言版本，發行百餘國家，可以看出一本內容精彩的童書也能讓全球的大小讀者接受。

　　臺灣的插畫家也逐漸在國際上嶄露頭角。從李瑾倫成為亞洲第一個與 Walker 合作的繪本創作者之外，陳志賢在波隆那國際兒童童書插畫展中，一個名為「千禧四頁圖畫故事書」（A Four-Picture Story for the New Millennium）的展覽，更以作品 *A Brand New Day*（《嶄新的時刻》）脫穎而出，是唯一獲選「千禧四頁圖畫故事書」特展的臺灣畫家。本屆義大利波隆那國際雜誌插畫展，格林文化公共有七位插畫家，八本作品分別入選文學及非文學類獎項。

　　在千禧兒童閱讀年中，從大型的第四屆讀書會博覽會到全國各地區故事協會的說故事列車等相關活動非常的多。以下試依出版、活動、教學與研究等方面說明之：

二　出版

　　對於優良兒童讀物的推薦與評選，有已經邁入第十年的文建會「好書大家讀」少年兒童讀物評選、新聞局金鼎獎。今年《國語日報週刊》榮獲金鼎獎優良雜誌出版的兒童及少年類推薦獎。而象徵國內青少年兒童讀物最高榮譽之一的「小太陽獎」在二月十八日頒獎，共有出版獎七類及四位個人獎得主。而兩大報的年度好書獎如下：

《中國時報》二○○○年開卷好書獎

最佳青少年圖書

書名	作者（譯者）	出版者
我那特異的奶奶	瑞奇・派克著，趙映雪譯	東方出版社
花粉的房間	愁・葉霓著，余健慈譯	經典傳訊文化公司
屋頂上的小孩	奧黛麗・克倫畢斯著，劉清彥譯	三之三文化公司
國家公園之父：蠻荒的謬爾	約翰・穆益爾著，李・史蒂生編，張美惠譯	張老師文化公司
童年末日	約瑟・克・克拉克著，鍾慧元、葉李華譯	天下文化公司

最佳童書

書名	作者（譯者）	出版者
小蠑螈睡哪裡？	安妮・梅茲爾文，史帝夫・強森、盧・芬喬圖，林芳萍譯	和英出版社
天空為什麼是藍色的？	莎莉・葛林德列文，蘇珊・巴蕾圖，黃郁媖譯	和英出版社

書名	作者（譯者）	出版者
自然寶庫1──臺灣1億5000萬年之謎	陳文山著，江彬如繪圖	遠流出版事業公司
自然寶庫2──臺灣鳥樂園	袁孝維著、鄧子菁著，王繼世繪圖	
自然寶庫3──臺灣天氣 變！變！變！	陳泰然、黃靜雅著，廖篤誠繪圖	
愛瑪畫畫	溫蒂・凱瑟曼文，芭芭拉・庫尼圖，柯倩華譯	三之三文化公司
挖土機年年年響──鄉村變了	約克・米勒繪圖	和英出版社

《聯合報》二〇〇〇年最佳童書獎

繪本類

書名	作者（譯者）	出版者
天才中的天才達文西	吉多・維士康提文，賓巴・藍德門圖，康華倫譯	青林國際出版社
挖土機年年作響──鄉村變了	約克・米勒繪圖	和英出版社
吃六頓晚餐的貓	英格・莫爾文／圖，黃迺毓譯	和英出版社
小女兒長大了	彼得席斯文／圖，小野譯	格林文化出版社
卡夫卡變蟲記	勞倫斯文，戴飛爾圖，郭雪貞譯	格林文化出版社

讀物類

書名	作者（譯者）	出版者
洞	路易斯・薩奇爾著，趙永芬譯	小魯文化

書名	作者（譯者）	出版者
遇見詩人愛蜜莉	伊莉莎白·史派思文，克蕾兒·尼佛拉圖，游紫玲譯	玉山社出版社
天燈·母親	鄭清文著，林之助圖	玉山社出版社
小小美術鑑賞家（六冊）	江學瀅撰文	雄獅圖書出版社
我家也有桃莉羊！	吳惠國著	幼獅文化事業公司

今年除了兩大報的年度好書獎之外，誠品書店二〇〇〇年度推薦書榜 TOP100 也是值得作為年度好書榜的參考。其中將童書分成中文、外文童書圖畫書類及中文、外文童書文學類等四類，以銷售排行資料作為遴選的初步參考，並考量每一類別在推薦榜上的呈現數量，按比例列出前二十名至一百名成為書單，之後再邀請各領域的學者專家，審慎敲定推薦書榜。

二〇〇〇年度童書推薦書榜中與兩大報的好書獎仍有重疊的部分，可見好的作品禁得起各項評審的考驗。如：圖畫書類的《挖土機年年作響——鄉村變了》、《天空為什麼是藍色的？》及《小蠑螈睡哪裡？》等。文學類的《洞》及《天燈·母親》等書。

而在圖畫書出版方面，臺灣的兒童讀物出版界中，格林文化在圖畫書的出版一直是值得注意的，從出版作品及插畫家屢獲國際大獎看來，臺灣圖畫書的出版已逐漸呈現出國際化的趨勢。在本屆義大利波隆那國際童書插畫展中，格林文化事業公司共有七位插畫家，八本作品分別入選文學及非文學類獎項，文學類：馬尼昂狄博《歌劇魅影》、羅伯英潘《西雅圖酋長》、卡特提思《魔蛋射手》、麥克努雪夫《耶穌》、卡洛斯寧《天鵝湖》。非文學類：羅伯英潘《甘地》、陸跑樂《達文西》、塔塔羅帝《阿基米德》。

至於本土的圖畫書，除了信誼基金會的出版品之外，其他出版社亦有不錯的圖書畫呈現。列舉如下：

（一）中英對照圖畫書

　　一直在從事中英對照的本土創作圖畫書的童畫藝術國際文化事業公司，今年出版「創作繪本系列」及「創意童書繪本」。

（二）工具類圖畫書

　　童畫藝術國際文化事業公司在今年出版「童畫藝術系列」。主要以圖畫書的形式，教授如何實際製作兒童繪本、童話劇場、多媒體城市等主題，可作為美術、工藝課之教材。

（三）童話故事書

　　繼「小詩人」、「藝術家」、「文學家」系列之後，三民書局今年新推出的童書「童話小天地」系列突破傳統的編輯方式，成為新式的童話繪本。包括《丁伶郎》、《奇妙的紫貝殼》、《奇奇的磁鐵鞋》、《智慧市的胡塗市民》、《石頭不見了》、《九重葛笑了》、《屋頂上的祕密》、《銀毛與斑斑》八本繪本型式的童話故事書。全套共十六本，每本還附單片播放故事的 CD。

（四）中國民俗節日故事

　　國語日報推出「中國民俗節日故事」系列，目前出版二十六本。邀請作家撰寫有關中國民俗節日的故事，製作成圖畫書的形式。

　　千禧年是兒童文學獲得重視及肯定的一年，從致力於兒童文學的工作者獲得各項大獎及獲得國外出版商的青睞，即可得知。從以下相關出版活動、各項文學獎的揭曉及兒童文學相關機構的成立，也可一窺臺灣兒童文學發展的現象。

（一）新書發表會

1 鄭清文舉辦童話《天燈・母親》新書發表會

鄭清文創作四十年當中有兩部童話集：《燕心果》及《天燈・母親》在四月由玉山社發行新版，並舉辦「臺灣兒童文學創作的願景」座談會，與會者包括鄭清文、李潼、陳玉玲、許建崑等。

2 《從城南走來──林海音傳》出版

十月由林海音之女夏祖麗，替母親寫的傳記，由天下文化出版。她在無以數計的史料中，再循著母親一生生活的軌跡，前往北京、南京、上海、臺北各地探訪故舊，重返童年英子、少女含英、作家海音的豐富歷程。而林海音對兒童文學的貢獻除了創作之外，更創辦純文學出版社出版及翻譯許多國外優秀的兒童文學作品。

（二）本土性文獻史料的出版

幼獅文化出版一九八八至一九九八年「兒童文學選集」共七本。

幼獅文化先於一九八九年出版了一套「兒童文學選集」，為一九四九至一九八七年間臺灣地區兒童文學包括論述、故事、童話、小說、詩歌五類的選集。二〇〇〇年五月底幼獅文化又出版第二套「兒童文學選集」，為一九八八至一九九八年間的臺灣本土創作，增加了散文、戲劇兩文類。這套選集書名與主編分別是：故事《甜雨・超人・丟丟銅》，馮季眉編；散文《友情樹》，馮輝岳編；童話《夢穀子，在天空之海》，周惠玲編；童詩《童詩萬花筒》，洪志明編；少年小說《沖天炮與彈子王》，張子樟編；戲劇《粉墨人生》，曾西霸編；及論述《擺盪在感性與理性之間》，劉鳳芯編。

（三）全球最暢銷的童書《哈利波特》系列

英國女作家羅琳創作的《哈利波特》，在全球各地已有至少三十七種以上語言版本，在一百多個國家發行，迅速登上各家連鎖書店暢銷排行榜的位置，臺灣的銷售量在二十天之內達到十萬本。顯示內容精彩，再加上媒體報導及出版商的宣傳手法，童書也能創造廣大的閱讀群眾。

（四）日本科學圖畫書大師加古里子訪臺

七月十五日，三十三歲創作第一本圖畫書，至今出版超過五百本科學圖畫書的日本大師加古里子應邀來臺推廣科學圖畫書的創作及欣賞。他強調「科學就在我們身邊；科學應該有一種溫暖，吸引每個人去親近」的創作理念。他認為科學上的研究專家很多，卻沒有人寫給孩子閱讀，科學圖畫書就是扮演橋樑的角色，讓孩子接近了解科學，提供包羅萬象的科學知識以滿足他們廣泛的求知欲，並針對不同個體的興趣去引導發展。

（五）多家出版社推出紐伯瑞文學獎作品

維京出版社出版得到美國紐伯瑞金牌獎的《風兒不要來》、《印第安人的麂皮靴》。晨星出版公司出版獲得紐伯瑞金牌獎的《產婆的小助手》。東方出版社出版紐伯瑞銀牌獎的《我那特異的奶奶》。三之三文化事業公司出版二〇〇〇年獲紐伯瑞銀牌獎的《屋頂上的小孩》。小魯文化事業公司出版一九九九年獲紐伯瑞金牌獎的《洞》及一九九八年紐伯瑞銀牌獎的《魔法灰姑娘》等。

（六）童書翻譯呈現多元化現象

臺灣童書翻譯出版除了圖畫書之外，從臺東師院兒童讀物研究中

心整理的「二〇〇〇年兒童文學翻譯書目」來分析，可以看出少年小說、童話、童詩及散文的數量及翻譯增多，「主題選擇」也配合社會多元化的現象，觸及到更多層面的思考，能深入青少年生活現象及其關心的問題做深度的心理剖析。此外，有關環保及生態保育的主題也逐漸呈現。

而翻譯作品的來源不再只侷限英美兒童文學作品，還包括歐洲及阿拉伯等國家，可見更多翻譯人才正逐步進入童書翻譯的領域，讓讀者透過文學作品了解不同文化的思想。在出版社方面，則有「多家出版社投入」的現象，有愈來愈多的出版社在原本架構下增加童書出版的項目。

（七）兒童文學獎

1 林文寶獲頒五四獎、兒童文學獎、信誼基金會學術成就獎

長期推動兒童文學不遺餘力的臺東師院兒童文學研究所所長林文寶教授，在千禧年五月同時獲頒第三屆「五四獎」的「文學評論獎」、第四十一屆文藝獎章的「兒童文學獎」及信誼基金會頒發的「信誼基金會學術成就獎」。

2 楊喚兒童文學獎揭曉同時宣布停辦

由親親文化提撥早期楊喚兩本詩集《水果們的晚會》、《夏夜》的版稅來贊助的第十二屆「楊喚兒童文學獎」於五月十一日揭曉，林芳萍的《屋簷上的秘密》（民生報出版）獲獎。老作家潘人木則獲得特殊貢獻獎。然而在經費與運作困難的情況下，這項獎項在頒獎典禮時同時宣布停辦。

3 第八屆陳國政兒童文學獎揭曉

第八屆陳國政兒童文學獎於十一月十九日舉行頒獎典禮。「圖畫故事類」首獎由吳品瑢的《快！快！快！鼠先生》獲得，獎金十萬元及獎牌。優選獎是由郭桂玲以《最神奇的披風》獲得；佳作獎由廖健宏的《繩子馬戲團》及林書屏的《那天晚上》獲得。新人獎由蕭雅勻的《我的森林》獲得。

兒童散文類岑澎維以《鋼琴老屋》獲得首獎，楊雅雯以《鯨靈》得到優選獎，嚴淑女及鄒敦怜分別以《藍色啤酒海》及《變吃記》獲得佳作獎。

4 第十三屆中華兒童文學獎由張嘉驊獲得

中華民國兒童文學學會公布第十三屆「中華兒童文學獎」由張嘉驊獲得。其得獎作品為：《長了韻腳的馬》、《風鳥飛起來了》、《我愛藍樹林》、《怪怪書怪怪讀3》、《宇宙大人》，獲得十萬元獎金及獎牌。

5 臺灣省第十三屆兒童文學創作獎揭曉

由文建會中部辦公室主辦，臺中圖書館承辦的「臺灣省第十三屆兒童文學創作獎」在三月得獎名單揭曉，共二十三人獲獎：

首獎：林玫伶《小耳》。

優等：洪如玉《鳳凰木與燕子》、廖炳焜《將軍再見》。

佳作：楊志豪《千禧蟲的愛心蛋糕》、林麗珠《土龍》、李光福《哈囉！茱比》。

入選：陳昇群《樟樹計畫》、黃玲蘭《風族小畢》、劉勝雄《改造七彩猴》、陳志寧《路燈》、許坤政《撼不動的愛》、溫靜美《花豹、山雀與她的媽媽》、鍾信昌《丁丁明年見》、劉

美瑤《蟑螂阿南》、楊隆吉《牧書條碼人》、劉丁財《蛋蛋村傳奇》、葉美霞《掌中的光芒》、王耀瑄《犀牛海頓之歌》、林郁屏《線之家的溜頭兒》、張雲晴《一隻失去記憶的高跟鞋》、方源鳴《皓皓是一顆傻流星》、趙英喬《松寶》、周淑貞《燈籠草》。

6 第五屆小太陽獎頒獎

行政院新聞局主辦的「第五屆小太陽獎」，由「第十八次中小學生優良課外讀物推介」中的二千四百六十一冊圖書中選出，選出七個出版獎與四個個人獎。得獎名單如下：

（1）小太陽出版獎：

圖書故事類：《石頭不見了》（三民書局）

科學類：《無脊椎真奇妙》（鄉宇文化）

人文類：《兒童文學叢書：文學家系列》（三民書局）

文學語文類：《少年小說創作坊——李潼答客問》（幼獅文化）

叢書、工具書類：《花東礦物岩石圖鑑》（臺灣博物館）

漫畫類：《漫畫臺灣史》（月旦）

雜誌類：《精湛兒童之友》（台灣英文雜誌社）

（2）小太陽個人獎：

最佳文字創作：杜虹《比南方更南》

最佳編輯：吳娉婷《精湛兒童之友》

最佳插圖：林松霖《獨角仙》

最佳美術設計：崔正南、陳忠民《穿越時空看家園》

7 第八屆「九歌現代兒童文學獎」頒獎

由九歌文教基金會主辦，文建會贊助的「現代兒童文學獎」，於六月十日公布名單並舉行頒獎典禮。今年應徵稿件共一一九篇，進入決選者有二十九篇，大陸作品有三篇，最後得獎者有七位，前三名依序為：侯維玲《二〇九九》、鄭宗弦《又見寒煙壺》、林音因《期待》；佳作獎有四位：王晶、王文華、蒙永麗、鄒敦怜，值得一提的是，此次得獎者多半為為臺灣本土創作者，可見本土創作者在少年小說的耕耘上的成績日益顯著。

8 第十二屆信誼幼兒文學獎

今年在圖畫書創作類方面：首獎從缺；陳致元的《想念》獲評審委員推薦獎，獎金十萬元，顏薏芬的《我自己玩》獲佳作獎，獎金五萬元。

文字創作獎方面：首獎從缺；侯維玲的《爸爸沙發》和陳麗光的《影子朋友》均獲佳作獎，獎金各二萬元。

9 第三屆「用愛彌補」兒童文學獎揭曉

羅慧夫基金會為了推廣「喜歡自己．也喜歡不一樣的朋友」的理念，特別舉辦「用愛彌補」兒童文學獎，此活動得到中美和文教基金會和裕隆汽車社福基金會贊助。今年共六十二件作品入圍，臺北市樹林國小二年級涂苡庭以《兩隻角的三角龍》獲得第一名金獎，這項作品充分表現「享受做自己，溫柔對別人」的理念。榮獲第二名銀獎的翁平則是《唇顎裂的小朋友》。

10 臺東師院兒童文學研究所為兒童文學理論與創作注入新血

臺東師院兒童文學研究所成立四年，已有畢業生完成二十三篇碩

士論文，在各項創作獎皆有優異表現。如：第十三屆臺灣省兒童文學獎中陳昇群〈樟樹的計畫〉及楊隆吉〈牧書條碼人〉獲入選。第八屆陳國政兒童文學獎中嚴淑女〈藍色啤酒海〉獲兒童散文佳作。民生報兒童文學年度徵文在童書、兒歌、散文、童話共十一名學生入選。「兒歌一百徵選」活動中更有多名研究生作品入選。廖炳焜〈癩蛤蟆和小青蛙〉及〈風颱〉獲優選及佳作；洪志明〈風來了〉獲優選，〈梅花開〉和〈小蜻蜓〉獲佳作；林淑珍〈白鷺鷥〉獲優選，而〈一支桿兒真威風〉、吳常青〈動動歌〉及陳春玉〈大茶壺〉獲佳作。

（八）兒童讀物評選

1 「好書大家讀」少年兒童讀物評選邁入第十年

文建會「好書大家讀」少年兒童讀物評選，今年進入第十年，由臺北市立圖書館、國語日報和民生報共同主辦的「二〇〇〇年好書大家讀」座談會四月二十三日舉行。與會的出版工作者、學者專家及民眾，針對評選方式、推廣活動及參選圖書範圍進行討論。林訓民以現代出版界面臨電子化趨勢建議，未來評選範圍可以增加「電子書」的評意；但國內缺少科學組圖書的評審委員，應建立評委人才資料庫，才能落實評審制度；推廣工作上，應該增加入選書籍的巡迴展出機會。

2 新聞局金鼎獎

行政院新聞局在七月七日公布二〇〇〇年金鼎獎得獎名單，《國語日報週刊》獲得優良雜誌出版的兒童及少年類推薦獎。

（九）兒童文學相關機構的成立

1 臺中小大繪本館成立

以讀書會為主的「小大聯盟」目前在臺灣共有十五個讀書會，小大讀書會一直以家庭為主，因為希望能有個固定據點來凝聚各會，因此臺中小大繪本館於九月三十日是正式開幕，為社區型繪本圖書館，除了收藏繪本之外，還定期舉辦各項講座。

2 各地故事協會成立

由毛毛蟲兒童哲學基金會培育的故事媽媽，從非正式的自助式故事媽媽團體到社團法人故事協會的成立，讓主婦走出家庭，為學校、社區散播故事種子。五月九日新竹市故事媽媽協會成立，五月二十六日臺北縣板橋市故事協會舉辦成立，五月二十七日臺東縣故事協會成立，五月二十九日臺北市故事協會舉辦連署會議。

三　活動

千禧年的兒童文學活動，除了政府及各民間相關機構舉辦的活動之外，故事協會的故事媽媽們，更積極的投入說故事及相關的培訓活動中，讓更多兒童及大人享愛兒童文學的歡愉與喜樂。

（一）兒歌一百徵選活動

本活動由文建會主辦，臺東師院兒童文學研究所承辦，活動時間從七月至十二月。目的是希望能鼓勵大人、小孩一起創作出足以傳誦的兒歌，提升兒歌創作風氣。最後選出兒童組優選五首，由陳姝文、廖啟宏、葛于微、高娉瑩、吳宣諭獲獎；佳作二十二首，由鄭宜東等

人獲得；社會組優選十三首，由陳玉珠、林靜琍、洪志明等人獲獎；佳作四十五首，由謝明芳等人獲獎。同時將得獎作品彙集出版《愛的風鈴（2000年）臺灣兒歌一百》兒歌集。

（二）兒童文學寫作夏令營

為推廣兒童文學寫作，中華民國兒童文學學會暨國語日報合辦「兒童文學寫作夏令營」，凡年滿十八歲、愛好兒童文學寫作者皆可報名。活動的課程包括：林良主講「兒童文學創作經驗談」、林煥彰講「荷塘話童詩」、楊孝濚「文學新聞」、傅林統「少年小說」、張嘉驊「童話新世紀」、沈惠芳「創意作文教學」、洪志明「寓言體寫作」、林真美「親子讀閱讀指導」、王金選「兒歌」等。

（三）「書香下鄉文化根植社區——打造書香巡迴圖書車」活動

為了配合教育部推行兒童閱讀年，由文建會委託臺東師院兒童文學研究所主辦書香下鄉文化根植社區等系列活動：

一、圖書巡迴暨校園說故事活動。邀請臺東縣故事協會故事媽媽下鄉為偏遠小學說故事、與家長分享說故事經驗及提供相關童書資訊，將閱讀的種子散播至全臺東各角落，以彌補資源分配不均，邊陲城鄉失衡的現象。從九月至十二月共辦理十場次，至二十六個國小說故事，兩千多個學童及家長參與，反應相當熱烈。

二、舉辦故事媽媽培訓課程。鼓勵媽媽積極參與說故事活動，分四場次進行，主題為如何演說故事、童書的欣賞與挑選、閱讀氛圍的營造、親子共讀的樂趣，共一百五十人次參加。

三、故事媽媽師資培訓。經過為期三個月十二次培訓後，遴選出能充分結合經驗與理論的優秀人才，授予證書，作為日後各地故事媽

媽推廣之師資。

（四）兒童班級及親子讀書會的推廣

為了推廣兒童班級及親子讀書會，天衛文化圖書公司在三年來已舉辦了多場班級及親子讀書會研習營的活動，其主要目的是希望將「文化的深耕，必先推廣閱讀」的理念推行至臺灣各地，並配合教育部提出的「兒童閱讀年」計畫，透過對語文、多元智能、文學閱讀方面有深入研究與經驗的專業人員與教師，提供學員更多的幫助，目前已培訓了為數眾多的種子教師與兒童讀書領導人。二〇〇〇年一整年中，在臺灣各地舉辦研習會，研習課程包含廣泛，如：許慧貞主講「師生閱讀活動經驗分享」、陳衛平主講「為什麼要推廣班級讀書會」、趙永芬主講「閱讀的樂趣」、江福祐主講「問於兒童閱讀的一些人、事、物」等，並安排討論與分享時間，期能在活動後真正地落實與再推廣，而非僅流於形式。

（五）親子戲劇講座

為了加強兒童戲劇教育之推廣及增進親子互動關係，由文建會指導，財團法人臺北市兒童戲劇協會承辦，臺東師院兒童文學研究所協辦的親子講座與親子傾聽故事活動，從十月至十二月在臺東熱烈展開五場講座。

（六）閱讀學校與閱讀教室模式建立計畫

由教育部主辦，臺東師院兒童文學研究所承辦的「閱讀學校與閱讀教室模式建立計畫」師資培訓課程，選定臺北市陽明國小、興華國小，臺北縣雙峰國小、臺東縣東師實小、東海國際、知本國小，花蓮縣文蘭國小等七所示範學校，從十二月開始，先至臺北美國學校參觀

圖書館配置及教室圖書管理，再由楊茂秀、郭建華、凌俊嫻等專家，分別在五個示範學校，利用十六天的週休二日假期對全校教師進行「閱讀教室模式建立」之師資培訓，內容包括：讀書氛圍的建立與經營、讀什麼？怎麼讀？書群建立、經驗分享等課程。

四　教學與研究

千禧年臺灣地區兒童文學的教學與研究更是蓬勃的發展，就研討會而言有下列場次：

（一）臺灣兒童文學一百評選暨研討會

時間為三月二十四至二十六日，地點為臺北市立圖書總館十樓會議廳。

由臺東師院兒童文學研究所承辦「臺灣兒童文學一百」評選活動，彙整了從一九四五至一九九八年各種兒童文學類書籍共兩千四百餘冊，經縝密的評選選出一〇二本優良作品，並出版《臺灣（1945-1998）兒童文學100》一書，為臺灣的兒童文學留下珍貴的史料。而「臺灣兒童文學100評選暨研討會」的召開更具非凡的意義，發表有關臺灣民間故事、臺灣寓言讀物、臺灣地區兒童散文發展情形、臺灣兒童詩歌、臺灣童話、兒童戲劇、少年小說等十篇論文，讓臺灣的研究者、創作者及出版者檢視五十年來兒童文學的發展脈絡及思索未來的發展方向，並出版《臺灣兒童文學100》作品集及《臺灣兒童文學100論文集》。

（二）第四屆全國兒童文學與兒童語言學術研討會

時間五月五至六日，地點為靜宜大學。

由靜宜大學文學院、兒童文學與兒童語言學術研究發展中心主辦。由陳千武主講「臺灣兒童詩的發展」揭開序幕後，進行五場有關圖畫書與童書翻譯、寓言、民間故事與戲劇、童話與小說、童詩與兒童敘述、兒童閱讀與女童話作家作品主題的研討，最後專家學者進行以「童詩語言與兒童語言」為主題的綜合座談，並出版《第四屆全國兒童文學與兒童語言學術研討會論文集》。

（三）兒童文學希望工程研討及座談會

時間五月二十七日（星期六）上午九時至下午四時三十分。地點為臺北市圖書館十樓國際會議廳。

由臺東師範學院兒童文學研究所、幼獅文化事業公司主辦的座談會，邀請兒童文學界的專家、學者等進行兩場「兒童文學：詩歌、散文、論述、童話、故事、小說、戲劇——檢視一九八八至一九九八十年成果與未來的發展」研討會，並邀請出版社經理人及報社總編輯等進行「兒童讀物的催生與評介」及「兒童讀物的推廣與行銷」座談會，同時發表「兒童文學選集」，為一九八八至一九九八年間的臺灣本土創作包括論述、故事、童話、小說、詩歌、戲劇、散文七類，檢視十年來臺灣兒童文學發展的成果，並透過專家、學者、創作者、出版者、評論者齊聚一堂，共創下個世紀兒童文學的希望工程的方向。

（四）第七屆師院生兒童文學創作發表暨學術討論會

時間為六月八至十日（星期四至星期六）。地點為嘉義。

此研討會目的是藉著童話、兒歌得獎作品的創作發表，讓創作者與評審委員面對面討論作品；而研討會更邀請兒童文學的專家學者在兒童文學各領域進行經驗分享，增加彼此交流觀摩的機會，有利於創作活動的進行。

（五）幼兒文學發展研討會

時間六月十七日（星期六）。地點為臺北市立圖書館總館十樓會議廳。

由臺東師院兒童文學研究所、臺北市立圖書館、天衛文化圖書公司共同主辦。研討會由楊茂秀進行專題演講——「說故事與繪本演奏」之後揭開序幕，柯倩華、劉鳳芯對於「兒童繪本在幼兒教育的運用」提出不同的看法；林玫伶以「充滿情感的幼兒文學——說說唱唱感受文學」來說出幼兒文學的特性，並以綜合座談的方式讓專家學者討論有關幼兒文學的發展與展望。

（六）兒童文學資深作家作品研討會——林良先生作品研討會

時間十月十五日（星期日）。地點為臺北市立圖書館總館十樓國際會議廳。

「兒童文學資深作家作品研討會」去年以林海音、潘人木先生的作品展開研討，除了對在兒童文學界耕耘多年的資深作家致以崇高的敬意之外，更能從整理他們的生平、創作、理論等著作，建立完整的臺灣兒童文學史的人物志。

今年以不論在兒歌、散文、童話及理論各方面創作皆非常豐富的林良先生的作品為主。會中發表〈林良先生兒歌創作研究〉、〈林良先生兒童文學理論初探〉、〈從《懷念》談林良的文字風格與親情〉、〈論林良的兒童散文〉等論文，對林良先生的生平及作品做一番討論，以「林良與兒童文學」為主進行綜合座談。

（七）臺灣童書翻譯與版權學術研討會

時間十一月十五至十七日。地點為臺東師院演藝廳。

　　由臺東師院兒童文學研究所、兒童讀物研究中心合辦之「臺灣童書翻譯與版權學術研討會」集合出版者、研究者、評論者及創作者共同討論臺灣童書翻譯、出版等眾多議題。

　　由於目前臺灣兒童文學作品中有很高的比例是國外翻譯作品，而翻譯的語言、文化差異、出版編輯及翻譯者的自覺無形中變得非常重要。透過此次的研討，並將論文集結出版在《兒童文學學刊》第四期「臺灣童書翻譯專刊」中，希望提供各界更佳的翻譯作品。

　　除了眾多學術研討會之外，尚有重要的學術交流及相關研究：

（一）東師兒文所師生赴大陸進行學術交流

　　二月八日至二十日，跨校組團，由臺東師院方榮爵校長率研究生及兒童文學同好者，至廣州師範大學、浙江師範大學及上海師範大學進行學術研討及進行相關學術單位互訪的交流活動。

（二）臺灣地區兒童閱讀興趣調查研究報告出爐

　　此研究為文建會委託臺東師院兒童文學研究所承辦，目的在了解臺灣地區學童的閱讀興趣及趨勢，作為當前學童閱讀生態之基礎研究。此研究從一九九九年七月至二〇〇〇年三月截止，經隨機抽取全國十六個國小（二至六年級）樣本，共五十四個班，有效問卷一千七百九十四份，資料顯示，學童最愛看電視和看笑話，父母陪孩子閱讀的比率偏低。

（三）大陸學者朱自強、梅子涵應邀來臺授課

　　東北師範大學朱自強教授及上海師範大學梅子涵教授應邀至臺東師院兒童文學研究所暑期班進行暑期授課，從七月五至七月二十五日。課程名稱分別為「幻想文學研究」與「大陸新時期小說」。

（四）大陸作家劉興詩來臺進行專題演講

八月一日大陸作家劉興詩來臺東師院兒童文學研究所進行專題演講。講題為「談科幻小說」。劉興詩創作過許多科幻小說，他從科幻小說的定義及創作方面，與師生分享其經驗。

（五）旅日翻譯作家游珮芸應邀來臺授課

八月二日至十六日翻譯作家游珮芸應邀至臺東師院兒童文學研究所進行暑期授課，課程名稱為「日據時期臺灣兒童文學史」。內容針對日據時期臺灣兒童文學發展的情形，並介紹多位日本兒童文學創作者的作品。

（六）李潼、許建崑赴馬來西亞講學

兒童文學作家李潼及東海大學中文系副教授許建崑，應行政院僑務委員會及馬來西亞華人教師總會邀請，將於八月三十一至九月十四日到馬來西亞的吉隆坡、關丹和亞庇等城市，為當地六百多位華人講授兒童文學課程及主持兒童文學等相關活動。

（七）陳佳宜教授進行「生態兒童文學」的專題演講

十月二十四日聘請休士頓大學教授陳佳宜至兒文所進行專題演講。講題為介紹美國有關「生態兒童文學」的圖畫書及相關研究情形。從小在孩子心中播下一顆保護大自然的種子，孩子長大後便會對自己生長的環境有保護意識，特別是圖畫書對其產生的影響，因此應多鼓勵創作者及研究者研究相關議題。

（八）上海少年報訪問團來臺進行兩岸兒童文學交流

上海少年報組成訪問團在十一月二十日應國語日報邀請來臺進行

十天的兒童文學交流。訪問團成員包括上海少年報社長陳偉新，編輯
主任徐建華等五人，此行目的為與國語日報進行實務交流，也參訪臺
灣的媒體、教育、出版及兒童文學研究所等單位。

（九）北京師範大學招收兒童文學博士生

大陸北京師範大學從二〇〇〇年開始招收兒童文學文學博士生，
由該校兒童文學理論家王泉根教授擔任博士生導師，北京師大公布之
兒童文學研究方向是以中國現代及當代兒童文學為範圍，考試科目為
外國語、文藝理論、兒童文學研究等。

五　結語

從眾多的出版品、多樣化的學術研討會、各項教學與研究討論、
學術交流、國際性的展覽活動及臺灣插畫家在國際舞臺嶄露頭角看
來，臺灣的兒童文學已逐步邁向國際化，千禧年的兒童文學也在政府
單位及民間團體共同努力下，有了豐碩的成果。

期望在新的世紀兒童文學能在千禧年兒童閱讀年的滋潤之下，開
出更燦爛的花朵。

參考書目

中國時報文化新聞中心　〈2000開卷好書獎揭曉〉　《中國時報》　41版開卷　2000年12月28日

伊　銘　〈哈利波特魔法熱全球發燒〉　《中央日報》　2000年7月14日

李　進　〈日籍繪本大師加古里子識臺推廣科學圖畫書〉　《聯合報》　41版　2000年7月17日

國語日報　〈臺灣省兒童文學創作獎優勝揭曉〉　《國語日報》　15版特　2000年3月15日

陳昭玲　〈用愛彌補兒童文學獎優勝揭曉〉　《國語日報》　2版　2000年12月25日

劉偉瑩　〈上海少年報媒體訪問團來訪〉　《國語日報》　2版　2000年11月21日

劉偉瑩　〈千禧年十大兒童新聞回顧〉　《國語日報》　16版特別報導　2000年12月25日

劉偉瑩　〈迎接兒童閱讀年〉　《國語日報》　16版特別報導　2000年1月16日

聯合報　〈讀書人2000最佳書獎童書類〉　《聯合報》　29版讀書人　2000年12月25日

蘇愛琳　《小王子的幾個探討方向》　臺東市　臺東師院兒童文學研究所　1999年6月

胡馨云　〈2000年度新書排行榜〉　出版情報　第153、154期合刊　2001年12月

二〇〇〇年兒童文學論述書目

書名	作者（譯者）	出版地	出版社	出版日期	開數	頁數	備註
劇場表演空間的架構——以臺灣鄉鎮地區為探討對象	林尚義著	臺北市	財團法人成長文教基金會	1月	19×26	358	
書蟲讀書會／書蟲啃光我的書	張嘉真著	臺北縣	富春文化事業公司	1月	25	168	
閱讀兒童文學的樂趣	著／Perry Nodelman 譯／劉鳳芯	臺北市	天衛文化圖書公司	1月	17×23	327	
相聲世界走透透	馮翊綱著	臺北市	幼獅文化事業公司	2月	19×21	239	
編織童年夢——波拉蔻故事繪本的世界	楊茂秀、黃孟嬌等譯著	臺北市	遠流出版事業公司	2月	25	111	
單飛：人在天涯	著／羅德·達爾 譯／趙映雪	臺北市	幼獅文化事業公司	2月	25	343	
交流與對話	林文寶主編	臺東市	臺東師院兒童文學研究所	2月	25	149	
臺灣地區兒童閱讀興趣調查研究	林文寶主編	臺北市	行政院文化建設委員會	2月	25	76	
兒童文學	李慕如、羅雪瑤著	高雄市	高雄復文圖書出版社	2月	17×23.4	646	
臺灣兒童文學100研討會論文集	林文寶主編	臺東市	臺東師院兒童文學研究所	3月	25	225	

書名	作者（譯者）	出版地	出版社	出版日期	開數	頁數	備註
臺灣（1945-1998）兒童文學100	林文寶主編	臺北市	行政院文化建設委員會	3月	25	239	
為孩子讀書的人	桂文亞主編	臺北市	民生報社	3月	25	178	
兒童與青少年如何說畫	陳瓊花著	臺北市	三民書局	3月	17×23.5	153	
童年憶往：中國孩子的歷史	熊秉真著	臺北市	麥田出版公司公司	3月	25	375	
1999好書指南：少年讀物，兒童讀物	桂文亞主編	臺北市	行政院文化建設委員會	4月	17×26	195	
傑出漫畫家——亞洲篇	洪德麟著	臺北市	雄獅圖書公司	4月	20×29	135	
語文教育的新趨勢——國語課程實驗教學研討會	教育部臺灣省國民學校教師研習會	臺北縣	教育部臺灣省國民學校教師研習會	4月	19×26	183	
寶寶讀書樂——給0～3歲嬰幼兒的小小圖書館	鄭榮珍主編	臺北市	信誼基金出版社	4月	25	62	
童書創意教學——生命教育一起來	張湘君、葛琦霞編著	臺北縣	三之三文化事業公司	5月	21×29	245	
透視恐怖的格林童話	文／金城陽一 譯／劉子倩	臺北市	旗品文化出版社	5月	25	217	
張開想像的翅膀	陳景聰編著	臺中市	瀚揚文化事業公司	5月	19×26	167	
兒童詩賞析民俗嘉年華會	詩・賞析／林峻楓	臺北縣	財團法人國家文化藝術基金會	6月	25	101	

書名	作者（譯者）	出版地	出版社	出版日期	開數	頁數	備註
彩繪兒童又十年	林文寶策劃	臺北市	幼獅文化事業公司	6月	25	340	
擺盪在感性與理性之間——兒童文學論述選集 1988-1998	林文寶策劃 劉鳳芯主編	臺北市	幼獅文化事業公司	6月	25	309	
新詩驚奇之旅	林廣、張伯琦著	臺北縣	螢火蟲出版社	6月	19×26	251	
兒童散文精華集	馮輝岳編著	臺北市	小魯文化事業公司	7月	25	169	
繪本創作 DIY	鄧美雲、周世宗著	臺北市	雄獅圖書公司	7月	19×26	111	
淺語的藝術	林良著	臺北市	國語日報社	7月再版	15×21	338	
敘事論集——傳記、故事與兒童文學	廖卓成著	臺北市	大安出版社	8月	15×21	228	
跟父母談兒童文學	馬景賢著	臺北市	國語日報社	8月	15×21	193	
上閱讀課囉！	許慧貞著	臺北市	天衛文化圖書公司	9月	15×21	186	
三人行大師‧好書與您同行	趙映雪著	臺北縣	富春文化事業公司	9月	15×21	310	
德國格林童話大道	欒珊瑚著	臺北市	商周文化事業公司社	9月	15×19	174	
青春記憶的書寫	張子樟著	臺北市	幼獅文化事業公司	10月	15×21	289	

書名	作者（譯者）	出版地	出版社	出版日期	開數	頁數	備註
兒童文學資深作家作品研討會——林良先生作品討論會論文集	杜榮琛等著	臺北市	中華國兒童文學學會	10月	19×26	121	
試論我國近代童話觀念的演變——兼論豐子愷的童話	林文寶著	臺北市	萬卷樓圖書公司	10月	15×21	209	
第四屆「兒童文學與兒童語言」學術研討會論文集	陳千武等	臺北縣	富春文化事業公司	10月	15×21	394	
兒童文學學刊——臺灣童書翻譯專刊	阮若缺等	臺北市	天衛文化圖書公司	11月	15×21	273	
圖畫書的欣賞與應用	林敏宜著	臺北市	心理出版社	11月	17×23	243	
兒童詩需要穿怎樣的衣服	蔡榮勇著	臺中市	臺中市政府文化局	11月	15×21	284	
行政院新聞局第十八次推介中小學生優良課外讀物暨第五屆小太陽得獎作品	項文苓主編	臺北市	行政院新聞局	12月	19×26	192	
不墜的夕陽：薛林的兒童文學及其評論	薛林著	臺南縣	臺南縣文化局	12月	15×21	401	
童話的故鄉，哥本哈根	文／Ulrich Sonnenberg 譯／左欣玉	臺北市	商智文化事業公司	12月	15×19	159	

二〇〇〇年兒童文學創作書目

書名	作者 （譯者）	出版地	出版社	出版 日期	開數	頁數	備註
小白兔尋師記	林瑞景著	高雄市	百盛文化出版公司	1月	25	207	童話
啜飲一杯甜蜜清泉	楊美玲著	臺北縣	富春文化事業公司	1月	15×21	207	散文
莊腳博士	張榮彥著	高雄市	百盛文化出版公司	1月	25	200	小說
仙女的彩衣	周梅春著	高雄市	百盛文化出版公司	1月	25	201	童話
我的頑皮動物	邱秀芷著	高雄市	百盛文化出版公司	1月	25	193	散文
小搗蛋外傳	秦文君著	臺北市	民生報社	1月	25	250	故事
成長不寂寞	邱秀文 楊美玲合著	臺北市	正中書局	1月	25	145	小說
龍家的喜事	文／潘人木 圖／林傳宗	臺北市	信誼基金出版社	1月	22×27	24	圖畫書
舅舅照像	文／林良 圖／洪義男	花蓮市	幼翔文化事業出版社	1月	19×24	24	圖畫書
哼！我好氣！	文／方素珍 圖／郝洛玟	花蓮市	幼翔文化事業出版社	1月	19×24	24	圖畫書
女主角的秘密廚房	王淑芬著	臺北市	小兵出版社	1月	19×21	161	故事
殘狼灰滿	沈石溪著	臺北市	民生報社	1月	25	214	小說
臭皮匠哈啦啦	可白著	臺北市	小兵出版社	1月	19×21	160	散文
紫微阿斗數	林玫伶著	臺北市	小兵出版社	1月	19×21	163	散文

書名	作者（譯者）	出版地	出版社	出版日期	開數	頁數	備註
嫦娥奔月	文／方素珍 圖／林鴻堯	臺北市	國語日報社	1月	19×26	40	圖畫書
月餅裡的秘密	文／蔡惠光 圖／曹俊彥	臺北市	國語日報社	1月	19×26	40	圖畫書
創意童書繪本1-6	張倫等六人	臺北市	糖果樹文化事業公司	1月	15×16	20	圖畫書
眼鏡兒的早春情事	子安著	臺北市	幼獅文化事業公司	2月	25	235	小說
蘋果纖維	書芳著	臺北市	幼獅文化事業公司	2月	25	218	小說
考卷下的夢	鄒穎著	臺北市	幼獅文化事業公司	2月	25	217	小說
愛情123+1	周姚萍著	臺北市	幼獅文化事業公司	2月	25	191	小說
寶貝在說話	凌明玉著	臺北縣	博揚文化事業公司	2月	25	233	散文
我是角子　請你抱抱我	莊鎧壎著	臺北市	商業周刊出版公司	2月	25	153	散文
小心！小心！	文／方素珍 圖／鍾偉明	花蓮市	幼翔文化事業出版社	2月	19×24	24	圖畫書
老鼠的女兒	文／黃女娥 圖／黃淑華	臺北市	國語日報	2月	19×26	40	圖畫書
將軍站門	文／陳素宜 圖／黃淑華	臺北市	國語日報社	2月	19×26	40	圖畫書
老鼠娶新娘	文／黃女娥 圖／蔡佳霏	臺北市	國語日報社	2月	19×26	40	圖畫書
糯米山果子	文／馬景賢 圖／林鴻堯	臺北市	國語日報社	2月	19×26	40	圖畫書

書名	作者 （譯者）	出版地	出版社	出版 日期	開數	頁數	備註
費長房學仙	文／林良 圖／李蓁	臺北市	國語日報社	2月	19×26	40	圖畫書
小鎮的搶孤手	文／陳昇群 圖／洪義男	臺北市	國語日報社	2月	19×26	40	圖畫書
巴布的小花	文／王蘭 圖／張哲銘	臺北市	糖果樹文化事業公司	2月	21×30	27	圖畫書
巴布的假期	文／王蘭 圖／張哲銘	臺北市	糖果樹文化事業公司	2月	21×30	27	圖畫書
巴布和珍娜	文／王蘭 圖／張哲銘	臺北市	糖果樹文化事業公司	2月	21×30	27	圖畫書
沖天炮 VS. 彈子王──兒童文學小說選集1988-1998	張子樟主編	臺北市	幼獅文化事業公司	2月	25	437	小說
有情樹──兒童文學散文選集	馮輝岳主編	臺北市	幼獅文化事業公司	2月	25	555	散文
粉墨人生──兒童文學戲劇選集	曾西霸主編	臺北市	幼獅文化事業公司	2月	25	725	戲劇
白鶴之歌	管家琪著	臺北市	文經出版社	3月	25	140	童話
博士，布都與我	李潼著	臺北市	民生報社	3月	25	287	小說 （再版）
再見天人菊	李潼著	臺北市	民生報社	3月	25	256	小說 （再版）
孩狗BOOK	文圖／賴致宇	臺北市	時報文化出版公司	3月	12×18.5	164	散文
兩根草	張彥勳著	臺北縣	富春文化事業公司	3月	25	250	小說
流浪狗之歌	周姚萍著	臺北縣	富春文化事業公司	3月	25	250	小說

書名	作者（譯者）	出版地	出版社	出版日期	開數	頁數	備註
一座島嶼的故事	文／羅斌、葉姿吟 畫／吳日昇	臺北市	臺原出版社	3月	29×29	36	圖畫書
小麗的天空	陳正家著	高雄市	調和國際資訊公司	3月	19×20	139	小說
深情似海	馬英九等著	臺北市	楷達文化事業公司	3月	25	185	散文
紅辣椒──趣味童詩	江寶琴編著	臺北市	頂淵文化事業公司	3月	25	219	兒童詩
目連救母	文／馬景賢 圖／張振松	臺北市	國語日報社	3月	19×26	40	圖畫書
白蛇傳奇	文／馬景賢 圖／徐建國	臺北市	國語日報社	3月	19×26	40	圖畫書
年獸阿儺	文／陳素宜 圖／葉慧君	臺北市	國語日報社	3月	19×26	40	圖畫書
火頭僧阿二	文／管家琪 圖／梁淑玲	臺北市	國語日報社	3月	19×26	40	圖畫書
投江尋父	文／楊雅惠 圖／黃麗珍	臺北市	國語日報社	3月	19×26	40	圖畫書
流浪詩人	文／林良 圖／連世震	臺北市	國語日報社	3月	19×26	40	圖畫書
臺灣民間故事（1-14集）	江肖梅編著 陳定國插畫	新竹市	新竹市政府	3月	32	各冊不同	民間故事
一盤花式蛋糕	孫幼軍著	臺北市	民生報社	3月	25	172	散文
等待一隻蝴蝶飛回	廖玉蕙主編	臺北市	幼獅文化事業公司	3月	25	121	散文
流星雨的天空	廖玉蕙主編	臺北市	幼獅文化事業公司	3月	25	135	散文

書名	作者（譯者）	出版地	出版社	出版日期	開數	頁數	備註
長鬃山羊的婚禮	張友漁著	臺北市	文經出版社	4月	25	153	童話
中國寓言故事	李炳傑編著	臺北市	國語日報社	4月	25	265	寓言
臺灣，嘰咕嘰咕	賴芳伶著	臺北市	幼獅文化事業公司	4月	25	149	民間故事
媽媽心・媽媽樹	文／方素珍 圖／仉桂芳	臺北市	國語日報社	4月	27.5×23	34	圖畫書
叫夢起床	文圖／林小杯	臺北市	信誼基金出版社	4月	18.5×20	34	圖畫書
燕心果	鄭清文著	臺北市	玉山社出版事業公司	4月	25	170	童話
天燈・母親	鄭清文著	臺北市	玉山社出版事業公司	4月	25	210	童話
丁伶郎	文／潘人木 圖／鄭凱軍 羅小紅	臺北市	三民書局	4月	25×25	57	圖畫書
九重葛笑了	文／陳冷 圖／吳佩蓁	臺北市	三民書局	4月	25×25	55	圖畫書
石頭不見了	文／李民安 圖／翱子	臺北市	三民書局	4月	25×25	57	圖畫書
智慧市的糊塗市民	文／劉靜娟 圖／郜欣、倪靖	臺北市	三民書局	4月	25×25	55	圖畫書
銀毛與斑斑	文／李民安 圖／廖健宏	臺北市	三民書局	4月	25×25	57	圖畫書
奇妙的紫貝殼	文／簡宛 圖／朱美靜	臺北市	三民書局	4月	25×25	55	圖畫書
屋頂上的秘密	文／劉靜娟 圖／郝洛玟	臺北市	三民書局	4月	25×25	53	圖畫書

書名	作者（譯者）	出版地	出版社	出版日期	開數	頁數	備註
奇奇的磁鐵鞋	文／林黛嫚 圖／黃子瑄	臺北市	三民書局	4月	25×25	53	圖畫書
紅瓦房	曹文軒著	臺北市	小魯文化事業公司	4月	25	290	小說
天使抱抱	王家珍著	臺北市	民生報社	4月	25	216	童話
姨婆的蛋	陳瑞璧著	臺北市	民生報社	4月	25	234	小說
長得不帥也是龍	溫小平著	臺北市	幼獅文化事業公司	4月	25	155	散文
魔蛋	孫晴峰著	臺北市	民生報社	4月	25	180	童話
孤兒的日記	曾寬著	臺北市	百盛文化出版公司	5月	15×21	187	小說
老師與我同年紀	黃基博著	高雄市	百盛文化出版公司	5月	15×21	198	童話
頑童阿欽	林少雯著	高雄市	百盛文化出版公司	5月	15×21	198	散文
在地球上找個家	林剪雲著	高雄市	百盛文化出版公司	5月	15×21	193	小說
天堂鳥與奶瓶刷	夏祖麗著	臺北市	民生報社	5月	25	260	散文
小星星的願望——周大觀的故事	宋芳綺著	臺北市	文經出版社	5月	25	223	傳記
牧羊豹	沈石溪著	臺北市	國語日報社	5月	25	281	小說
想念	文圖／陳致元	臺北市	信誼基金出版社	5月	19×21	33	圖畫書
我自己玩	文圖／顏薏芬	臺北市	信誼基金出版社	5月	19×21	33	圖畫書
傀儡偶仔	文／謝武彰 圖／林純純	臺北市	小魯文化事業公司	5月	1921	47	兒歌

書名	作者 （譯者）	出版地	出版社	出版 日期	開數	頁數	備註
春天的花仔布	文／謝武彰 圖／韓舞麟	臺北市	小魯文化事業 公司	5月	19×21	47	兒歌
尾椎翹上天	文／謝武彰 圖／韓舞麟	臺北市	小魯文化事業 公司	5月	19×21	47	兒歌
白雲若海湧	文／謝武彰 圖／韓舞麟	臺北市	小魯文化事業 公司	5月	19×21	47	兒歌
冬節人搓圓	文／謝武彰 圖／韓舞麟	臺北市	小魯文化事業 公司	5月	19×21	47	兒歌
童年故事	潘文良著	臺北市	頂淵文化事業 公司	5月	25	169	故事
夢的故事	潘文良著	臺北市	頂淵文化事業 公司	5月	25	162	故事
神秘禮物	文／徐永康 圖／楊雅惠	臺北市	信誼基金出版 社	5月	20×21	32	圖畫書
方祖燊全集 （六）——散文 雜文兒童文學選 集	方祖燊著	臺北市	文史哲出版社	5月	25	422	散文、 故事等
童詩小集	文、攝影／ 黃郁文	臺南市	翰林出版事業 公司	5月	25	175	兒童詩
獨狼	金曾豪著	臺北市	民生報社	5月	25	300	小說
牛埔頭牛	陳瑞璧著	臺北縣	富春文化事業 公司	5月	25	207	小說
鄉下少爺進城	陳梅英著	臺北縣	富春文化事業 公司	5月	25	193	故事
中秋賞月	吳訓儀著	臺北縣	富春文化事業 公司	5月	25	123	兒童詩

書名	作者 （譯者）	出版地	出版社	出版日期	開數	頁數	備註
小燕子南飛──四個親情與成長的寓言故事	林立著	臺北市	文經出版社	5月	25	175	童話
想像的天空	陳璐茜著	臺北縣	博揚文化事業公司	5月	25	123	散文
地球洗澡	渡也著	彰化縣	彰化縣文化局	5月	25	179	兒童詩
皮皮開心液	劉正盛著	彰化縣	彰化縣文化局	5月	25	210	童話
旋轉木馬	文／尹玲 圖／莊孝先	臺北市	三民書局	6月	21.5×24	51	兒童詩
囡仔歌教唱讀本	文／康原 曲／施福珍 圖／王美蓉	臺中市	晨星出版公司	6月	24×18.5	235	兒歌詞曲及賞析
阿德歷險記	游文君等著	臺中市	臺中師範學院語文教育學系	6月	26×19	355	童話、兒歌
標點符號歷險記	周姚萍著	臺北市	小魯文化事業公司	6月	25	200	童話
少年阿扁	吳燈山著	臺北縣	文經出版社	6月	25	175	傳記
今天不做乖兒子	洪中周著	臺北縣	富春文化事業公司	6月	25	214	小說
先跟你們說再見	文圖／林小杯	臺北市	財團法人毛毛蟲兒童哲學基金會	6月	20.5×29	40	圖畫書
月光溜冰場	文圖／林小杯	臺北市	財團法人毛毛蟲兒童哲學基金會	6月	20.5×29	38	圖畫書
再見小壁虎	鄭栗兒著	臺北市	漢藝色研文化事業公司	6月	32	167	童話
愛麗絲的童年	陳念萱著	臺北市	漢藝色研文化事業公司	6月	25	221	故事

書名	作者 （譯者）	出版地	出版社	出版 日期	開數	頁數	備註
聽趙樹海說的書——父子篇	趙樹海著	臺北市	水晶圖書公司	6月	15×19.5	190	散文
南極企鵝與我的對話	韓以茜著	臺北市	大塊文化出版公司	6月	15×20	175	小說
小巧的志願	文圖／黛綠	臺北市	國語日報社	6月	19.5×26.5	40	圖畫書
不會騎掃把的小巫婆	文圖／郭桂玲	臺北市	國語日報社	6月	20.5×29	32	圖畫書
三年五班，真糗！	洪志明著	臺北市	小魯文化事業公司	6月	25	171	小說
妙妙蟲兒ㄅㄆㄇ	文／謝武彰圖／吳知娟	臺北市	國語日報社	6月	21×30	74	兒歌
有老鼠牌鉛筆嗎？	張之路著	臺北市	民生報社	6月	25	235	小說
二〇九九	侯維玲著	臺北市	九歌出版社	7月	25	160	小說
期待	林音因著	臺北市	九歌出版社	7月	25	196	小說
南昌大街	王文華著	臺北市	九歌出版社	7月	25	162	小說
蘭花緣	鄒敦伶著	臺北市	九歌出版社	7月	25	151	小說
口水龍	管家琪著	臺北市	民生報社	7月	20.5×17.5	170	童話（再版）
樹靈・塔	李潼著	臺北市	幼獅文化事業公司	7月	25	191	小說
空中飛人——喬丹	管家琪著	臺北市	文經出版社	7月	25	158	傳記
兔子比一比	賴曉珍著	臺北市	民生報社	7月	25	178	童話
大聲公	李潼著	臺北市	民生報社	7月	5×21	170	小說（再版）
大蜥蜴	李潼著	臺北市	民生報社	7月	15×21	213	小說（再版）

書名	作者 （譯者）	出版地	出版社	出版 日期	開數	頁數	備註
奇妙的旅行袋	謝武彰著	臺北市	民生報社	7月	25	160	散文 （再版）
哈囉！巴布	文／王蘭 圖／張哲銘	臺北市	糖果樹文化事業公司	7月	21.3×29.7	26	圖畫書
淘氣的比利	文／王蘭 圖／張哲銘	臺北市	糖果樹文化事業公司	7月	21.3×29.7	26	圖畫書
我的妹妹是跟屁蟲	文圖／王秋香	臺北市	信誼基金出版社	8月	20.8×15.5	34	圖畫書
大家來說繞口令	顏福南著	臺北市	文經出版社	8月	15×21	159	兒歌
淡藍氣泡	廖玉蕙著	臺北市	幼獅文化事業公司	8月	25	225	小說
小耳	林玫伶等著	臺北市	行政院文化建設委員會	8月	16	294	童話 （上中下共三冊） （臺灣省第十三屆兒童文學獎）
走進弟弟山	林芳萍著	臺北市	民生報社	8月	25	154	散文
等待紅姑娘	陳素宜著	臺北縣	富春文化事業公司	8月	15×21	150	小說
散步的小樹	徐魯著	臺北市	民生報社	8月	15×21	240	兒童詩
失眠的驢子	管家琪著	臺北市	幼獅文化事業公司	8月	25	194	童話
信巴士	周銳著	臺北市	國語日報社	9月	15×21	221	童話
紡紗女	管家琪著	臺北市	幼獅文化事業公司	9月	15×21	178	寓言

書名	作者（譯者）	出版地	出版社	出版日期	開數	頁數	備註
我是西瓜爸爸	文／蕭蕭 圖／施政廷	臺北市	三民書局	9月	21.5×24	49	兒童詩
希望的翅膀	文／郝廣才 圖／陳盈帆	臺北市	格林文化事業公司	9月	21.8×29.5	28	圖畫書
柴山新猴王	文／張友漁 圖／陳學建	臺北市	文經出版社	9月	15×21	190	童話
兒童文學創作選集21之一　散文	黃登漢編	桃園縣	桃園縣政府	9月	12×21	96	散文
兒童文學創作選集21之二　童話	黃登漢編	桃園縣	桃園縣政府	9月	12×21	120	童話
兒童文學創作選集21之三　童詩兒歌	黃登漢編	桃園縣	桃園縣政府	9月	12×21	48	兒童詩歌
阿奇的世界	陳璐茜著	臺北市	民生報社	9月	20.5×17.5	241	童話
當東方故事遇到西方童話	管家琪著	臺北市	幼獅文化事業公司	10月	15×21	169	故事
小元的夢想	羅文華等著	臺北市	臺北市立師範學院語文教育學系	10月	15×21	382	兒童詩歌
年輕的馴獸師	劉姿麟等著	臺北市	臺北市立師範學院語文教育學系	10月	15×21	336	兒童故事、寓言
兔小弟遊臺灣	文／林良 圖／仉桂芳	臺北市	國語日報社	10月	19×26	109	兒童詩
感覺的盒子	桂文亞著	臺北市	民生報社	10月	15×21	196	散文
森林裡的老精靈	黃登漢著	臺北縣	富春文化事業公司	10月	15×21	156	童話

書名	作者（譯者）	出版地	出版社	出版日期	開數	頁數	備註
阿貴不要說髒話	春水堂科技娛樂公司	臺北市	平安文化公司	10月	17×19	191	故事
科學頑童——費曼	管家琪著	臺北市	文經出版社	10月	15×21	157	傳記
新生兒童精選	臺灣新生報出版部輯	臺北市	臺灣新生報出版部	10月	15×21	199	綜合
愛麗絲的天使	陳念萱著	臺北縣	漢藝色研文化事業公司	11月	15×21	125	故事
九色鹿——敦煌神話故事	俞金鳳著	臺北市	富春文化事業公司	11月	15×21	153	故事
擁抱	文圖／莊永佳	臺北市	國語日報社	11月	26×26	27	圖畫書
婆婆與小黑兔	文圖／安致林	臺北市	信誼基金出版社	11月	21×20	23	圖畫書
嶄新的一天	陳志賢	臺北市	誠品公司	11月	28.5×12	18	圖畫書
國王生病了	文／楊英蓉 圖／柯廷霖	臺北市	信誼基金出版社	11月	21×20	23	圖畫書
迷路的小孩	金波著	臺北市	民生報社	11月	15×21	176	兒童詩
森林快逃	文／李赫 圖／繆慧雯	臺北縣	狗狗圖書公司	11月	22×29	33	圖畫書
其實並沒有風吹過	金波著	臺北市	民生報社	11月	15×21	215	兒童詩
說吧！香格里拉——雲南迪慶高原探奇	桂文亞主編	臺北市	民生報社	11月	15×21	191	散文
再來一碗青稞酒	文、攝影／桂文亞 詩／徐魯	臺北市	民生報社	11月	15×21	136	散文、兒童詩

書名	作者 （譯者）	出版地	出版社	出版 日期	開數	頁數	備註
帶路雞狂想曲	文／張友漁 圖／陳學建	臺北市	文經出版社	11月	15×21	191	童話
臺灣民間故事	陳千武著	臺北縣	富春文化事業 公司	11月	15×21	239	故事 （再版）
青春跌入迷宮	林峻楓著	臺北縣	富春文化事業 公司	12月	15×21	148	小說
龍王公主	陳瑋君著	臺北市	國際少年村	12月	15×21	173	故事
白娘子	陳瑋君著	臺北市	國際少年村	12月	15×21	173	故事
桃花西施	陳瑋君著	臺北市	國際少年村	12月	15×21	157	故事
親愛的綠	王淑芬著	臺北市	小魯文化事業 公司	12月	15×21	203	小說
葫蘆貓	杜白著	臺北市	幼獅文化事業 公司	12月	15×21	265	散文
愛的風鈴——臺 灣（2000年）兒 歌一百	林文寶、嚴 淑女主編	臺北市	行政院文化建 設委員會	12月	15×21	103	兒歌
崑崙殤	畢淑敏著	臺北市	民生報社	12月	15×21	204	小說
銀猴之爪	葛冰著	臺北市	民生報社	12月	15×21	195	小說
疙瘩老娘	葛冰著	臺北市	民生報社	12月	15×21	173	小說
血色珊瑚	葛冰著	臺北市	民生報社	12月	15×21	169	小說
大腳婆	葛冰著	臺北市	民生報社	12月	15×21	165	小說
伴我成長	葉偉廉著	臺南縣	臺南縣文化局	12月	15×21	274	散文
兩個好朋友	楊寶山著	臺南縣	臺南縣文化局	12月	15×21	274	童話
愛的推銷員	陳義男著	臺南縣	臺南縣文化局	12月	15×21	200	兒童詩
遠足	李益維著	臺南縣	臺南縣文化局	12月	15×21	253	兒童詩
聖誕紅開	吳訓儀著	臺北縣	富春文化事業 公司	12月	15×21	148	小說

二〇〇〇年兒童文學翻譯書目

書名	作者 （譯者）	出版地	出版社	出版 日期	文類	頁數	備註
一百個國王	原田宗典／ 三千	臺北市	麥田出版公司 公司	1月	寓言	143	日本
魔術圈	蘇珊娜・塔瑪 洛／倪安宇	臺北市	時報文化出版 公司	1月	小說	121	義大利
遇見詩人艾蜜莉	伊莉莎白・史 派思／游紫玲	臺北市	玉山社出版事 業公司	1月	童話	98	美國
收藏天空的記憶	珮特・布森／ 郭郁君	臺北市	玉山社出版事 業公司	1月	小說	92	美國
撒種人	保羅・佛萊希 曼／李毓昭	臺中市	晨星出版公司	2月	小說	85	美國
看見水鄉的男孩	邁克・杜瑞斯 ／蔡佩宜	臺中市	晨星出版公司	2月	小說	141	美國
產婆的小助手	凱倫・庫什曼 ／姚文雀	臺中市	晨星出版公司	2月	小說	151	美國
老鼠先生	菲力普・德朗 ／林舒瑩	臺北市	高寶國際（集 團）公司	2月	童話	208	法國
湯姆的午夜花園	菲利帕・皮亞 斯／張麗雪	臺北市	台灣東方出版 社	2月	小說	296	美國
魔法莉莉1　大 鬧校園	Knister／ 邱慈貞	臺北市	臺灣新學友書 局公司	2月	童話	109	德國
到處都是豬頭	沙克斯比／ 竇維儀	臺北市	格林文化事業 公司	2月	散文	118	英國
月亮上的沙漠	北村薰／ 蕭照芳	臺北市	中國知的出版 社	2月	小說	138	日本
在山裡等我	佛瑞斯特・卡 特／魏郁如	臺北市	小知堂文化事 業公司	2月	小說	355	美國

書名	作者（譯者）	出版地	出版社	出版日期	文類	頁數	備註
小移民的天空	法蘭西斯哥·希麥內茲／陸篠華	臺北市	台灣東方出版社	2月	小說	171	美國
尋找天使的方法	大成由子／楊雁文	臺北市	中國知的出版社	3月	散文	173	日本
十三個海盜	麥克安迪／李常傳	臺北市	遊目族文化事業公司	3月	童話	341	德國
火車頭大遊行	麥克安迪／李常傳	臺北市	遊目族文化事業公司	3月	童話	325	德國
默默	麥克安迪／李常傳	臺北市	遊目族文化事業公司	3月	童話	333	德國
說不完的故事	麥克安迪／李常傳	臺北市	遊目族文化事業公司	3月	童話	476	德國
莎拉發——跑到法國的長頸鹿	麥可·艾林／諶悠文	臺北市	時報文化出版公司	3月	小說	178	美國
我想要一個家	李察·彌尼特／子鳳	臺北市	維京國際公司	3月	小說	313	美國
風兒不要來	凱倫·海瑟／廖佳華	臺北市	維京國際公司	3月	詩	223	美國
爸爸！讓我們去看世界！	春日幸子	臺北市	國際村文庫書店公司	3月	報導	203	日本
揭開《格林童話》原始全貌1	格林兄弟／李旭	臺北縣	大步文化	3月	古典童話	229	德國
鴨子啄得我滿頭包	提姆·卡希爾／吳竹雯	臺北市	胡桃木文化事業公司	3月	故事	298	美國
小荳荳的希望之旅	黑柳徹子／林順隆	臺北市	國際村文庫書店公司	4月	報導	333	日本
我那特異的奶奶	瑞奇·派克／趙映雪	臺北市	台灣東方出版社	4月	小說	245	美國

書名	作者 （譯者）	出版地	出版社	出版 日期	文類	頁數	備註
小王子	安東尼・聖艾修伯里／李思	臺北市	商流文化事業公司	4月	古典童話	263	法國
珊瑚島	狄奧多爾・泰勒／陸篠華	臺北市	台灣東方出版社	4月	小說	187	美國
格林成人童話1-3	格林兄弟／齊霞飛	臺北市	志文出版社	4月	古典童話	各冊不同	德國
好妻子	L. M.奧爾科特／楊玉娘	臺北市	林鬱文化事業公司	5月	小說	398	美國
印地安人的麂皮靴	莎朗・克里奇／王玲月	臺北市	維京國際公司	5月	小說	279	英國
豬頭——一籮筐	沙克斯比／竇維儀	臺北市	格林文化事業公司	5月	童話	124	英國
嗑藥	Melvin Burgess／連雅慧	臺北市	小魯文化事業公司	5月	小說	330	英國
笑與淚的故事	朱爾斯・菲佛／郭郁君	臺北市	玉山社出版事業公司	5月	童話	172	美國
喬的男孩們	L. M.奧爾科特／楊玉娘	臺北市	林鬱文化事業公司	5月	小說	409	美國
小紳士	L. M.奧爾科特／楊玉娘	臺北市	林鬱文化事業公司	5月	小說	428	美國
顫慄的角落	愛倫坡／趙美惠	臺北市	格林文化事業公司	5月	推理小說	107	美國
地心遊記	儒勒・凡爾納／楊憲益、聞時清	高雄市	宏文館圖書公司	5月	科幻小說	318	法國
小岳的故事	椎名誠／林雅慧	臺北縣	新雨出版社	5月	散文	258	日本

書名	作者（譯者）	出版地	出版社	出版日期	文類	頁數	備註
莉拉說……	西莫／王嘉文	臺北市	皇冠文化出版公司	5月	小說	230	法國
一千零一夜（十冊）	李唯中	臺北市	遠流出版事業公司	6月	古典童話	各冊不同（約400）	阿拉伯
哈利波特——神秘的魔法石	J.K.羅琳／彭倩文	臺北市	皇冠文化出版公司	6月	小說	316	英國
孤苦無依的大野狼與七隻小羊	小澤昭巳／黃慧娟	臺北市	尼羅河書房	6月	童話	60	日本
猴子娶新娘	小澤昭巳／黃慧娟	臺北市	尼羅河書房	6月	戲劇	62	日本
不會飛的螢火蟲	小澤昭巳／黃慧娟	臺北市	尼羅河書房	6月	童話	49	日本
少年桑奇之愛	阿莫思·歐茲／林敏雅	臺北市	玉山社出版事業公司	6月	小說	126	以色列
藍色的毛毯——世界短篇小說傑作選	吳榮斌編	臺北市	文經出版社	6月	小說	223	各國
海豚的樂音	凱倫·海瑟／林靜慧	臺北市	維京國際公司	6月	小說	203	美國
初版格林童話精華篇	格林兄弟／劉子倩、許嘉祥	臺北市	旗品文化出版社	6月	古典童話	252	德國
初版格林童話集1	格林兄弟／許嘉祥	臺北市	旗品文化出版社	6月	古典童話	190	德國
初版格林童話集2	格林兄弟／劉子倩	臺北市	旗品文化出版社	7月	古典童話	186	德國

書名	作者（譯者）	出版地	出版社	出版日期	文類	頁數	備註
地板下的舊懷錶	姬特・皮爾森／鄒嘉容	臺北市	台灣東方出版社	7月	小說	270	加拿大
政治正確童話	詹姆士・芬・加納／蔡佩宜・晨星編譯	臺中市	晨星出版公司	7月	童話	136	美國
小王子	聖・修伯里／劉學真譯	臺北市	驛站文化事業公司	7月	古典童話	150	法國
燃燒的天使	海普林／陳郁馨	臺北市	格林文化事業公司	7月	小說	98	美國
新伊索寓言	Olivia & Robert Temple／黃美惠	臺北市	聯經出版事業公司	7月	古典童話	377	希臘
古堡中的小精靈	奧飛・普思樂／徐潔	臺北市	玉山社出版事業公司	7月	童話	120	德國
鬥魚	蘇西・辛頓	臺北市	麥田出版公司	7月	小說	159	美國
揭開《格林童話》原始全貌2	格林兄弟／王在琦	臺北縣	大步文化	7月	古典童話	243	德國
不可思議的樹果	岡田淳／黃瓊仙	臺北縣	豐鶴文化出版社	8月	童話	193	日本
教海鷗飛行的貓	路易斯・賽普維達／湯世鑄	臺中市	晨星出版社	8月	小說	159	法國
喵喵喵	蘇珊・逢薄格・薛／曾秀玲	臺北市	旗品文化出版社	8月	小說	178	美國
爸爸沒殺人	尚一路易・傅尼／吳美慧	臺北市	遠見天下文化出版公司	8月	散文	166	法國

書名	作者（譯者）	出版地	出版社	出版日期	文類	頁數	備註
Crazy	班雅明‧雷貝特／陳懷明、洪翠娥	臺北市	皇冠文化出版公司	8月	小說	239	德國
親愛的卡塔娜	凱瑟琳‧溫特／鄭文琦	臺北市	維京國際公司	9月	小說	333	美國
收費橋	艾登‧錢伯斯／林美珠	臺北市	小知堂文化事業公司	9月	小說	318	英國
浴火重生的女孩	安蒂雅‧艾許渥斯／謬靜玫	臺北市	新苗文化事業公司	9月	小說	370	英國
好小子貝尼特	艾倫曼‧萊特曼／王道還	臺北市	允晨文化實業公司	9月	小說	235	美國
許我一個家	姬特‧皮爾森／陸篠華	臺北市	台灣東方出版社	9月	小說	334	加拿大
回家的路	貝茲‧拜阿爾絲斯／馬祥來	臺北市	台灣東方出版社	9月	小說	199	美國
黑夜魔女的秘密	岡田淳／黃瓊仙	臺北縣	風鶴文化出版社	9月	童話	190	日本
有錢人不死的地方	以撒辛格／吳佩珊	臺北市	遊目族文化事業公司	9月	故事	340	波蘭
屋頂上的小孩	奧黛麗‧克倫畢斯／劉清彥	臺北市	三之三文化事業公司	9月	小說	255	美國
網路情人夢	凱蒂‧塔巴斯／岳景梅、黃雅蓓	臺北市	財團法人基督教宇宙光全人關懷機構	9月	小說	246	美國
愛麗絲漫遊奇境	路易斯‧凱洛／趙元任	臺北市	經典傳訊文化公司	9月	古典童話	208	英國
揭開《格林童話》原始全貌3	格林兄弟／李萍	臺北縣	大步文化	9月	古典童話	187	德國

書名	作者（譯者）	出版地	出版社	出版日期	文類	頁數	備註
初版格林童話集3	格林兄弟／劉子倩	臺北市	旗品文化出版社	9月	古典童話	154	德國
初版格林童話集4	格林兄弟／許嘉祥	臺北市	旗品文化出版社	9月	古典童話	166	德國
慈母與我	克勞德布賈荷諾／周明佳	臺北市	高寶國際公司	10月	小說	205	法國
眾神寵愛的天才	王爾德／劉清彥	臺北市	格林文化事業公司	10月	古典童話	204	愛爾蘭
格林童話全集（青蛙王子等1-8集）	格林兄弟／楊武能、楊悅	臺北市	國際少年村	10月	古典童話	各冊不一（約165）	德國
大魚老爸	丹尼・華勒斯／余國芳	臺北市	皇冠文化出版公司	10月	小說	223	美國
伊索寓言	伊索／張莉莉	臺北市	格林文化事業公司	10月	寓言	159	希臘
把愛說出來	瓊安・艾伯羅芙／范文莉	臺北市	維京國際公司	10月	小說	194	美國
昆蟲詩人	文／法布爾 圖／梅洛英琳 譯／張瑞麟	臺北市	格林文化事業公司	10月	傳記	133	法國
王爾德的故事集	王爾德／萬發龍	臺北縣	大步文化	10月	古典童話	106	愛爾蘭
小王子	聖修伯里／莫渝	臺北市	桂冠圖書公司	11月	古典童話	182	法國
肉體的惡魔	雷蒙・哈狄格／蔡孟貞	臺北市	小知堂文化事業公司	11月	小說	207	法國

書名	作者（譯者）	出版地	出版社	出版日期	文類	頁數	備註
雙面少年	柯耶茲／小知堂文化	臺北市	小知堂文化事業公司	11月	小說	222	英國
謎宮傳奇	喬治夏濃／彭倩文	臺北市	格林文化事業公司	11月	小說	167	美國
動物大會	埃里希・凱斯特納／金洪良	臺北縣	國際少年村	11月	童話	110	德國
花粉的房間	愁・葉霓／余健慈	臺北市	經典傳訊文化公司	11月	小說	206	瑞士
瑪莎的秘密筆記	蘇珊・伯恩／盧玉	臺北市	皇冠文化出版公司	11月	小說	255	美國
小王子	安瑞・聖德士修百里／馬森	臺北縣	聯合文學出版社	11月	古典童話	172	法國
愛，要不要靈魂──生命中最大的交易	王爾德／劉清彥	臺北市	格林文化事業公司	11月	古典童話	107	愛爾蘭
揭開《格林童話》原始全貌4	格林兄弟／向秋	臺北縣	大步文化	11月	古典童話	173	德國
鳥巢之歌	鈴木守／姚巧梅	臺北市	玉山社出版事業公司	12月	詩	40	日本
矢玉四郎爆笑故事集1-6	矢玉四郎／周姚萍	臺北市	小魯文化事業公司	12月	故事	各冊不同（約80）	日本
往上跌了一跤	謝爾・希爾弗斯坦／鄭小芸	臺北市	玉山社出版事業公司	12月	詩	179	美國
雪從遠遠的天上來	布赫茲、薛弗勒、許若德兒、比奈爾／張莉莉	臺北市	格林文化事業公司	12月	散文	無頁碼	德國

書名	作者 （譯者）	出版地	出版社	出版 日期	文類	頁數	備註
魔法灰姑娘	蓋兒・卡森・樂文／趙永芬	臺北市	小魯文化事業公司	12月	小說	293	美國
小王子	安東尼奧・聖修伯里	臺北縣	華文網公司第六出版事業部・集思書城	12月	古典童話	178	法國
哈利波特──消失的密室	J. K. 羅琳／彭倩文	臺北市	皇冠文化出版公司	12月	小說	396	英國
慢半拍的小鵝	漢娜・約翰森／王曉曉	臺北市	玉山社出版事業公司	12月	小說	107	德國
光草・牆上的異想世界	羅伯托・皮烏米尼／呂金枝	臺北市	旗品文化出版社	12月	小說	124	義大利
夢幻火焰──煉金術與現代科學的分水嶺	珍妮特・葛里森／莊安祺	臺北市	時報文化出版公司	12月	故事	234	英國

（臺東師院兒童讀物研究中心整理）

二〇〇一年臺灣兒童文學論述、創作及翻譯書目並序

一　前言

　　隨著四月「第一屆臺灣兒童人權高峰會」的召開，藉由聆聽來自全國各地兒童的心聲，喚起國人對兒童成長環境的重視；讓兒童討論自己關心的議題、了解兒童人權之意義，進而以與會之兒童代表作為回到校園推動兒權意識之兒童大使，推展保護兒童人權之運動的開始，足見與「兒童」相關的議題，在二○○一年受到極大的重視。

　　文建會將千禧年訂為「兒童閱讀年」，教育部也致力推廣「兒童閱讀運動」。二○○一年延續兒童閱讀運動，將四月一日至四月八日訂為「全國兒童閱讀週」。相關的兒童讀書會種子教師培訓活動、如何帶領讀書會、啟發兒童閱讀興趣、如何挑選兒童讀物和閱讀與教學等各項活動，都可以從二○○一年蓬勃的出版、活動、相關研討會及整合兒童閱讀相關資源，提供民眾及師生為了便捷兒童閱讀資訊的「兒童閱讀網站」的成立中，得知「兒童閱讀」所受到的矚目。

　　二○○一年也是臺灣兒童文學界回歸到本土的開始。為鼓勵臺灣插畫創作者以「臺灣」為主體，創作兒童圖畫書所舉辦的「國際兒童圖畫書原畫展」（1月7日至2月15日），藉由與國外的兒童圖畫書插畫作品與國內畫作交流展出，為臺灣插畫藝術活動邁向國際化鋪路。而以本土為題材的「臺灣兒童圖畫書」系列也顯示出臺灣本土畫家的畫作，確實能展現本土文化的內涵。

　　以下將針對出版、活動、教學與研究等方面來整理二○○一年兒童文學的創作與活動，並陳述臺灣兒童文學發展的現象。

二　出版

　　首批「臺灣兒童圖畫書」的出現顯示二○○一年臺灣的出版趨向

本土化、地區化的現象。而小太陽獎中的得獎作品也與臺灣本土的原住民、山川和環境息息相關。此外，配合推動兒童閱讀、親子共讀，相關的出版書籍也呈現相當活絡的景象。在專屬兒童閱讀的報紙上，今年出現漢聲《小百科ㄅㄠ報》及《國小兒童報》為兒童報紙提供更多樣的選擇。

在兒童文學獎上，除了國際性波隆那插畫展獲得相當耀眼的成績之外，國內許多文學獎也開始增設「兒童文學類」獎項，使得臺灣兒童文學在高度重視下，呈現蓬勃發展的趨勢。今年兩大報的年度好書獎，除了評審挑選出來的年度好書之外，開卷周報與中時藝文村首度合辦的「網路版開卷十大好書」，開放網路讀者票選的網路版年度好書，總計累積票數八萬三千多票，自一七四本入圍書中，分別選出「中文創作類」、「翻譯類」、「最佳童書及青少年圖書」三種獎項的年度十大好書。可以比較出市場反應與專業評審制度的差異。兩大報的年度好書獎如下：

《中國時報》二○○一年開卷好書獎

最佳青少年圖書

書名	作者（譯者）	出版者
安妮・強的烈焰青春	牙買加・金凱德著；何穎怡譯	女書文化出版公司
但願我不是一隻小鳥	莉塔・古金斯基著；林敏雅譯	玉山社出版公司
當石頭還是鳥的時候	瑪麗亞蕾娜・蘭著；林素蘭譯	玉山社出版公司
綁架之旅	角田光代著；許嘉祥譯	旗品文化出版社
與野生動物共舞	裴家騏著	幼獅文化事業公司

最佳童書

書名	作者（譯者）	出版者
0到10的情書	蘇西・摩根斯特恩著；呂淑蓉譯	台灣東方出版社
一位溫柔善良有錢的太太和她的100隻狗	李瑾倫文、圖	和英出版社
貝克的紐約	凱西・傑考布森	遠流出版事業公司
我爸爸	安東尼・布朗文、圖；黃鈺瑜譯	格林文化事業公司
狐狸孵蛋	孫晴峰文；龐雅文圖	格林文化事業公司
威斯利王國	保羅・弗萊舒門文；凱文・霍克斯圖；柯倩華譯	和英出版社
給我一件新衣服	菲德莉・貝特朗文、圖；孫千淨譯	格林文化事業公司

《聯合報》二○○一年最佳童書獎

繪本類

書名	作者（譯者）	出版者
叔公忘記了	班・薛克特文、圖；呂俐安譯	遠流出版事業公司
臺灣森林共和國	郭城孟文；陳一銘、鍾燕貞圖	遠流出版事業公司
在微笑的森林裡吹風	米雅文、圖	人光出版社
家族相簿	席薇亞・戴娜、提娜・克莉格文；烏麗可・柏楊圖；洪翠娥譯	和英出版社
射日	賴馬文、圖	青林國際出版公司

讀物類

書名	作者（譯者）	出版者
我家開戲院	林玫伶著；曹俊彥圖	民生報社
我不再沉默	羅瑞・霍爾司・安德森著；陳塵、胡文玲譯	維京國際公司
愛上博物館	桂雅文著、攝影	幼獅文化事業公司
有男生愛女生	毛治平著；徐建國圖	小兵出版社
光草	羅伯托・皮烏米尼著；呂金枝譯	旗品文化出版社

中時二〇〇一網路版開卷十大好書獎——最佳童書類

書名	作者（譯者）	出版者
公主的月亮	詹姆斯・桑伯文；馬克・西蒙德圖；劉清彥譯	和英出版社
小鯨魚要回家	伊莉莎白・伯瑞斯福文；蘇珊・菲爾德圖；彭尊聖譯	巨河文化公司
我爸爸	安東尼・布朗文、圖；黃鈺瑜譯	格林文化事業公司
叔公忘記了	班・薛克特文、圖；呂俐安譯	遠流出版事業公司
牛奶盒上的那張照片	卡洛琳・庫妮著；盧娜譯	新苗文化公司
來自戰地的男孩	柏納德・艾許著；史錫蓉譯	新苗文化公司
狐狸孵蛋	孫晴峰文；龐雅文圖	格林文化事業公司
家族相簿	席薇亞・戴娜、提娜・克莉格文；烏麗可・柏楊圖；洪翠娥譯	和英出版社
魔奇魔奇樹	齋藤隆介文；平二郎圖；林真美譯	和英出版社
給我一件新衣服	菲德莉・貝特朗文、圖；孫千淨譯	格林文化事業公司

（一）新書發表會

1 潘人木兒歌創作新書發表會

由民生報少年兒童組主辦，六月十六日下午二時至四時，地點為聯合報系第二大樓九樓第一會議室。

除了潘人木新書發表，會中特邀林良、馬景賢及林文寶共同研討潘人木兒歌作品的創作特色、內容及表現形式等議題。

2 「臺灣兒童圖畫書」系列新書發表會

行政院文建會策劃的系列「臺灣兒童圖畫書」十本，分別是蘇振明、陳敏捷合著的《三角湧的梅樹阿公》、賴馬《射日》、劉伯樂《奉茶》、《一放雞・二放鴨》、《大頭仔生後生》、《勇士爸爸去搶孤》、《美術館裡的小麻雀》、《白鷺鷥的好朋友》、《小月月的蹦蹦跳跳課》、《走，去迪化街買年貨》等。以本土為題材的兒童圖畫書不僅文字深淺要拿捏得宜，還要趣味、生動、耐看、有本土文化內涵。負責出版的青林出版公司將透過全省各地的兒童、親子、班級讀書會，推廣圖畫書閱讀活動，並且設計超大開本的「大書」，方便教師或讀書會帶領人運用大書帶領小朋友討論及分享。

3 《周伯陽全集》新書發表會

十一月二十六日由新竹市文化局舉行二〇〇一竹塹文學獎頒獎典禮暨《周伯陽全集》新書發表會，另邀市立兒童合唱團、舞苓舞集，重新詮釋周伯陽和其他音樂人合弦、共鳴的經典兒歌代表作。《周伯陽全集》由新竹縣峨眉國小教師吳聲淼，深入採集這名本土兒歌創作者一生多采多姿的創作園地。全書共分成周伯陽的日文詩歌集（一）（二）、中文詩集兒童歌曲集、劇本集、兒童故事集六冊。並出

版吳聲淼老師撰寫之「周伯陽與兒童文學」研究論文。

（二）全球最暢銷的童書《哈利波特》拍成電影，奇幻文學（Fantasy）引起重視

去年英國女作家羅琳創作的《哈利波特》系列，在全球引起銷售熱潮。今年這股熱潮隨著《哈利波特──神秘的魔法石》電影的上映，引發奇幻文學（Fantasy）的再度受到重視。其中托爾金的《魔戒》三部曲，也因電影上映引發閱讀熱潮。

（三）閱讀相關書籍出版熱絡

隨著兒童閱讀的受到重視，出版社也因應市場的需求，出版如何經營讀書會、兒童閱讀活動等相關書籍。如：《打造兒童閱讀環境》、《說來聽聽──兒童、閱讀與討論》、《閱讀生機》、《從聽故事到閱讀》、《教孩子輕鬆閱讀》、《閱讀的十個幸福》、《親子閱讀指導手冊》、《青少年讀書會 DIY》、《終生學習就從兒童閱讀開始──九十年度全國兒童閱讀週專輯》、《小小愛書人》、《歡喜閱讀》、《打開親子共讀的一扇窗》、《和小朋友玩閱讀遊戲》、《踏出閱讀的第一步》等書。

（四）各縣市文化局收錄兒童文學作家作品

各縣市文化局出版作家作品集，都會收錄兒童文學作家作品。如《礦溪文學第九輯──彰化縣作家作品集》中收錄兒童故事：巫仁和的《三個怪醫生》。臺南縣文化局的南瀛作家作品集──楊寶山的《兩個好朋友》及《我的學生鄭吉祥》。

（五）資策會資訊科學展示中心出版八本電腦圖畫書

「孩子的第一套電腦圖畫書」系列叢書，由資策會資訊科學展示

中心出版，結合管家琪等國內知名兒童文學家及插畫家共同創作，是一套突破性的幼兒電腦繪本教材，讓「想像」和「電腦」做朋友，讓「創作」和「生活」結合的作品。

八本分別為《安安的生日禮物》、《打開！快打開！》、《尋找小白》、《小強跑進電腦裡》、《小偉的滑鼠》、《愛的電子信》、《喇叭的故事》、《我看見我的夢》。

（六）兒童文學獎

臺灣兒童文學獎逐漸受到重視，除了原有獎項之外，可以從今年許多文學獎都增設兒童文學獎項目看出來。同時最促進創作者與評審、讀者的距離及交流的機會，許多獎項並藉由頒獎典禮，同時舉行學術研討會、新書發表會或座談會。

1 波隆那兒童插畫獎

二○○一年波隆那國際兒童書展四月四日至七日起在義大利波隆那展出，國內六位插畫家的作品，經大會評選為佳作，分別是：王家珠（《星星王子》，格林文化出版）、張又然（《阿里山的櫻花》，格林文化出版）、龐雅文（《小狗阿疤》，格林文化出版）、閔玉貞（《青春之泉》，九童國際文化出版）、吳月娥和王美玲（《大比爾和小比利》，九童國際文化出版）。這也是我國童書出版界，在這項世界性展覽裡成績最好的一次。

波隆那國際兒童書展在國際童書出版界頗富盛名，今年是第三十六屆，國內的出版商從八年前開始參與，年年都有令人刮目相看的成績。中華民國臺灣館今年共有十五家出版業共襄盛舉，包括格林文化出版社、國語日報社、信誼基金會、親親文化等。

2 第九屆陳國政兒童文學獎揭曉

由台灣英文雜誌社和中華民國兒童文學學會主辦的「第九屆陳國政兒童文學獎」，經過縝密的評審過程，得獎名單揭曉，頒獎典禮訂於二○○一年十一月二十四日舉行。

圖畫故事類，首獎：曹瑞芝《好癢！好癢！》。優選獎：陳思穎《我有兩隻腳》。佳作獎：黃文玉《小小花豹阿不達》。新人獎：張富容《黏不住的大紅鞋》。

兒童散文類，首獎：鄭宗弦《阿公的紅龜店》。優選獎：嚴淑女《睫毛上的彩虹》。佳作獎：林淑芬《大榕樹小麵攤》。新人獎：洪雅齡《下雨囉》。

3 第十四屆中華兒童文學獎由插畫家仉桂芳獲得

第十四屆「中華兒童文學套」得獎名單揭曉，本獎是由財團法人彥棻文教基金會、中華民國兒童文學學會聯合辦主，贈獎典禮訂於二○○一年十一月二十四日舉行。本屆以美術類為受理對象，由插畫家仉桂芳女士獲得，得獎作品為：《媽媽心‧媽媽樹》、《漁港的小孩》、《兔小弟遊臺灣》、《HOPE 希望》、《夢想的翅膀》、《彼得與狼》。

4 臺灣省第十四屆兒童文學創作獎揭曉，共二十三人獲獎

由文建會中部辦公室主辦，臺中圖書館承辦的「臺灣省第十四屆兒童文學創作獎」在三月二十四日得獎名單揭曉：

首獎：陳昇群〈名字離家〉。優等獎：薛恭貴〈出地球記〉、劉丁財〈發現寶格2001〉。佳作：夏婉雲〈通關密語〉、吳常青〈不可能的盒子〉、陳景聰〈小天使學壞記〉。入選：辜輝龍〈書蟲與瞌睡蟲〉、呂玫芳〈梅花爺爺〉、鄭丞鈞〈白頭翁與木棉樹〉、鄒敦伶〈叮咚，咚

叮，叮叮咚與叮叮咚咚〉、何如雲〈時間醫師〉、洪志明〈美麗的倒影，是誰的？〉、林德姮〈返老還童〉、廖炳焜〈我好想吃山葡萄〉、呂紹澄〈妳決定了嗎？〉、陳佩萱〈鶴舞大賽〉、陳啟隆〈小青蛙大將軍〉、林淑芬〈維納斯與觀音〉、張雲晴〈維多變成魚〉、洪子薇〈貓頭鷹茶凍〉、謝明芳〈巫婆的掃把〉、張惠喬〈旋轉木馬的心事〉、范富玲〈可樂海的秘密〉。

5 第九屆「現代兒童文學獎」頒獎

由九歌文教基金會主辦，文建會贊助的「現代兒童文學獎」，於五月二日公布名單並舉行頒獎典禮。得獎者共有八位，鄭宗弦作《媽祖回娘家》獲行政院文化建設委員會特別獎，第二名：馮傑《少年放蜂記》、第三名：王晶《超級小偵探》。佳作五名：陳貴美《送奶奶回家》、林音因《藍天使》、王文華《再見，大橋再見》，臧保琦《河水，流啊流》、陳肇宜《我們的山》。

6 第十三屆信誼幼兒文學獎

信誼幼兒文學獎成立於一九八八年，為國內首創針對幼兒而設立的獎項，積極獎勵本土幼兒文學創作及培育幼兒文學創作人才，徵稿作品經由初選後選出圖畫書創作類十二件，文字創作類九件，讓入圍者參與「圖畫書創作充電營」修改後再進行決選。由於研究顯示零至三歲是兒童親近閱讀的良好時機，因此本屆徵獎辦法特別在年齡層上做一個區隔，分為適合零至三歲及三至八歲幼兒的圖畫書作品，期望帶動零至三歲幼兒閱讀的風氣。

為了推廣零到三歲的幼兒文學創作，在本屆信誼幼兒文學獎頒獎典禮期間，舉行三場「零至三歲幼兒圖畫書」學術討論會，提出當前專業的教育理論做後援，加強早期建立幼兒閱讀的觀念。

去年以《想念》獲得評審委員推薦獎的繪本新秀陳致元，以《小魚散步》獲圖畫書創作首獎。去年獲圖畫書創作佳作獎的顏薏芬，以《短頭髮》再獲佳作獎，文字創作獎首獎從缺，孫藝泉《海豬》、林淑珍《美妙的聲音》獲佳作獎。

7 第四屆「用愛彌補」兒童文學獎揭曉

羅慧夫基金會為了推廣「喜歡自己‧也喜歡不一樣的朋友」的理念，特別舉辦「用愛彌補」兒童文學獎，此活動得到中美和文教基金會與裕隆汽車社福基金會贊助，並計畫將獲得金獎及銀獎的作品編印成冊，且在基金會網站呈現。臺北市康寧國小三年級李宗澤以《小象德德》獲得第一名金獎，這項作品充分表現「樂觀開朗的態度，面對他必須自己獨立面對的問題」的理念。榮獲第二名銀獎的臺北市士林國小五年級張允，作品為《紅果樹又紅了》「珍貴的友誼比雄壯威武的犄角來得寶貴」。

8 第四屆「國語日報兒童文學牧笛獎」揭曉

第四屆國語日報牧笛獎圖畫書組得獎人是：蔡兆倫〈我睡不著〉、莊河源〈動物節快樂〉、余麗婷〈家有怪物〉、童嘉瑩〈像花一樣甜〉、馮治玤〈仔仔的撲滿豬〉、謝佳玲〈月亮別追我〉；童話故事組得獎人是：王文華〈我不是小鬼〉、林哲璋〈喜歡高空彈跳的微笑蜘蛛〉、賴曉珍〈幸運的小布〉、周銳〈Ｂ我消滅Ａ我〉、王素涼〈龜兔新傳〉、許榮哲〈讓人幸運的蟾蜍〉、林瓊芬〈屋頂上的紅巫婆〉、陳沛慈〈觔斗雲找工作〉。

贈獎典禮，由臺北市東門國小周彤和臺北縣秀山國小的華浩翔合作，串聯十四本得獎作品演出的一段小短劇，為典禮帶來活潑的氣氛。另外，國語日報出版中心舉辦了牧笛獎新書發表會，讓作者和讀者分享閱讀與創作的感動。

9 獻給新世紀兒童的童詩童話海峽兩岸聯合徵文

為了促進兩岸文化交流而舉辦的「獻給新世紀兒童的童詩童話」兩岸徵文活動，是由國語日報、上海少年報、行政院文建會、金車教育基金會主辦，臺東師院兒童文學研究所協辦。臺灣地區收件六八○篇，大陸收件八二○篇，從中選出十六位得獎者。從這次聯合徵文中發現了不少兒童文學的新人，對促進兩岸兒童文學的發展有積極的推動作用。兩岸作家對童心、對仁愛、對環保都表現出強烈關注。頒獎典禮二○○一年十二月二十二日，在《國語日報》及《上海少年報》同步舉行，並同時舉辦「海峽兩岸童詩童話創作比較座談會」。

得獎作品如下，童詩組：臺灣地區——特優：顏肇基〈野薑花的婚禮〉。優選：沈秋蘭〈夜裡的海〉。佳作：黃子恩〈午休〉、陳昇群〈想念〉。大陸地區——特優：張興武〈編輯地球〉。優選：王宜振〈春天的歌〉。佳作：呂麗娜〈蘑菇學校〉、虞運來〈雨刷子〉。

童話組：臺灣地區——特優：林哲璋〈快樂的麻繩〉。優選：白淑菁〈大青石圓夢記〉。佳作：吳燈山〈靈石記〉、林峻堅〈一二三稻草人〉。大陸地區——特優：楊紅櫻〈最好聽的聲音〉。優選：羅潔〈北極熊的禮物〉。佳作：閔小伶〈不老的戚美麗〉、常星兒〈打扮成男孩的小野兔〉。

10 「新竹縣吳濁流文藝獎」增設兒童文學獎

二○○一年「新竹縣吳濁流文藝獎」在徵文類別上由原有的小說、散文、現代詩，增加兒童文學項目。首獎由蘇麗瑜〈變貓記〉獲得。貳獎：王素琴〈胖胖鼠〉。參獎：范富玲〈土地婆婆不在家〉。佳作共三名，楊隆吉〈老王的快遞公司〉、林蕙苓〈一起歌唱〉、劉勝雄〈尋找雲母精靈〉。

11 第九屆南瀛文學獎

臺南縣文化局為鼓勵更多人員參與地方文學傳承與創作，開辦了「南瀛文學獎」。第九屆「南瀛文學創作獎」在徵文類別增加兒童文學項目，含故事、童話、寓言，二千字至五千字為原則。但是必須具備臺南縣籍者、現於臺南縣就讀、工作者，或曾於臺南縣就讀、工作者才能參加。

12 第八屆師院生兒童文學創作獎

師院生兒童文學創作獎今年由新竹師院承辦。徵選類別由以往的童話和兒歌改成兒童散文和兒歌。共計收到兒歌四六五件，兒童散文三四八件，每個類別選出首獎一名，優等獎三名，佳作十七名，共有四十二人獲獎。兒歌類，首獎：臺北市立師範學院王月靜。優等獎：周季儒、蔡志勇、呂雅麗。佳作：郭愷君等十七人。兒童散文類，首獎：臺中師院謝瓊儀。優等獎：崔雅雯、洪雅齡、莊幸芬。佳作：郭韻涵等十七人。所有得獎作品、評審評語及指導老師的話集結出版《斑馬雲》兒童文學創作獎作品集。

（七）兒童讀物評選

1 新聞局金鼎獎

由行政院新聞局主辦的「九十年金鼎獎」中，雜誌類：《親親自然雜誌》獲得兒童及少年類「雜誌出版金鼎獎（團體獎）」；《幼獅少年雜誌》、《小牛頓雜誌》及《國語日報週刊雜誌》獲得兒童及少年類「優良雜誌出版推薦」。圖書類：《林海音作品集》及《臺灣風土系列》獲文學創作類及兒童及少年讀物類「圖書出版金鼎獎（團體獎）」；《兔子比一比》、《想念》、《聽筒裡的萬花筒》獲得兒童及少年讀物類「優良圖書出版推薦」。

2 第十九次中小學生優良課外讀物推介暨第六屆小太陽獎

由行政院新聞局主辦的「第六屆小太陽獎」，自「第十九次中小學生優良課外讀物推介」的圖書中選出七個出版獎與三個個人獎。得獎名單如下：

（1）小太陽出版獎

圖畫書類：《射日》（賴馬著，青林國際出版公司）。

科學類：《永遠的瑰寶——太魯閣峽谷》（王執明等十六位著，大地地理文化科技事業公司）。

人文類：《裨海紀遊新注》（陸傳傑著，大地地理文化科技事業公司）。

文學語文類：《樹靈·塔》（李潼著，幼獅文化事業公司）。

叢書、工具書類：《國台英成語繪本》（護幼社製作群著，護幼社文化事業公司）。

漫畫類：《九族創世紀——臺灣原住民的神話與傳說》（國立編譯館主編，南天書局公司）。

雜誌類：《小小牛頓21　多媒體百科書誌》（牛頓出版公司著，牛頓出版公司）。

（2）小太陽個人獎

最佳編輯：貢舒瑜《幼獅少年》

最佳插圖：林麗琪《林麗琪的秘密花園》

最佳美術設計：裴蕙琴《貓打嗝@搖尾河岸》

（八）兒童相關報紙成立

1 漢聲創辦兒童週報：《小百科ㄅㄠ報》

《小百科ㄅㄠ報》每週五固定出報，以兒童週報的型式和小讀者們見面。報中以大量漫畫、十二版中有十版全彩的方式呈現。其五大目標為自我管理、能力的提升、知識的拓展、全人格教育、走進社會。希望藉由提供五大目標的豐富內容，讓孩子能有更遼闊的視野及胸襟迎向二十一世紀。

2 國小兒童報出刊

由高雄少年兒童報社出刊的國小兒童報是繼兒童日報停刊後，與國語日報皆為專屬兒童的日報。內容包羅萬象包含焦點新聞、文教新聞、鄉土報報、大陸風情、藝術列車、經典文學、童話故事、雙向溝通、知識新聞、e 科技教室、環保教室、自然教室、英文教室、作文教室、數學教室、健康教室等。

三　活動

二〇〇一年可以說是兒童閱讀年，由於教育部及文建會大力推廣閱讀活動，民間也舉辦多項與閱讀相關的研習活動、兒童讀書會種籽教師培訓，加上各項圖畫書原畫展及兒童戲劇研習活動，讓二〇〇一年的兒童文學活動呈現多元及多采的現象。

（一）「波隆那國際兒童插畫展」暨「臺灣圖畫書原畫展」

第八屆臺北國際書展（二月一日至六日）於臺北世貿展覽中心揭幕，邀請二〇〇〇年國際安徒生大獎得主安東尼布朗（Anthony

Browne）、曾經三度獲得美國凱迪克獎的華裔美籍兒童插畫家楊志成
（Ed Young）來臺參與盛會。

　　為鼓勵臺灣插畫創作者以「臺灣」為主體，創作兒童圖畫書所舉
辦的「國際兒童圖畫書原畫展」（一月七日至二月十五日），藉由與國
外的兒童圖畫書插畫作品與國內畫作交流展出，為臺灣插畫藝術活動
邁向國際化鋪路。

　　臺中縣立港區藝術中心（一月六日至二月十一日）也展出「新世
紀兒童書插畫展」，包括「波隆那國際兒童書插畫展」、「HOPE 特
展」和插畫家安東尼布朗的小型個展。其中「HOPE 特展」則是十四
國四十位插畫家特別為九二一災區小朋友所畫，把他們對災區孩子的
關心化為插畫，以圖畫治療孩子受創的心靈。

（二）跨越閱讀的藩籬──推廣兒童閱讀國際經驗交流研討會

　　閱讀需要從小開始，然而，閱讀的推動成效常受到地區與文化條
件的影響。處於文化劣勢下的兒童，無法擁有充分的閱讀權利。因此
「臺灣閱讀協會」與「信誼基金會」，邀請在國際間具有兒童閱讀推
動實務經驗的學者、專家，喬龍慶博士──美國科技教育協會「認養
鄉村學校圖書室」計劃發起人；廣瀨恆子──社區閱讀活動推動代
表，分別在臺北三月三十一日臺灣大學理學院思亮館、桃園四月一日
桃園市東門國小視聽中心、高雄四月三日高雄市市立圖書館中興堂三
區進行經驗交流，分享珍貴的資訊，並建立有效的學習途徑。

（三）「九十年度全國兒童閱讀週」系列活動

　　九十年度全國兒童閱讀週各項活動二〇〇一年四月一日至八日在
全國各地隆重展開。本活動在教育部長曾志朗大力推動下，北、中、

南、東及離島地區都有相關活動。此外，教育部還特別編製一本「閱讀手冊」，提供兒童閱讀週期間各地區所舉辦的活動訊息、有關各年齡層學童兒童閱讀的知識與技巧，以便家長按圖索驥和參考，並舉辦「全國兒童讀書週徵文比賽」。活動重要性在於引發國人對於兒童閱讀的重視，及良好閱讀習慣與態度的養成。協辦單位如：國語日報社、新學友書局及新學友文教基金會、金車文教基金會、讀者文摘雜誌社等均投入本項活動中。

（四）「世界兒童畫展」在高雄登場

中華民國第三十二屆世界兒童畫展在高雄市中華藝術學校畫廊展覽到二○○一年十一有二十九日止，來自全球五十五個國家，六五○件的參展作品。這些來自世界各地的畫作，將展現不同的國家風情與社會民情，將激發小朋友的想像力及創意。

（五）第五屆全國讀書會博覽會

由文建會策劃，第五屆全國讀書會博覽會由臺東縣文化局承辦，臺東師範學院兒童文學研究所協辦。時間為二○○一年十月十三至十四日。為了推廣長青族終身學習觀念，鼓勵家庭「親子共讀」，本年度的全國讀書會博覽會主題特別訂為「長青暨親子讀書會」。活動特色主要包括：各類型讀書會成果展示、圖書展示、戶外巡禮。廣邀國內知名出版社展示新書、好書和優良兒童讀物，並出版本年度讀書會調查名冊，也舉辦讀書會現況、面對瓶頸及未來發展的綜合座談。

（六）文建會兒歌一百徵選活動

「文建會兒歌一百徵選活動」由臺東師院兒童及系研究所承辦。經過縝密的初審、複審、決審階段，針對不同語言聘請二十八位專業

評審，共選出社會組、兒童組國語、客語、閩南語、原住民組得獎作品共八十七首，所有得獎作品製作兒歌集四千本及五千片唸唱 CD，提供各界參考，作為推廣之用。頒獎典禮於二〇〇一年十二月二十二日在臺北市立圖書總館隆重舉行，由鞋子劇團規劃頒獎典禮及表演節目，總計有二一四人參與盛會。文建會陳郁秀主委更親臨主持頒獎典禮，她希望讓每年選出百首兒歌，十年就有一千首的願景可以達成。因此為了鼓勵臺灣各族群都能為兒童創作屬於自己族群的美麗兒歌，這樣有意義的活動將會持續舉辦，此次徵選開創原住民、客語、閩南語等族群兒歌的書寫，引領臺灣兒歌的創作風潮。

（七）兒童文學寫作夏令營

為推廣兒童文學寫作，中華民國兒童文學學會暨國語日報合辦「兒童文學寫作夏令營」。邀請知名的兒童文學作家及學者擔任講師，課程內容包括「談圖畫書與童話」、「圖畫書的插畫與布局藝術」、「童話寫作理論與技巧分析」、「童話寫作實務」等，授課講師包括林良、曹俊彥、陳正治、張嘉驊等人。研習活動從二〇〇一年七月十六日到七月二十二日舉行，研習地點在國語日報社。

（八）全國兒童閱讀種子教師研習會

為推動兒童閱讀運動，教育部除擬訂「兒童閱讀三年計畫」，是以幼稚園兒童、國小學生及家長與老師為主要對象，內容包括發起「全國兒童閱讀週」等活動。在種子教師研習方面，並由國立臺北師範學院初等教育學系承辦〈全國兒童閱讀種子教師研習會〉，於二〇〇一年二月六日至十三日起展開三梯次研習。加強國小教師有關閱讀教學的理論基礎，並提升國小教師閱讀指導的實作技巧。課程包括「閱讀場的經營」、「閱讀與兒童發展」、「創思的閱讀教學」、「童書的

選擇」、「閱讀好書」、「九年一貫統整課程閱讀融入」、「思考啟發性閱讀指導技巧」、「閱讀與兒童發展──閱讀理解與閱讀教學」、「閱讀指導的探討與實作」等。參與研習的種子教師將返回原任教學校實際辦理讀書會或閱讀指導，一個月後舉行「全國兒童閱讀種子教師研習成果發表會」。

（九）「閱讀百分百‧三十好精彩」系列活動

二〇〇一年暑假開始進行的「閱讀百分百‧三十好精彩」系列活動是由國語日報、民生報、幼獅出版社、聯經出版事業公司等單位共同舉辦。其中「愛的成長──名人說故事」邀請教育部長曾志朗和兒童文學作家林良、兒童節目主持人趙自強，十一月八日上午連袂到臺北市東門國小為小朋友說故事，成功地帶動親子的閱讀風潮。而「在愛中成長──兒童班級讀書會種子師資培訓班」課程，邀請到臺北市大橋國小校長林玫伶、政大實小教師沈惠芳主講班級讀書會的經營與管理；幼獅少年總編輯孫小英、民生報少年兒童叢書主編桂文亞，以及國語日報出版中心經理蔡惠光也在課程中與家長、教師分享經驗，協助各校以及有興趣推廣的愛書人成立兒童讀書會，落實兒童閱讀活動。

（十）兒童讀書會種子研習營

臺北市立圖書館總館、天衛文化出版社、臺東師院兒童文學研究所合辦「兒童讀書會種子研習營」，時間為二〇〇一年七月三十一日及八月二十七日。旨在配合教育部推廣兒童閱讀活動，培養帶領兒童讀書會的種子教師。

（十一）「書香下鄉文化根植社區──打造書香巡迴圖書車」活動

今年延續教育部推行兒童閱讀年，由文建會委託臺東師院兒童文學研究所繼續主辦書香下鄉、文化根植社區等系列活動，時間為六月至十一月。

1 圖書巡迴暨校園說故事活動

邀請資深帶領人巡迴臺東縣偏遠小學二十餘所進行校園、社區說故事活動。推動校園、社區說故事活動，並以巡迴圖書車方式，使參加者人手一書，將書香散播至邊陲地區

2 辦理四場「故事媽媽成長課程講座」

鼓勵媽媽積極參與說故事活動，分四場次進行，主題為如何演說故事、童書的欣賞與挑選、閱讀氛圍的營造、親子共讀的樂趣等。

（十二）兒童戲劇師資研習營──「一起來抓馬」師資培訓營

由如果兒童劇團承辦的文建會二○○一年度兒童戲劇推廣計畫──「一起來抓馬」師資培訓營。研習主旨是讓老師透過實際的操作，以落實戲劇教學的功能，並融入小學教育課程。研習內容從對戲劇教育的初步認識開始，讓老師們未來能在學校裡以戲劇元素，塑造充滿創造力的學習環境，藉以達到教育的目的，讓學習也能充滿樂趣。

（十三）「閱讀學校與閱讀教室模式建立計畫」

臺東師院兒童文學研究所承辦由教育部委託的「閱讀學校與閱讀

教室模式建立計畫」，時間為二○○○年二月至二○○一年二月。主
要目的是辦理九所示範學校師資培訓、親師研習、參觀模範圖書館、
改善圖書設備等。希望藉由閱讀模式示範學校之建立，以為其他學校
之典範，以達教育部推展全民閱讀運動之目的。並將示範學校辦理過
程、心得，彙編成《閱讀生機》一書，發送全國四千多所中小學，以
為參考。

（十四）「親子共讀種籽帶領人培訓計畫」

臺東師院兒童文學研究所承辦由教育部委託的「親子共讀種籽帶
領人培訓計畫」，時間為二○○一年一月至九月。主要目的是結合臺
東地區人力資源，共同策劃閱讀計畫，希望藉由辦理親子共讀帶領人
培訓課程，提升種子教師的帶領能力，共同推動親子共讀活動，以配
合政府推行之全國兒童閱讀運動。同時整合民間社區人力資源，廣徵
鄉鎮優秀志工投入親子共讀帶領行列，使閱讀運動之推展更加深廣。
同時鼓勵家長與親子共同閱讀，增進親子和諧關係，培養家庭閱讀習
慣，增進親子創造思考與語言文字表達能力。

（十五）「臺東人圖書饗宴圖書大展」暨演講、座談會

兒文所與臺北市出版商業同業公會、臺東師院圖書館合辦之「臺
東人圖書饗宴圖書大展」。

1 活動一：「e世紀圖書出版品校園展示會」

時間：二○○一年六月八日至十二日上午十時至下午五時
地點：臺東師院學生活動中心

2 活動二：「臺東人圖書饗宴」，演講及座談會內容

第一場

時間：二〇〇一年六月九日上午九時三十分

地點：臺東師院演藝廳，由劉鳳芯進行「談兒童閱讀」的專題演講

第二場

時間：下午二時三十分

由鄭清文主講「童話寫作經驗」。第一場座談會主題「出版學校家庭與童書」，由邱各容主持，曾世杰、馮季眉、劉鳳芯引言。第二場座談會：主題「青少年文學的寫作與閱讀」，由林文寶主持，李赫、杜明城、鄭清文引言。

四　教學與研究

二〇〇一年兒童文學的教學與研究更是蓬勃地發展，就研討會及座談會而言有下列場次：

（一）兒童文學、閱讀與通識教育學術會議

時間：五月四日上午九時三十分至下午五時三十分

地點：臺東師院演藝廳

由於教育部正推行全國性兒童閱讀活動，兒童文學的種種文類，包括寓言、童話、神話、故事、詩歌等為孩童提供科學想像的材料、社會關懷的基礎、文化的涵養及最根本的語言能力。此研討會目的將兒童文學與閱讀、閱讀與通識教育、通識教育與兒童文學結合，讓參與者對兒童文學、閱讀或通識教育有更深刻的認識。由黃春明進行專題演講，並進行「談兒童文學與閱讀」、「談閱讀與通識教育」和「談兒童文學與通識教育」三場論文發表及綜合座談。

（二）第五屆全國兒童文學與兒童語言學術研討會

時間：五月四至五日

地點：靜宜大學

由靜宜大學文學院主辦，臺灣省兒童文學協會承辦，靜宜大學中文系、英文系、西文系、兒福系、日文系、圖書館視聽中心協辦之研討會，由文學院胡森永院長主講「藝術作品的幻想及其審美情趣」揭開序幕後，進行五場有關「圖畫書、童話、少年小說與 fantasy」、「童話與圖畫書」、「傳統故事與少年小說」為主題的研討，最後專家學者進行以「幻想在兒童文學中的意義和創造性」為主題的綜合座談，並出版《第五屆全國兒童文學與兒童語言學術研討會論文集》。

（三）第八屆師院生兒童文學創作發表會暨學術討論會

時間：五月十九日至二十日

地點：新竹九華山莊

第八屆師院生兒童文學創作獎在新竹進行作品發表會暨學術討論會。發表會邀請得獎人、指導老師及評審委員針對作品進行發表及討論。並舉辦兩場專題研討，邀請馮輝岳、陳素宜談兒童散文，杜榮琛、劉興欽談兒歌，進行互動式較高的專題討論，使創作者有與作家直接對談的機會。

（四）中國大陸兒童文學研究創作與出版現象研討會

時間：六月十七日上午十時二十分

地點：國語日報社

海峽兩岸兒童文學研究會第三次會員大會，會中並舉辦「中國大陸兒童文學研究創作與出版現象研討會」。臺東師院兒童文學研究所所長林文寶表示，大陸的兒童文學起步比臺灣晚，而且目前沒有正式

的兒童文學研究所，因此研究生的人數有限。民生報兒童組汪淑玲則指出，臺灣出版的大陸兒童文學作品，以成長小說居多，與本地作家不同的表現手法，提供臺灣小朋友不同的閱讀層面。另一個值得臺灣出版界重視的現象，則是大陸出版社積極向國際主場進軍的努力。

兒童文學作家管家琪日前觀察大陸出版市場後，分析大陸目前的兒童讀物走向，以好玩的、有遊戲性的題材或表現手法，較能獲得親子讀者青睞。

（五）兒童文學資深作家作品研討會——林鍾隆先生作品研討會

時間：十月七日上午九時三十分至下午四時三十分

地點：臺北市立圖書館總館十樓會議廳

「兒童文學資深作家作品研討會」一九九九年以林海音、潘人木先生的作品展開研討；二○○○年以不論在兒歌、散文、童話及理論各方面創作皆非常豐富的林良先生作品為討論主題。除了向在兒童文學界耕耘多年的資深作家致以崇高的敬意之外，更能從整理他們的生平、創作、理論等著作，建立完整的臺灣兒童文學史人物志。

二○○一年以林鍾隆的作品為主，從其創作、翻譯、少年小說、童話、兒童詩創作的理念及特色進行探討。會中發表〈林鍾隆兒童文學創作研究〉、〈林鍾隆的童話作品與創作理念探討〉、〈從《阿輝的心》看林鍾隆先生少年小說創作之特色〉等論文，並以「林鍾隆先生與兒童文學」為題進行綜合座談。

（六）二○○一年兩岸兒童文學交流座談會

時間：十一月一日上午十時至中午十二時

地點：臺北市快雪堂

　　由國語日報社、海峽兩岸兒童文學研究會、兒童文學學會主辦的「二○○一年兩岸兒童文學交流座談會」，主要是北京師範大學副校長鄭師渠率領大陸學者、專家、出版社副總編輯、兒童文學作家、兒童電影工作者來臺灣參與「華文世界兒童文學學術研討會」，希望藉由此機會與臺灣兒童文學工作者、出版業界進行交流與對談，座談主題為「兩岸少兒閱讀取向之比較」，藉由對話了解「新世紀、新世代、兩岸的少年兒童閱讀興趣及閱讀趨勢有何異同？」及「新世代閱讀趨勢，對兒童文學創作又有何影響？」。臺灣參與人士有馬景賢、蔣竹君等約十五人。

（七）華人世界兒童文學學術研討會

　　時間：十一月二日至四日

　　地點：臺東師院演藝廳

　　由教育部指導，臺東師院兒童文學研究所、兒童讀物研究中心合辦之「華文世界兒童文學學術研討會」。主要針對如何促進華文世界兒童文學的發展進行交流，並針對海峽兩岸三地兒童文學的交流、華文世界兒童文學的未來進行座談會。

　　有來自馬來西亞、香港、日本、大陸和臺灣多位兒童文學界的學者專家蒞臨與會，北京師範大學副校長鄭師渠帶領多位學者、出版業者、作家來臺參訪。會中發表二十三篇論文、臺灣十二篇、大陸八篇、香港二篇、日本一篇。馬來西亞兒童文學學者愛薇、日本兒童文學作家中由美子，香港兒童文學協會會長潘明珠參與座談，藉由研討會達到華文世界兒童文學交流的目的，並研討兒童文學文學未來發展，共有三百多位中外學者、兒童文學文學工作者、出版業者及教師參與盛會。

（八）海峽兩岸童詩童話創作比較座談會

時間：十二月二十二日下午二時三十分至下午四時

地點：國語日報五樓第一會議室

由國語日報、上海少年報、行政院文建會、金車教育基金會主辦，臺東師範學院兒童文學研究所協辦的「海峽兩岸兒童文學徵文活動──獻給新世紀兒童的童詩童話」，為了促進創作者與評審的交流，在贈獎典禮典禮之後，特別舉辦「海峽兩岸童詩童話創作比較座談會」，邀請評審及兒童文學界的專家與得獎者、與會者進行座談。會中對於「兩岸創作形式的探討」、「主題及取材的選擇」、「語言表達技巧的比較」、「藝術風格的表現」、「兩岸兒童文學徵文活動的成果和展望」等議題進行探討。

（九）臺灣兒童文學發展歷程中指標事件座談會

時間：十二月二十三日上午十時至中午十二時

地點：臺北快雪堂

此座談會由臺東師院兒童文學研究所、中華民國兒童文學學會、中國海峽兩岸兒童文學研究會共同召開。由於兒童文學耆老的日漸凋零，許多珍貴史料會隨之失軼。為了建立完整的臺灣兒童文學史料，從臺東師院兒童文學研究所整理出臺灣兒童文學指標性人物，並出版《兒童文學工作者訪問稿》一書之後，有鑑於臺灣兒童文學發展史中，一些重要的指標性事件資料也需要建立，因此事先發函請兒童文學工作者提供指標性事件，並邀請許多臺灣資深兒童文學者參與座談會，廣徵意見，建立完整臺灣兒童文學文學指標性事件。

除了眾多學術研討會及座談會之外，尚有重要的學術交流及相關研究：

1 東師兒文所師生赴大陸進行學術交流

二○○一年二月二日至十三日由臺東師院兒童文學研究所所長林文寶帶領在職進修專班暑期班及夜間班學生至北京師範大學、東北師範大學進行學術交流。

2 香港召開「第一屆兒童文學研討會」

香港在二○○一年四月二十一日進行第一屆兒童文學研討會,主題為教育、寫作、出版的對話。會中針對二十一世紀與兒童文學、兒童文學與教育、兒童文學與出版,進行多場專題演講及學術論文發表。臺東師院兒童文學研究所所長林文寶及多位老師參與研討會。

3 張嘉驊成為第一屆北京師範大學兒童文學博士生

大陸北京師範大學從二○○○年開始招收三名兒童文學博士生,由該校兒童文學理兩家王泉根教授擔任博士生導師,臺灣知名作家張嘉驊成為第一屆博士生,赴北京就學並進行兒童文學相關研究。

五　結語

二○○一年臺灣的兒童文學創作及活動,從出版、學術活動都可以看出兒童文學蓬勃發展的現象。而象徵兒童文學精神的「兒童樹」選在十一月二日在臺東師院舉行揭幕儀式。這兩棵由李雀美女士捐贈的花梨木樹頭,經臺東的原住民藝術家雕刻,呈現兒童文學獨特趣味。

隨著十二月臺灣文學界重要人物林海音的過世,使得我們了解臺灣兒童文學的發展,是在許多前人辛勤的耕耘下,才能逐漸開花結果。也希望新的世紀的開始,兒童文學也能在所有兒童文學愛好者的努力之下,展開新的里程。

二〇〇一年兒童文學論述書目

書名	作者（譯者）	出版地	出版社	出版日期	開數	頁數
打造兒童閱讀環境	艾登・錢伯斯著／許慧貞譯	臺北市	天衛文化圖書公司	1月	15×21	175
圖畫書狂想曲	許慧貞等編著	臺北縣	螢火蟲出版社	1月	19×26	88
偶的天堂	陳筠安、鄭淑芸、李明華等著	臺北市	財團法人成長文教基金會	1月	19×21	176
孩子的天使心	維薇安・嘉辛・裴利著／黃又青譯	臺北市	財團法人成長文教基金會	1月	15×21	120
藝出造化・意本自然 —— Ed Young 楊志成的創作世界	黃瑞怡、葉青華、宋珮黃迺毓等著	臺北縣	和英出版社	2月	20×20	94
說來聽聽 —— 兒童、閱讀與討論	艾登・錢伯斯著／蔡宜容譯	臺北市	天衛文化圖書公司	2月	15×21	175
閱讀生機	楊茂秀主編	臺北市	教育部	2月	15×21	206
在那湧動的潮音 —— 教習劇場 TIE	蔡奇璋、許瑞芳編著	臺北市	揚智文化事業公司	2月	17×23	238
中國寓言的智慧	石良德著	臺中市	好讀出版公司	3月	15×21	165
從聽故事到閱讀	蔡淑媖著	臺北縣	富春文化事業公司	3月	15×21	183
教孩子輕鬆閱讀	胡鍊輝著	臺北市	國語日報社	3月	15×21	273

書名	作者（譯者）	出版地	出版社	出版日期	開數	頁數
閱讀的十個幸福	丹尼爾·貝納(Daniel Pennac)著／里維譯	臺北市	高寶國際公司	3月	15×19.5	206
童詩的森林	林清泉著	高雄市	百盛文化出版公司	3月	15×20.5	219
親子閱讀指導手冊	黃迺毓編	臺北市	教育部	4月	13×21	77
日本現代兒童文學	宮川健郎著／黃家琦譯	臺北市	三民書局	4月	15×21	254
青少年讀書會 DIY	林美琴著	臺北市	天衛文化圖書公司	4月	15×21	212
終生學習就從兒童閱讀開始──九十年度全國兒童閱讀週專輯	宋建成主編	臺北市	國家圖書館	4月	15×21	96
小小愛書人	李坤珊著	臺北市	信誼基金出版社	4月	20×20	154
歡喜閱讀	連翠茉主編	臺北市	遠流出版事業公司	4月	15×20	117
打開親子共讀的一扇窗	林芝著	臺北市	幼獅文化事業公司	5月	15×21	172
「兒童文學與兒童語言」學術研討會論文集	胡森永主編	臺北縣	富春文化事業公司	5月	15×21	399
格林兄弟在家嗎──踏遊德國童話大道	ひらいたかこ　磯田和一著／楊芷玲譯	臺北市	書泉出版社	5月	21×21	127

書名	作者（譯者）	出版地	出版社	出版日期	開數	頁數
安徒生，請──踏遊丹麥、荷蘭和比利時	ひらいたかこ　磯田和一著／楊芷玲譯	臺北市	書泉出版社	5月	21×21	128
鵝媽媽跌倒了──踏遊倫敦和英國鄉間	ひらいたかこ　磯田和一著／楊芷玲譯	臺北市	書泉出版社	5月	21×21	128
多元智慧能輕鬆教──九年一貫課程統整大放送	張湘君、葛琦霞編著	臺北市	天衛文化圖書公司	6月	18.8×25.8	187
一個故事解決一個問題	王秀園著	臺北縣	狗狗圖書公司	6月	21×29	128
和小朋友玩閱讀遊戲	鄒敦怜著	臺北縣	狗狗圖書公司	6月	21×29	198
兒童文學工作者訪問稿	林文寶主編	臺北市	萬卷樓圖書公司	6月	15×21	513
我們在玩蹺蹺板──電視兒童節目實務與理論	李秀美著	臺北市	三民書局	6月	17.5×23.5	235
原始與永恆的童夢──趙國宗磁畫展	趙國宗著	臺北市	台北市立美術館	6月	23×30	101
巫婆一定得死──童話如何形塑我們的性格	雪登・凱許登著／李淑珺譯	臺北市	張老師文化事業公司	7月	15×21	344
我・會・愛──親子共讀專刊2	連翠茉編	臺北市	遠流出版事業公司	7月	15×20	117

書名	作者（譯者）	出版地	出版社	出版日期	開數	頁數
伊索寓言的人生智慧	加藤諦三著／林雅惠譯	臺北縣	台灣廣廈有聲圖書公司	7月	15×21	174
教育訓練者的故事寶盒	瑪格利特・帕金著／賴淑麗、史宗玲譯	臺北縣	稻田出版公司	7月	15×21	222
我就是如此創造了哈利波特——J.K羅琳的故事	馬克・夏畢洛著／劉永毅譯	臺北市	圓神出版社	8月	15×21	156
看世界童話建立人生自信	侯秋玲編	臺北縣	華文網公司第三出版事業部・新閱書社	8月	15×21	297
看安徒生童話尋找人生方向	林惠文編	臺北縣	華文網公司第三出版事業部・新閱書社	9月	15×21	303
童詩嘉年華	呂嘉紋著	臺北市	小魯文化事業公司	9月	15×21	223
即興表演家喻戶曉的故事	Ruth Beall Heinig 編著／陳仁富譯	臺北市	心理出版社	9月	15×21	216
童詩二十五講——和小朋友談寫詩	林煥彰著	宜蘭縣	宜蘭縣政府文化局	9月	15×21	232
林鍾隆先生作品討論會論文集	徐守濤等著	臺北縣	富春文化事業公司	10月	15×21	179
大家一起來閱讀	段秀玲、張洧珊著	臺北市	幼獅文化事業公司	10月	15×21	181
真實與幻想——外國青少年文學作品賞析	張子樟著	臺北市	國語日報社	10月	15×21	238

書名	作者 （譯者）	出版地	出版社	出版 日期	開數	頁數
肢體密碼——戲劇輔導手冊	王娟著	臺北市	幼獅文化事業公司	10月	15×21	127
看天方夜譚啟迪生活智慧	侯秋玲編	臺北縣	華文網公司第三出版事業部‧新閱書社	11月	15×21	280
帶著繪本去旅行	連翠茉編	臺北市	遠流出版事業公司	11月	15×20	118
童書久久	柯倩華等撰	臺北市	台灣閱讀協會	11月	21×20	119
踏出閱讀的第一步	M. Susan Burns, Peg Griffin, and Catherine E. Snow. NRC 編輯群著／柯華葳、游婷雅譯	臺北市	信誼基金出版社	11月	18.7×24.7	168
戲劇抱抱	Kathleen Warren 著／周小玉譯	臺北市	財團法人成長文教基金會	11月	19×21	175
世界經典寓言的生活啟示	Leo Tolstoy 著／蕭菲譯	臺北縣	台灣廣廈有聲圖書公司	11月	15×21	209
周伯陽與兒童文學	吳聲淼撰	新竹市	新竹市政府文化	11月	15×21	314
英國妖精與傳說之旅	森田吉米著／劉滌昭譯	臺北市	馬可孛羅文化	12月	15×19	182
兒童文學、閱讀與通識教育論文集	柯華葳等著	臺東市	臺東師範學院	12月	17×23	67

二〇〇一年兒童文學創作書目

書名	作者（譯者）	出版地	出版社	出版日期	開數	頁數	備註
種金子	李赫著	臺北縣	狗狗圖書公司	1月	22×29	40	圖畫書
我的家人我的家	王文華著	臺北縣	小兵出版社	1月	15×21	229	散文
又見寒煙壺	鄭宗弦著	臺北市	九歌出版社	1月	15×21	180	小說
世界毀滅之後	王晶著	臺北市	九歌出版社	1月	15×21	180	小說
成長的日子	蒙永麗著	臺北市	九歌出版社	1月	15×21	180	小說
靈蛇武龍	陳金田編著	臺北市	九歌出版社	1月	15×21	180	小說
十二歲風暴	王淑芬著	臺北縣	小兵出版社	1月	20.5×19.5	159	故事
母親，她束腰	文／歐蜜・偉浪 圖／阿邁・熙嵐、琚琚・瑪邵 泰雅語翻譯／黃榮泉	臺中市	晨星出版公司	1月	27×19	32	圖畫書
二哥情事	可白著	臺北縣	小兵出版社	1月	15×21	235	小說
童話聊齋	趙忠慶編著	臺北市	小魯文化事業公司	1月	15×21	160	童話
非常相聲	馬景賢著	臺北縣	小兵出版社	1月	15×21	213	相聲
草地女孩	郭心雲著	臺北縣	小兵出版社	1月	15×21	209	散文
天邊火燒雲	彭東明著	臺北縣	小兵出版社	1月	15×21	265	小說
我有友情要出租	文／方素珍 圖／郝洛玟	臺北市	上堤文化公司	1月	23.5×29.5	16	圖畫書
小牛找媽媽	文／李赫 圖／劉淑如	臺北縣	狗狗圖書公司	1月	22×29	40	圖畫書

書名	作者（譯者）	出版地	出版社	出版日期	開數	頁數	備註
天鷹翱翔	李潼著	臺北市	民生報社	1月	15×21	187	小說（新版）
巫婆來了	王素涼著	臺北縣	富春文化事業公司	1月	15×21	173	童話
小女梭梭	鹿子著	臺北市	民生報社	1月	15×21	230	散文
世界超級怪人怪事	管家琪著	臺北市	文經出版社	1月	15×21	181	童話
跟天空玩遊戲	文／顏艾琳 圖／鄭慧荷	臺北市	三民書局	1月	21.5×24	51	童詩
那個年歲	黃光男著	臺北市	國語日報社	1月	15×21	273	散文
和小朋一起成長	林文聯編	臺北縣	仁誠出版社	1月	15×21	212	綜合
貓打嗝@搖尾河岸	侯維玲著	臺北市	幼獅文化事業公司	2月	15×21	129	童話
這個地球上沒有狗	張友漁著	臺北市	文經出版社	2月	15×21	206	童話
媽媽，我要一顆星星	圖文／陳秋惠	臺北市	信誼基金出版社	2月	19.5×26.5	28	圖畫書
魔法王子1——空中巫師之神	文／齊東尼(Tony Cie) 圖／Bob Wong	臺南市	企鵝圖書公司	2月	15×21	222	童話
蔬菜水果	文／馬景賢 圖／繆慧雯	臺北市	小魯文化事業公司	2月	20×20	83	兒歌
男孩酷呆	梅思繁著	臺北市	小魯文化事業公司	2月	15×21	287	故事
台灣仔回台灣	文／盧千惠 圖／林天從	臺北市	台灣東方出版社	3月	27×20.5	32	圖畫書

書名	作者（譯者）	出版地	出版社	出版日期	開數	頁數	備註
網路小天王——楊致遠	管家琪著	臺北市	文經出版社	3月	15×21	157	傳記
阿貴愛你喲	春水堂科技娛樂公司	臺北市	平安文化公司	3月	17×19	191	故事
繪本西遊記	著／吳承恩改寫／魯冰圖／朱延齡	臺北縣	聯經出版事業公司	3月	17.5×25	228	圖畫書
巧媳婦智鬥縣太爺	文／曾美慧圖／周東慧	臺北縣	狗狗圖書公司	3月	21×28	37	圖畫書
順風耳的新香爐	李潼著	臺北市	民生報社	3月	15×21	254	小說（再版）
掌握生命的單位	游福生著	臺北市	國語日報社	3月	15×21	115	散文
大小劉阿財	黃基博著	高雄市	百盛文化出版公司	3月	15×20.5	191	童話
沙沙皮皮自家記	林少雯著	高雄市	百盛文化出版公司	3月	15×20.5	193	童話
女兒的故事	梅子涵著	臺北市	小魯文化事業公司	4月	15×21	219	散文
黑白花	文圖／黃淑華	臺北市	國語日報社	4月	19.5×26.5	無頁碼	圖畫書
猴子和螃蟹	林淳毅著	臺中市	晨星出版公司	4月	15×21	167	民間故事
中國兔子德國草	周銳著	臺北市	民生報社	4月	15×21	292	小說
誰是小黑熊要找的大嘴巴	文／張秋生圖／高鶩雪	臺北市	小魯文化事業公司	4月	20×21	47	圖畫書

書名	作者（譯者）	出版地	出版社	出版日期	開數	頁數	備註
河馬博士和眼淚發電機	文／張秋生圖／陳盈帆	臺北市	小魯文化事業公司	4月	20×21	47	圖畫書
青蛙奶奶旳快樂圍巾	文／張秋生圖／高鶯雪	臺北市	小魯文化事業公司	4月	20×21	47	圖畫書
錯別字殺手	林滿秋著	臺北市	小魯文化事業公司	4月	15×21	204	故事
阿爸的百寶箱	吳晟等著	臺北市	幼獅文化事業公司	4月	15×21	115	散文
在微笑的森林裡吹風	詩圖／米雅	臺南市	人光出版社	4月	21.5×29	43	詩畫集
青蛙・木偶・哈哈鏡	孫建江著	臺北市	民生報社	4月	15×21	173	寓言
阿嬤・再見	毛咪著	臺北縣	泛亞國際文化事業公司	4月	14.5×19.5	184	小說
媽媽剝開青橘子	林黛嫚主編	臺北市	幼獅文化事業公司	4月	15×21	98	散文
你的背上背個啥？	潘人木著	臺北市	民生報社	4月	20×17.5	102	兒歌
一隻貓兒叫老蘇	潘人木著	臺北市	民生報社	4月	20×17.5	122	兒歌
獨角馬與蝙蝠的對話	王友輝著	臺北縣	天行國際文化事業公司	4月	15×21	202	戲劇
三角湧的梅樹阿公	文／蘇振明圖／陳敏捷	臺北市	青林國際出版公司	4月	23×30	29	圖畫書
奉茶	文圖／劉伯樂	臺北市	青林國際出版公司	4月	23×30	31	圖畫書
射日	文圖／賴馬	臺北市	青林國際出版公司	4月	23×30	32	圖畫書

書名	作者（譯者）	出版地	出版社	出版日期	開數	頁數	備註
當河馬想動的時候再去推牠	張文亮著	臺北市	國語日報社	4月	15×21	206	散文
小魚散步	文圖／陳致元	臺北市	信誼基金出版社	4月	19.5×23.5	無頁碼	圖畫書
天衣染坊	文／曾美慧 圖／莊姿萍	臺北縣	狗狗圖書公司	4月	22×29	40	圖畫書
溫情的小站	白慈飄著	高雄市	百盛文化出版公司	4月	15×20.5	199	散文
攜手走過童年	蔡文章著	高雄市	百盛文化出版公司	4月	15×20.5	191	散文
輔導室・不打烊	丘榮襄著	高雄市	百盛文化出版公司	4月	15×20.5	203	散文
黑牛漂流荒島記	曾寬著	高雄市	百盛文化出版公司	4月	15×20.5	180	小說
奇妙的果樹園	周梅春著	高雄市	百盛文化出版公司	4月	15×20.5	189	童話
達達的信（上）	文／劉清彥 圖／阮瑞賢	臺北市	基督教中國主日學協會	5月	15×19.5	183	小說
達達的信（下）	文／劉清彥 圖／阮瑞賢	臺北市	基督教中國主日學協會	4月	15×19.5	173	小說
潛水艇和流浪狗	侯維玲著	臺北市	幼獅文化事業公司	5月	15×21	143	童話
非常任務	陳素宜著	臺北市	幼獅文化事業公司	5月	15×21	137	故事
水流東的阿木	廖明進著	臺北縣	富春文化事業公司	5月	15×21	248	小說
棕熊先生曬被子	文／張秋生 圖／江零	臺北市	小魯文化事業公司	5月	21×20.4	47	圖畫書

書名	作者 （譯者）	出版地	出版社	出版 日期	開數	頁數	備註
在春天　陀螺，轉轉轉	文／馮輝岳 圖／韓舞麟	臺北市	小魯文化事業公司	5月	21×20.4	51	兒歌
在夏天　滿天星，亮晶晶	文／杜榮琛 圖／韓舞麟	臺北市	小魯文化事業公司	5月	21×20.4	51	兒歌
在秋天　中秋月，真漂亮	文／洪志明 圖／韓舞麟	臺北市	小魯文化事業公司	5月	21×20.4	51	兒歌
在冬天　躲貓貓，捉不到	文／林芳萍 圖／韓舞麟	臺北市	小魯文化事業公司	5月	21×20.4	51	兒歌
開開心心過生活	吳燈山著	臺北市	國語日報社	5月	15×21	189	散文
第十一個兄弟	文圖／吳聲淼	臺北市	國語日報社	5月	19.5×26.5	無頁碼	圖畫書
原住民神話・故事全集（1）	林道生編著	臺北市	漢藝色研文化事業公司	5月	15×21	186	民間故事
小妖哈奇	張秋生主編	臺北市	聯經出版事業公司	5月	13×18.5	107	童話
草莓精靈	張秋生主編	臺北市	聯經出版事業公司	5月	13×18.5	130	童話
耳朵逃走了	張秋生主編	臺北市	聯經出版事業公司	5月	13×18.5	99	童話
褲子牌猩猩	張秋生主編	臺北市	聯經出版事業公司	5月	13×18.5	129	童話
憨先生與酷小姐	管家琪著	臺北市	聯經出版事業公司	5月	13×18.5	151	童話
公雞先生生氣了	孫建江著	臺北市	民生報社	5月	15×21	154	寓言
夢與愛的網站	顏崑陽主編	臺北市	幼獅文化事業公司	5月	15×21	171	散文

書名	作者（譯者）	出版地	出版社	出版日期	開數	頁數	備註
24個互動式童話──瓜瓜向前衝	吳燈山著	臺北市	文經出版社	5月	15×21	195	童話
斑馬魚──第八屆師院生兒童文學創作獎作品集	黃于庭主編	新竹市	國立新竹師範學院語文教育學系	5月	19×26	263	兒歌散文
貓咪洗澡	文／李紫蓉圖／何雲姿	臺北市	信誼基金出版社	5月	21×20	無頁碼	兒歌
多多什麼都愛吃	文圖／顏薏芬	臺北市	信誼基金出版社	5月	21×20	無頁碼	圖畫書
用心看世界	王嘉慧著	臺北縣	泛亞國際文化事業公司	5月	15×19.5	184	小說
Ne Ne Ne 台灣原住民搖籃曲（附 CD 及導讀）	張杰如總編	臺北市	信誼基金出版社	5月	22.5×21	29	兒歌
小故事大道理	游福生著	臺南市	漢風出版社	5月	15×21	268	散文
同學，愛老虎油	詩影著	臺北市	幼獅文化事業公司	5月	15×21	170	散文
小五小六愛唱戲	文／潘人木圖／楊永青	臺北市	民生報社	6月	21×18	120	兒歌
滾球滾玩一個滾球	文／潘人木圖／賴馬	臺北市	民生報社	6月	21×18	98	兒歌
我的媽媽是精靈	陳丹燕著	臺北市	國語日報社	6月	15×21	283	小說
藍色記憶箱	管家琪著	臺北市	幼獅文化事業公司	6月	15×21	185	散文

書名	作者 （譯者）	出版地	出版社	出版 日期	開數	頁數	備註
輕輕的呼吸	梅子涵著	臺北市	小魯文化事業公司	6月	15×21	185	散文
六年五班，愛說笑	洪志明著	臺北市	小魯文化事業公司	6月	15×21	152	故事
有男生愛女生	毛治平著	臺北縣	小兵出版社	6月	20.5×19.5	165	小說
導ㄟ，有男生愛女生（國中版）	毛治平著	臺北縣	小兵出版社	6月	15×21	269	小說
小豬撲滿工廠	張友漁著	臺北市	文經出版社	6月	15×21	166	童話
大地笙歌	楊美玲著	臺北市	國語日報社	6月	15×21	253	散文
國家地理雜碎2——摳你已襪！卡卡村	張華芝主編	臺北市	天行國際文化事業公司	6月	17×22	120	相聲
一放雞二放鴨	林武憲編選	臺北市	青林國際出版公司	6月	23×30	31	圖畫書（兒歌）
台中縣國民中小學台灣文學讀本：兒童文學卷	康原主編	臺中縣	臺中縣文化局	6月	15×21	177	合集
不摩登原始人	周姚萍著	臺北縣	聯經出版事業公司	6月	13×19	149	童話
罵人專家	管家琪著	臺北縣	聯經出版事業公司	6月	13×19	109	童話
黃鼠狼的美夢	管家琪著	臺北縣	聯經出版事業公司	6月	13×19	107	童話
孤僻的蠶寶寶	管家琪著	臺北縣	聯經出版事業公司	6月	13×19	116	童話
我愛肚臍眼兒	文圖／橘子貓	臺北市	正信出版社	6月	15.5×21.5	無頁碼	圖畫書

書名	作者 （譯者）	出版地	出版社	出版 日期	開數	頁數	備註
淘氣小妖網站	徐建華著	臺北市	聯經出版事業公司	6月	13×19	135	童話
大海動物園	文／盧演花 圖／沈韙	臺北市	國語日報社	6月	19.5×26.5	無頁碼	圖畫書
漁港的小孩	文圖／仉桂芳	臺北市	國語日報社	6月	26×26	無頁碼	圖畫書
媽祖回娘家	鄭宗弦著	臺北市	九歌出版社	7月	15×21	177	小說
超級小偵探	王晶著	臺北市	九歌出版社	7月	15×21	164	小說
藍天使	林海因著	臺北市	九歌出版社	7月	15×21	193	小說
河水，流啊流	臧保琦著	臺北市	九歌出版社	7月	15×21	141	小說
聾兒冬冬的世界	冰子著	臺北市	九歌出版社	7月	15×21	146	小說
母親	文／高行健 圖／幾米	臺北市	聯合文學出版社	7月	19×25.5	119	小說
唱起凱歌	傅林統著	臺北縣	富春文化事業公司	7月	15×21	171	小說
狐狸孵蛋	文／孫晴峰 圖／龐雅文	臺北市	格林文化事業公司	7月	21×29	無頁碼	圖畫書
六十根綠色的蠟燭	文／張秋生 圖／高鶯雪	臺北市	小魯文化事業公司	7月	21×20.5	無頁碼	童話
地震王國	文圖／崔永嬿	臺北市	上堤文化公司	7月	23.5×29.5	無頁碼	圖畫書
魔法王子2 ——巫師圓球會議	齊東尼 (Tony Cie) 著	臺南市	企鵝圖書公司	7月	15×21	229	童話
女巫梅卓拉	武維香著	臺北市	幼獅文化事業公司	7月	15×21	175	童話

書名	作者（譯者）	出版地	出版社	出版日期	開數	頁數	備註
阿妮萬歲	陳瑞壁著	臺北市	小魯文化事業公司	7月	15×21	177	小說
星星王子	文圖／王家珠	臺北市	格林文化事業公司	7月	21.5×29.5	無頁碼	圖畫書
新十二生肖故事（完結篇）	文／張友漁圖／徐建國	臺北市	文經出版社	7月	15×21	175	童話
大頭仔生後生	文／簡上仁圖／曹俊彥	臺北市	青林國際出版公司	7月	23×30	31	圖畫書（兒歌）
勇士爸爸去搶孤	文／李潼圖／李贊成	臺北市	青林國際出版公司	7月	23×30	31	圖畫書
10個寶藏	張寧靜著	臺北市	幼獅文化事業公司	7月	15×21	191	故事
搶救伊卡	王雲龍著	臺北縣	泛亞國際文化事業公司	7月	14.5×19	184	小說
三個怪醫生	巫仁和著	彰化縣	彰化縣文化局	7月	15×21	233	故事
茶花女之戀	管家琪著	臺北市	幼獅文化事業公司	8月	15×21	209	故事
阿美族傳說	林淳毅編寫	臺中市	晨星出版公司	8月	15×21	173	民間故事
長腿蛙	文／管家琪圖／卓昆峰	臺北縣	華文網公司第六出版事業部童書舖	8月	23.5×25.5	無頁碼	圖畫書
鯨魚阿克的動物園	文／陳璐茜圖／陳和凱	臺北縣	華文網公司第六出版事業部童書舖	8月	23.5×25.5	無頁碼	圖畫書
一位溫柔善良有錢的老太太	文圖／李瑾倫	新竹市	和英出版社	8月	20.5×30	無頁碼	圖畫書

書名	作者 （譯者）	出版地	出版社	出版 日期	開數	頁數	備註
和她的100隻狗							
玉蘭花開	褚乃瑛著	臺北縣	富春文化事業公司	8月	15×21	255	散文
我是男子漢	董宏猷著	臺北市	民生報社	8月	15×21	210	散文
我家開戲院	林玫伶著	臺北市	民生報社	8月	15×21	182	散文
藝術大師——朱銘	管家琪著	臺北市	文經出版社	8月	15×21	168	傳記
姊姊畢業了	文／陳質采 圖／黃嘉慈	臺北市	財團法人董氏基金會	8月	24×24	35	圖畫書
貓咪悄悄話	劉洪玉著	臺北市	民生報社	8月	15×21	186	散文
童言童心	李文英著	臺北縣	泛亞國際文化事業公司	8月	13×21	211	散文
盧公公	文／劉清彥 圖／林怡湘 林怡萱	臺南市	人光出版社	8月	20.5×29	無頁碼	圖畫書
台灣鄉鎮小孩	蘇紹連著	臺北市	九歌出版社	9月	13×19	220	童詩
雪豹悲歌	沈石溪著	臺北市	幼獅文化事業公司	9月	15×21	259	小說
駱駝王子	沈石溪著	臺北市	幼獅文化事業公司	9月	15×21	260	小說
刀疤豺母	沈石溪著	臺北市	幼獅文化事業公司	9月	15×21	247	小說
漲潮日	隱地著	臺北市	玉山社出版事業公司	9月	15×21	160	散文
最聰明的總統——柯林頓的少年時光	吳燈山著	臺北市	文經出版社	9月	15×21	158	傳記

書名	作者（譯者）	出版地	出版社	出版日期	開數	頁數	備註
少年放蜂記	馮傑著	臺北市	九歌出版社	9月	15×21	155	小說
送奶奶回家	陳貴美著	臺北市	九歌出版社	9月	15×21	164	小說
再見，大橋再見	王文華著	臺北市	九歌出版社	9月	15×21	159	小說
我們的山	陳肇宜著	臺北市	九歌出版社	9月	15×21	164	小說
斑馬線雲	張淑俐著	臺北市	財團法人毛毛蟲兒童哲學基金會	9月	14.5×18	156	童話
想念一個人的時候	文圖／陳璐茜	臺北縣	華文網公司第六出版事業部童書舖	9月	23.5×25.5	無頁碼	圖畫書
藍羽毛的飛行	文／毛襪圖／白琵	臺北縣	華文網公司第六出版事業部童書舖	9月	23.5×25.5	無頁碼	圖畫書
享受自己的感覺	謝繕任著	臺北市	國語日報社	9月	15×21	175	散文
紅色小屋之謎	蒙永麗著	臺北市	國語日報社	9月	15×21	110	小說
青鳥，起飛	沈世玲著	臺北縣	傳智國際文化事業公司	9月	20×19	139	寓言
美術館裡的小麻雀	文／林滿秋圖／陳盈帆	臺北市	青林國際出版公司	9月	23×30	29	圖畫書
半大不小≠沒大沒小	吳孟樵著	臺北市	幼獅文化事業公司	10月	15×21	186	小說
老鼠與女孩	趙映雪著	臺北縣	富春文化事業公司	10月	15×21	171	小說
阿貴讓我咬一口	春水堂科技娛樂公司	臺北市	寶瓶文化事業公司	10月	16.5×20	175	故事

書名	作者（譯者）	出版地	出版社	出版日期	開數	頁數	備註
大餅妹與羅密歐	林滿秋	臺北市	幼獅文化事業公司	10月	15×21	225	小說
扮鬼臉的老虎	文／凌明玉圖／陳和凱	臺北縣	華文網公司第六出版事業部童書舖	10月	23.5×25.5	無頁碼	圖畫書
愛挖土與抬頭看	文／林世仁圖／章毓倩	臺北縣	華文網公司第六出版事業部童書舖	10月	23.5×25.5	無頁碼	圖畫書
和世界一塊兒長大	林世仁著	臺北市	民生報社	10月	20.5×17.5	174	童話
大地的眼睛	陳素宜著	臺北市	民生報社	10月	20×20	178	散文
變身小鬼	王文華等著	臺北市	國語日報社	10月	15×21	147	童話
喜歡高空彈跳的微笑蜘蛛	林哲璋等著	臺北市	國語日報社	10月	15×21	123	童話
動物嘉年華會	文圖／莊河源	臺北市	國語日報社	10月	29×21.5	無頁碼	圖畫書
我睡不著	文圖／蔡兆倫	臺北市	國語日報社	10月	29×21.5	無頁碼	圖畫書
月亮別追我	文圖／謝佳玲	臺北市	國語日報社	10月	29×21.5	無頁碼	圖畫書
仔仔的撲滿豬	文圖／馮治琲	臺北市	國語日報社	10月	29×21.5	無頁碼	圖畫書
像花一樣甜	文圖／童嘉	臺北市	國語日報社	10月	29×21.5	無頁碼	圖畫書
家有怪物	文圖／余麗婷	臺北市	國語日報社	10月	29×21.5	無頁碼	圖畫書
猴死囝仔 vol.1 我們這一班	Ⅰ燈著	臺北市	文房文化事業公司	10月	15×21	223	故事

書名	作者（譯者）	出版地	出版社	出版日期	開數	頁數	備註
三上甘南路——去一個還有仙女傳說的地方	彭懿著	臺北市	民生報社	10月	15×21	134	散文
爺爺再見	陳嬿靜著	臺北縣	白蘭地書房出版社	10月	12.8×18.6	157	小說
白相大上海	劉保法著	臺北市	民生報社	10月	15×21	214	散文
數我	文／潘人木 圖／鍾偉明	臺北市	國語日報社	10月	19×21	無頁碼	圖畫書
誇我	文／潘人木 圖／黃淑英	臺北市	國語日報社	10月	19×21	無頁碼	圖畫書
南瀛之美圖畫書系列——我家在下營	文／利玉芳 圖／江彬如	臺南縣	臺南縣文化局	10月	21.5×26	27	圖畫書
南瀛之美圖畫書系列——官田菱角	文／謝安通 圖／陳麗雅	臺南縣	臺南縣文化局	10月	21.5×26	27	圖畫書
南瀛之美圖畫書系列——紅樹林海岸勇士	文／李慶章 圖／林麗瓊	臺南縣	臺南縣文化局	10月	21.5×26	27	圖畫書
南瀛之美圖畫書系列——唱唱跳跳牛犁歌	文／簡上仁 圖／杜佳芸	臺南縣	臺南縣文化局	10月	21.5×26	27	圖畫書
南瀛之美圖畫書系列——南鯤鯓廟的故事	文／黃文博 圖／許文綺	臺南縣	臺南縣文化局	10月	21.5×26	27	圖畫書
南瀛之美圖畫書系列——楊	文／利玉芳 圖／官月淑	臺南縣	臺南縣文化局	10月	21.5×26	27	圖畫書

書名	作者（譯者）	出版地	出版社	出版日期	開數	頁數	備註
達壓不扁的玫瑰							
丹頂鶴再嫁	沈石溪著	臺北市	民生報社	11月	15×21	264	故事
周伯陽全集4——兒童詩歌集	周伯陽著、吳聲淼主編	新竹市	新竹市政府	11月	15×21	357	兒童詩歌
周伯陽全集6——兒童故事集	周伯陽著、吳聲淼主編	新竹市	新竹市政府	11月	15×21	206	兒童詩歌
周伯陽全集5——劇本集	周伯陽著、吳聲淼主編	新竹市	新竹市政府	11月	15×21	194	兒童詩歌
小罐頭	文圖／崔永嬿	臺北市	上堤文化公司	11月	22.5×25	無頁碼	圖畫書
倪亞達1	袁哲生著	臺北市	寶瓶文化事業公司	11月	16.5×20	188	故事
妹妹狐變色	沈石溪著	臺北市	民生報社	11月	15×21	262	故事
非法智慧	張之路著	臺北市	民生報社	11月	15×21	377	小說
風婆婆	謝武彰編著	臺北縣	人人出版公司	11月	21×20	48	兒歌
大腳大	謝武彰編著	臺北縣	人人出版公司	11月	21×20	48	兒歌
五指歌	謝武彰編著	臺北縣	人人出版公司	11月	21×20	48	兒歌
金鉤鉤	謝武彰編著	臺北縣	人人出版公司	11月	21×20	48	兒歌
怪唱歌	謝武彰編著	臺北縣	人人出版公司	11月	21×20	48	兒歌
嘿嘿嘿，有鬼	張榜奎著	臺北縣	小兵出版社	11月	15×21	255	故事

書名	作者（譯者）	出版地	出版社	出版日期	開數	頁數	備註
拍我	文／潘人木 圖／仉桂芳	臺北市	國語日報社	11月	19×21	無頁碼	圖畫書
看我	文／潘人木 圖／曲敬蘊	臺北市	國語日報社	11月	19×21	無頁碼	圖畫書
牽我	文／潘人木 圖／郝洛玟	臺北市	國語日報社	11月	19×21	無頁碼	圖畫書
阿貴趴趴走	春水堂科技娛樂公司	臺北市	寶瓶文化事業公司	11月	16.5×20	175	故事
蝴蝶的大餐	文、攝影／張永仁	臺北市	信誼基金出版社	11月	21×20	24	圖畫書
白羊村的美容院	文／李紫蓉 圖／嚴凱信	臺北市	信誼基金出版社	11月	21×20	無頁碼	圖畫書
小紅布袋的秘密	邵正宏著	臺北縣	泛亞國際文化事業公司	11月	14.2×19	184	小說
奇妙的植物王國——小朋友的第一本植物故事書	謝明芳著	臺北市	文經出版社	12月	15×21	189	童話
春風春風吹吹	馬景賢著	臺北市	民生報社	12月	21×17.5	73	兒歌
天上飛飛地上跳	馬景賢著	臺北市	民生報社	12月	21×17.5	77	兒歌
我家有個小乖乖	馬景賢著	臺北市	民生報社	12月	21×17.5	70	兒歌
香蕉國王下命令	馬景賢著	臺北市	民生報社	12月	21×17.5	77	兒歌
山爺爺和海姑娘	林加春著	臺北縣	正中書局	12月	15×21	232	童詩

書名	作者（譯者）	出版地	出版社	出版日期	開數	頁數	備註
想當國王的寓言家	杜榮琛著	臺北縣	正中書局	12月	15×21	176	寓言
眼鏡公主	文圖／張蓬潔	臺北市	信誼基金出版社	12月	20×26	無頁碼	圖畫書
生命魔法書	邊成忠、李湘雄著	臺北市	書僮文化	12月	15×21	250	童話
發條星星	黃瑋琳著	臺北縣	臺北縣政府文化局	12月	15×21	170	童話
愛唱歌的公雞	謝明芳著	臺北縣	富春文化事業公司	12月	15×21	102	童話
小安琪的大麻煩	文圖／劉清彥	臺南市	人光出版社	12月	22.5×21	37	圖畫書
小月月的蹦蹦跳跳課	文圖／何雲姿	臺北市	青林國際出版公司	12月	30×24	無頁碼	圖畫書
去，去迪化街買年貨	文／朱秀芳 圖／陳麗雅	臺北市	青林國際出版公司	12月	23.5×30	31	圖畫書
哈瑪！哈瑪！伊斯坦堡！	桂文亞著	臺北市	民生報社	12月	20×20	136	散文

二○○一年兒童文學翻譯書目

書名	作者（譯者）	出版地	出版社	出版日期	開數	文類	頁數	備註
來自無人地帶的明信片	艾登・錢伯斯著／陳佳琳譯	臺北市	小知堂文化事業公司	1月	15×21	小說	403	英國
森林裡的海盜船	岡田淳著／黃瓊仙譯	臺北縣	豐鶴文化出版社	1月	15×21	童話	208	日本

書名	作者（譯者）	出版地	出版社	出版日期	開數	文類	頁數	備註
乙武的禮物	文／乙武洋匡 圖／澤田俊樹 譯／劉子倩	臺北市	圓神出版社	1月	20×18	傳記	68	日本
對橡樹說話的少年	瑪麗安・費吉森著／俞智敏譯	臺北市	時報文化出版公司	1月	15×21	小說	438	瑞典
回家之路	陵野盛著／高淑珍譯	臺中縣	日之昇文化事業公司	1月	13×19	小說	164	日本
搞怪動物王國	理查・康尼夫著／周文萍譯	臺北市	皇冠文化出版公司	1月	15×21	散文	254	美國
HOPE 希望	文圖／安東尼布朗等 譯／孫千淨、葉慧芳、趙美惠	臺北市	格林文化事業公司	1月	19.5×27	散文	96	英國等
但願我不是一隻小鳥	莉塔・古金斯基著／林敏雅譯	臺北市	玉山社出版事業公司	1月	13×19	小說	366	德國
格林童話(一)至（四）	格林兄弟著／徐珞、俞曉麗、劉冬瑜譯	臺北市	遠流出版事業公司	1月	15×21	古典童話	各冊不一	德國
我的小鳥	文／江國香織圖／荒井良二譯／長安靜美	臺北市	方智出版社	2月	15×21	小說	108	日本
星星和蒲公英	文／金子美鈴圖／朱美靜譯／李敏勇	臺北市	方智出版社	2月	15×21	童詩	67	日本

書名	作者（譯者）	出版地	出版社	出版日期	開數	文類	頁數	備註
山月桂	瑞雪爾・菲爾德著／劉蘊芳譯	臺北市	台灣東方出版社	2月	15×21	小說	296	美國
出事的那一天	瑪利安・丹・包爾著／鄒嘉容譯	臺北市	台灣東方出版社	2月	15×21	小說	154	美國
0到10的情書	蘇西・摩根斯特恩著／呂淑蓉譯	臺北市	台灣東方出版社	2月	15×21	小說	190	法國
芳心何處	比莉・雷慈著／陳淑惠譯	臺北市	新苗文化事業公司	2月	15×21	小說	369	美國
夢幻櫻花樹下	岡田淳著／黃瓊仙譯	臺北縣	豐鶴文化出版社	3月	15×22	童話	209	日本
格林童話全集（上）（中）（下）	格林兄弟著／舒雨、唐倫億譯	臺北市	小知堂文化事業公司	3月	15×23	古典童話	各冊不一	德國
牛奶盒上的那張照片	卡洛琳・庫妮著／盧娜譯	臺北市	新苗文化事業公司	3月	15×21	小說	243	美國
一隻老狗的流浪	克莉斯汀・內斯林爾著／陳慧芬譯	臺北市	玉山社出版事業公司	3月	13×19	小說	205	奧地利
菲利貓的世界	漢娜・約翰森著／徐潔譯	臺北市	玉山社出版事業公司	3月	13×20	小說	147	德國
少年達利的秘密	薩爾瓦多・達利著；皇冠編譯組	臺北市	平安文化公司	3月	15×21	散文	254	西班牙

書名	作者（譯者）	出版地	出版社	出版日期	開數	文類	頁數	備註
格林童話狂想曲（上）（下）	格林兄弟著／代紅譯	臺北縣	21世紀文化	3月	15×21	古典文化	189（上）192（下）	德國
少女與鬱金香	格萊葛利・馬奎爾著／韓宜辰譯	臺北市	商周出版社	3月	15×19	小說	277	美國
黑美人——一匹馬兒的真情告白	安娜・裘兒著／朱珮珍譯	臺北市	尼羅河書房	3月	15×21	小說	281	英國
那條怪怪的街——法蘭克札帕街物語	野中柊著／張秋明譯	臺北市	維京國際公司	3月	15×19	童話	233	日本
小公主	法蘭西斯・霍森・柏納著／林怡靜譯	臺北市	小知堂文化事業公司	3月	15×21	小說	287	英國
我不再沉默	羅瑞・霍爾司・安德森著／陳塵、胡文玲譯	臺北市	維京國際公司	4月	13.5×19	小說	237	美國
費茂大街26號	湯米・狄咆勒著／林良譯	臺北縣	三之三文化事業公司	4月	15×21	小說	160	美國
飛行教室	埃里希・凱斯特納著	臺北市	國際少年	4月	15×21	小說	221	德國
牛奶盒上的那張照片2	卡洛琳・庫妮著／盧娜譯	臺北市	新苗文化事業公司	4月	15×21	小說	243	美國

書名	作者（譯者）	出版地	出版社	出版日期	開數	文類	頁數	備註
綁架之旅	角田光代著／許嘉祥譯	臺北市	旗品文化出版社	4月	15×20	小說	162	日本
愛麗絲夢遊仙境	路易斯・卡若爾著／陳麗芳譯	臺北市	高富國際文化公司主人翁書坊	4月	15×21	童話	198	英國
魯賓遜漂流記	丹尼爾・狄福著／邱麗素譯	臺北市	高富國際文化公司主人翁書坊	4月	15×21	童話	227	英國
長腿叔叔	琴・韋伯斯特著／黃友玲譯	臺北市	高富國際文化公司主人翁書坊	4月	15×21	童話	217	美國
壁花先生	史蒂芬・查波斯基著／張嘉慧譯	臺北市	旗品文化出版社	4月	15×20	小說	233	美國
一腳、兩腳、三腳行	桑原崇壽著／楊淑真譯	臺中縣	日之昇文化事業公司	4月	13×19	小說	181	日本
最後著魔的格林童話	格林兄弟著／高寶編譯中心	臺北市	高富國際文化公司	5月	15×21	古典童話	237	德國
鯨狗	文圖／秋山匡譯／周姚萍	臺北市	小魯文化事業公司	5月	15.5×19.5	故事	64	日本
小熊貝魯和小蟲達達	文／原京子圖／秦好史郎譯／周姚萍	臺北市	小魯文化事業公司	5月	15.5×19.5	故事	63	日本
小狐狸買手套	小川未明等著／藍祥雲譯	臺北縣	富春文化事業公司	5月	15×21	童話	206	日本

書名	作者（譯者）	出版地	出版社	出版日期	開數	文類	頁數	備註
永恆的獵鷹	約瑟夫・格佐著／曾秀玲譯	臺中市	晨星出版公司	5月	13.5×19.5	小說	89	美國
當石頭還是鳥的時候	瑪麗亞蕾納・蘭可著／林素蘭譯	臺北市	玉山社出版事業公司	5月	13×19	小說	126	德國
亨利家的小搗蛋	Beverly Clearly 著／郭又瑄譯	臺北市	海鷗文化出版圖書公司	5月	15×21	小說	157	美國
麻煩的小跟班	Beverly Clearly 著／郭又瑄譯	臺北市	海鷗文化出版圖書公司	5月	15×21	小說	169	美國
都是排骨惹的禍	Beverly Clearly 著／郭又瑄譯	臺北市	海鷗文化出版圖書公司	5月	15×21	小說	175	美國
亨利的腳踏車	Beverly Clearly 著／郭又瑄譯	臺北市	海鷗文化出版圖書公司	5月	15×21	小說	175	美國
小靈魂與太陽	文／尼爾・唐納・沃許圖／法蘭克・瑞奇歐譯／劉美欽	臺北市	方智出版社	5月	15×21	故事	無頁碼	美國
十五少年漂流記	朱利・凡爾納著／辜小麗譯	臺北縣	大步文化	5月	15×21	小說	248	法國
格林童話奇幻精選集	格林兄弟著／里約譯	臺北市	希代出版公司	5月	12.5×18	古典童話	316	德國
牛奶盒上的那張照片3	卡洛琳・庫妮著／盧娜譯	臺北市	新苗文化事業公司	5月	15×21	小說	250	美國

書名	作者（譯者）	出版地	出版社	出版日期	開數	文類	頁數	備註
思黛拉街的鮮事	伊莉沙白・函妮著／趙映雪譯	臺北市	台灣東方出版社	5月	15×21	小說	291	澳大利亞
秘密花園	法蘭西斯・霍森・柏納著／柔之譯	臺北市	小知堂文化事業公司	5月	15×21	小說	299	英國
怪盜二十面相	江戶川亂步著／王鎮輝編	臺北縣	晨曦出版社	6月	14.5×19	小說	253	日本
少年偵探團	江戶川亂步著／王鎮輝編	臺北縣	晨曦出版社	6月	14.5×19	小說	223	日本
小王子	聖・修伯里著	臺北市	高富國際文化公司主人翁書坊	6月	15×21	童話	193	法國
魯賓遜漂流記	丹尼爾・狄福著／盧相如譯	臺北市	小知堂文化事業公司	6月	15×21	小說	314	英國
柳林中的風聲	肯尼斯・葛拉翰著／劉庭余策劃	臺北市	角色文化事業公司	6月	15×21	小說	220	英國
真哥哥假哥哥	漢斯-烏里希・特雷瑟爾著／假芝雲譯	臺北市	圓神出版社	6月	15×21	童話	196	德國
哈利波特——阿茲卡班的逃犯	J.K 羅琳著／彭倩文譯	臺北市	皇冠文化出版公司	6月	15×21	小說	507	英國
草原上的小木屋	羅拉・安格爾・威爾德著／角色文化編譯群編譯	臺北市	角色文化事業公司	6月	15×21	小說	219	美國

書名	作者（譯者）	出版地	出版社	出版日期	開數	文類	頁數	備註
都是亨利惹的禍	凱斯特・薛雷茲著／楊慧芳譯	臺北縣	檢書堂公司	6月	15×21	散文	223	德國
風車少年	保羅・佛萊許曼著／沈嘉琪譯	臺北市	旗品文化出版社	6月	15×20	小說	187	美國
育卡，狗的一生	奧提麗・貝莉著／于文萱譯	臺北市	高寶國際公司	6月	15×20	小說	302	法國
雁鳴與牢騷	比莉・雷慈著／陳淑惠譯	臺北市	新苗文化事業公司	6月	15×21	小說	371	美國
妖怪博士	江戶川亂步著／王鎮輝編	臺北縣	晨曦出版社	7月	14.5×19	小說	263	日本
大金塊	江戶川亂步著／王鎮輝編	臺北縣	晨曦出版社	7月	14.5×19	小說	223	日本
魔法師的接班人	瑪格麗特・梅罕著／蔡宜容譯	臺北市	台灣東方出版社	7月	15×21	小說	233	紐西蘭
十三歲新娘	葛羅莉亞・魏蘭著／鄒嘉容譯	臺北市	台灣東方出版社	7月	15×21	小說	218	美國
乞食的日子	李允福著／福地出版譯	臺北市	福地出版社	7月	15×21	小說	223	韓國
天空的入口	文／庫格圖／布赫茲譯／葉慧芳	臺北市	格林文化事業公司	7月	15×21	散文	126	德國
猜猜我有多聰明	文圖／豐田一彥譯／潘明珠	臺北市	小魯文化事業公司	7月	14×19	故事	63	日本

書名	作者（譯者）	出版地	出版社	出版日期	開數	文類	頁數	備註
安妮・強的烈焰青春	牙買加・金凱德著／何穎怡譯	臺北市	女書文化事業公司	7月	13×19	小說	190	美國
一隻老鼠的故事	托爾賽德爾著／陳佳琳譯	臺北市	玉山社出版事業公司	7月	17×22	小說	186	美國
小王子	安東尼奧・聖修伯里著／陳紹瑋譯	臺北縣	華文網公司第六出版事業部・集思書城	7月	15×21	童話	181	法國
伊莉複製莉伊	夏洛特・克爾娜著／呂永馨譯	臺北市	商周文化事業公司	7月	15×19	小說	238	德國
愛上居爾特	約瑟夫・雅各布斯著／蕭淑君譯	臺北縣	新雨出版社	7月	20×20	民間故事	360	英國
第十二個天使	奧格・曼迪諾著／林瑞瑛譯	臺北縣	新路出版公司	7月	15×21	小說	237	美國
夏日山間之歌	約翰・繆爾著／陳怡芬譯	臺北市	小知堂文化事業公司	7月	13×19	小說	253	美國
綠野仙蹤外一章	格萊葛利・馬奎爾著／林師祺譯	臺北市	商周文化事業公司	7月	15×19	小說	357	美國
一串葡萄	有島武郎著／何黎莉譯	臺北市	小知堂文化事業公司	7月	13×19	童話	126	日本

書名	作者 （譯者）	出版地	出版社	出版 日期	開數	文類	頁數	備註
荳荳忘憂書	黑柳徹子著 ／李常傳譯	臺北市	新潮文化 事業公司	8月	15×21	散文	368	日本
半個魔法	愛德華・伊格 著／吳榮惠譯	臺北市	台灣東方 出版社	8月	15×21	小說	133	美國
休息時間	愛登・錢伯斯 著／何佩樺譯	臺北市	小知堂文 化事業公 司	8月	15×21	小說	218	英國
舞在狂熱邊 緣	漢・諾蘭著 ／林邵貞譯	臺北市	維京國際 公司	8月	13×19	小說	285	美國
哈樂和故事 之海	魯西迪著／ 彭桂玲譯	臺北市	皇冠文化 出版公司	8月	15×21	小說	228	英國
小王子	安東・聖・艾 修伯里著／容 兒改寫	臺北縣	業強出版 社	8月	15×21	童話	134	法國
三根薄荷棒 棒糖	侯貝・沙巴耶 提著／黃敏次 譯	臺北市	高寶國際 公司	8月	15×19.5	小說	333	法國
魔法外套	迪諾・布札第 著／倪安宇譯	臺北市	皇冠文化 出版公司	8月	15×21	小說	317	義大 利
在你說 「喂」之前	伊塔・羅卡爾 維諾著／倪安 宇譯	臺北市	時報文化 出版公司	8月	15×21	寓言	282	義大 利
尼克的秘密 筆記	艾登・錢伯斯 著／胡洲賢譯	臺北市	小知堂文 化事業公 司	9月	15×21	小說	341	英國
來自戰地的 男孩	柏納德・艾許 登著／史錫蓉 譯	臺北市	新苗文化 事業公司	9月	15×21	小說	307	英國

書名	作者（譯者）	出版地	出版社	出版日期	開數	文類	頁數	備註
大草原的奇蹟	艾倫・艾柯特著／盧相如譯	臺北市	小知堂文化事業公司	9月	13×19	小說	220	美國
奇妙的生靈	布封著／何敬業、徐崗譯	臺北市	小知堂文化事業公司	9月	13×19	散文	255	法國
胖胖戴樂瑪想飛	菲利浦・德朗著／李桂蜜譯	臺北縣	探索出版公司	9月	13.5×20	小說	78	法國
星期三的盧可斯戲院	珍妮・泰森著／李桂蜜譯	臺北縣	探索出版公司	9月	13.5×20	小說	139	法國
艷陽下的鬼	錫德・佛萊謝曼著／趙映雪譯	臺北市	幼獅文化事業公司	9月	15×21	小說	219	美國
沒有月亮的晚上	錫德・佛萊謝曼著／趙映雪譯	臺北市	幼獅文化事業公司	9月	15×21	小說	175	美國
傻狗溫迪客	凱特・狄卡密歐著／傅蓓蒂譯	臺北市	台灣東方出版社	9月	15×21	小說	179	美國
親親媽咪的枕邊小故事——英國童話選集	約瑟夫・雅各布斯著／蕭淑君譯	臺北縣	新雨出版社	9月	15×21	古典童話	283	英國
怪獸和牠們的產地	J.K.羅琳著／雷藍多譯	臺北市	皇冠文化出版公司	9月	15×21	童話	79	英國
穿越歷史的魁地奇	J.K.羅琳著／雷藍多譯	臺北市	皇冠文化出版公司	9月	15×21	童話	87	英國
史凱力	David Almond著／蔡宜容譯	臺北市	小魯文化事業公司	9月	15×21	小說	233	英國

書名	作者（譯者）	出版地	出版社	出版日期	開數	文類	頁數	備註
莫齊與馬克馬咪	貝茲·拜爾著／唐慧心譯	臺北市	國際少年村	9月	15×21	小說	188	美國
自然與人生	德富蘆花著／周平譯	臺北市	小知堂文化事業公司	10月	15×21	散文	287	日本
一隻叫活力的狗	維吉妮亞·伍爾芙著／唐嘉慧譯	臺北市	圓神出版社	10月	15×21	小說	197	英國
小王子	聖·修伯里著／李宗恬譯	臺北縣	正中書局	10月	10.5×15	童話	199	法國
遇上美人魚	辛西亞·瑞蓮著／黃菁菁譯	臺北市	維京國際公司	10月	13.5×19	小說	109	美國
咆哮的狗——一位科學頑童的生活記趣	Seymour Simon 著／洪善鈴譯	臺北市	豐德科學教育事業公司	10月	15×21	小說	139	美國
風之王	Marguerite Henry 著／趙永芬譯	臺北市	小魯文化事業公司	10月	15×21	小說	188	美國
小偷	Megan Whalen 著／陳詩紘譯	臺北市	新苗文化事業公司	10月	15×21	小說	293	美國
清秀佳人	May Edginton 著／沈櫻譯	臺北縣	正中書局	10月	10×15	小說	274	英國
小鹿斑比	Felix Salten 著／蘊雯譯	臺北縣	正中書局	10月	10×15	小說	253	奧地利
動物農莊	George Orwell 著／李啟純譯	臺北縣	正中書局	10月	10×15	寓言	211	英國
黑暗的樓梯	貝茲·拜爾著／孫遜譯	臺北市	國際少年村	10月	15×21	小說	172	美國

書名	作者（譯者）	出版地	出版社	出版日期	開數	文類	頁數	備註
海角一樂園	強納・維斯著／黃菱芳譯	臺北縣	角色文化事業公司	10月	15×21	小說	234	瑞士
貓狗一家親	薩賓娜・路德維希著／葉慧芳譯	臺中市	星晨出版公司	10月	15×21	小說	94	德國
爺爺	筒井康隆著／劉名揚譯	臺北市	時報文化出版公司	10月	15×21	小說	162	日本
古屋謎雲	Viginia Hamilton 著／連雅慧譯	臺北市	小魯文化事業公司	11月	15×21	小說	263	美國
無法投遞的信	凱瑟琳・克萊斯曼・泰勒著／陳佳慧譯	臺北市	小知堂文化事業公司	11月	13×19	小說	88	美國
臨別的禮物	班・艾瑞克森著／趙秀華譯	臺北市	新苗文化事業公司	11月	15×21	小說	343	美國
淘金英雄妙管家	席德・弗雷希門著／海星譯	臺北市	台灣東方出版社	11月	15×21	小說	266	美國
教室裡的啪啦啪啦神	岡田淳著／黃瓊仙譯	臺北縣	暢通文化事業公司	11月	15×21	童話	175	日本
白楊樹之秋	湯本香樹實著／姚巧梅譯	臺北市	玉山社出版事業公司	11月	13×19	小說	200	日本
妙叔叔的來信	馬溫・板客著／王淑華譯	臺北市	玉山社出版事業公司	11月	13×20.5	小說	139	英國
愛的禮物	小甜甜布蘭妮＆琳・史比爾斯著／羅玲妃譯	臺北市	平裝本出版公司	11月	13×19	小說	205	美國

書名	作者 （譯者）	出版地	出版社	出版 日期	開數	文類	頁數	備註
走出寂靜	馬修・史都華・鮑爾著／林劭貞譯	臺北市	維京國際公司	11月	13×19	散文	229	美國
偷莎士比亞的賊	葛瑞・布雷克伍德著／胡靜宜譯	臺北市	商周文化事業公司	11月	14.7×19	小說	249	美國
與幸福的約定	江國香織著／長安靜美譯	臺北市	方智出版社	12月	10×15	童話	206	日本
那一年在奶奶家	瑞奇・派克著／趙映雪譯	臺北市	台灣東方出版社	12月	15×21	小說	211	美國
曠野迷蹤	David Almond著／譯林靜華	臺北市	小魯文化事業公司	12月	15×21	小說	260	英國
大海在哪裡	于爾克・舒比格著／林敏雅譯	臺北市	玉山社出版事業公司	12月	13×19	故事	143	德國
外公上山	古德龍・保瑟汪著／林素蘭譯	臺北市	玉山社出版事業公司	12月	13×20.5	小說	63	德國
羊男的聖誕節	村上春樹著／羊男譯	臺北市	時報文化出版公司	12月	13×15	童話	107	日本
球樂的秘密	文／柯妮莉亞芳克 圖／克爾絲汀梅耶 譯／高彩寧	臺北縣	暢通文化事業公司	12月	15.5×21.5	童話	61	德國
哈利波特——火盃的考驗	J.K 羅琳著／彭倩文譯	臺北市	皇冠文化出版公司	12月	15×21	童話	762	英國

書名	作者 （譯者）	出版地	出版社	出版 日期	開數	文類	頁數	備註
天空之歌	歐那莉由子著 ／李毓昭譯	臺北市	晨星出版 公司	12月	14.8×19.2	詩	125	日本
魔法陣	唐娜・喬・拿 波里著／宋瑛 堂譯	臺北市	旗品文化 出版社	12月	15×19.5	小說	128	美國

二〇〇二年臺灣兒童文學大事記暨書目

一　前言

　　二〇〇二年兒童文學在各方面仍舊獲得政府單位的支持，兒童閱讀活動仍繼續在校園裡推廣，相關閱讀的書籍出版活絡。加上各地讀書會、故事媽媽團體的積極推廣，促使圖畫書運用在說故事、生命教育及結合學校教學上。而出版社也規劃多元化及不同書系的圖畫書因應市場需求。而隨著幾米的繪本文學作品在中港臺締造極佳的銷售成績，使得圖畫書出版也同時具有兒童和成人的市場。

　　而在學術上各項研討會、座談會、兒童文學的研習營，加上華文地區兒童文學的交流，國際性研討會邀請知名專家進行研習及演講也拓展國人的視野。而兒童文學從各方面逐漸深入基層也可以從學校、民間團體的各項活動看出。如地方性的兒童文學學會的成立，桃園兒童文學協會、幼兒文學學會等。而臺灣省兒童文學學會、中國文藝學會也加入舉辦兒童文學創作營、文藝營的行列；朱學恆成立的「奇幻文學藝術基金會」促使由《哈利波特》和《魔戒》引起的奇幻文學創作與研究風潮落實在實際的層面。而在學術研究上臺東師院兒童文學博士班的獲准成立，讓兒童文學的研究晉升至專業領域。

　　同時，今年兒童文學也面臨許多轉變。如有三十八年歷史的「兒童讀物編輯小組」遭到裁撤，與其相關的《中華兒童叢書》和《兒童的雜誌》都隨著走入歷史，對臺灣本土兒童文學創作有一定的影響和歷史意義。此外，許多具全國性指標性的徵文比賽因為經濟社會的因素相繼停辦，取而代之的是地方性的徵文，各縣市的文化局在文學徵獎活動中加入兒童文學的項目，如：臺南南瀛文學獎、桃園縣兒童文學獎等。

　　以下將針對出版、活動、教學與研究等方面來整理二〇〇二年兒童文學的創作與活動，並陳述臺灣兒童文學發展的現象。

二　出版

　　《哈利波特》所播種的奇幻文學種子，今年在臺灣的出版園地開花結果。無論是與托爾金《魔戒三部曲》齊名的，C.S 路易斯《納尼亞魔法王國》系列和娥蘇拉‧勒瑰恩《地海傳說》系列，或是英國菲力浦‧普曼的《黑暗元素三部曲》、《冰與火之歌三部曲》等，除了讓臺灣讀者得見西方奇幻文學長期耕耘後的多采樣貌，並有助於奇幻文學類型閱讀向下扎根。而《殤天之翼》及《仇鬼豪戰錄》系列，則是臺灣奇幻文學創作，兩張亮眼的成績單。加上朱學恆將翻譯《魔戒》的翻譯費七百五十萬捐出成立「奇幻文學藝術基金會」，更促進奇幻文學的創作與研究風氣。

　　此外，天下文化有感於現在的孩子每天平均看電視的時間（2小時）比花在看書的時間（0.6小時）多出太多，可見臺灣在兒童書市的推動上還有很大的空間，因此成立「小天下」從翻譯作品開始，希望帶動其他同業開發兒童閱讀版塊。而許多新出版社如：和融、米奇巴克、巨河、暢通等加入童書出版行列，也帶來許多令人耳目一新的佳作。

　　今年兩大報的年度好書獎，除了評審挑選出來的年度好書之外，開放網路讀者票選的「網路版開卷十大好書」顯示讀者的選擇，而誠品和金石堂的年度排行榜則比較出市場反應與專業評審制度的差異。兩大報的年度好書獎如下：

《中國時報》二○○二年開卷好書獎

最佳青少年圖書

書名	作者（譯者）	出版社
公平與不公平、男孩？女孩？和平萬歲 !!、真真假假大集合	布莉姬・拉貝、米歇爾・布許／文 傑克・阿薩／圖 謝蕙心、殷麗君／譯	米奇巴克公司
地海傳說系列（共六冊）：地海巫師、地海彼岸、地海古墓、地海孤雛、地海故事集、地海奇風	娥蘇拉・勒瑰恩（Ursula K. Le Guin）／著 殷宗忱、蔡美玲／譯	繆思出版公司
沒有圍牆的美術館	劉惠媛／著	幼獅文化事業公司
為什麼孩子要上學	大江健三郎／著 陳保朱／譯	時報文化出版公司
偷莎士比亞的賊	葛瑞・布雷克伍德（Gary Lyle Blackwood）／著 胡靜宜／譯	商周文化事業公司公司

最佳童書

書名	作者（譯者）	出版社
十顆種子　蝸牛去散步	露絲・布朗（Ruth Brown）／文、圖 經典傳訊童書編輯部／譯	經典傳訊文化公司
早起的一天	賴馬著	和英出版社
阿非，這個愛畫畫的小孩	林小杯／文、圖	信誼基金出版社

書名	作者（譯者）	出版社
啊！科學（共五冊）	柳生弦一郎、小森厚、五味太郎、於保誠、得田之久、金尾惠子／文、圖 蔣家鋼／譯	信誼基金出版社
擦亮路牌的人	莫妮卡・菲特／文 安東尼・布拉丁斯基／圖 林素蘭／譯	玉山社出版公司

《聯合報》二○○二年最佳童書獎

繪本類

書名	作者（譯者）	出版社
再見，愛瑪奶奶	大塚敦子／文、攝影 林真美／譯	和英出版社
我絕對絕對不吃番茄	蘿倫・柴爾德／文、圖 賴慈芸／譯	經典傳訊文化公司
大家來逛動物園	阿部弘士／文、圖 鄭明進／譯	信誼基金出版社
開往遠方的列車	伊芙・邦婷／文 羅奈德・希姆勒／圖 劉清彥／譯	和英出版社
爺爺的天使	尤塔・鮑爾／文、圖 高玉菁／譯	三之三文化公司

讀物類

書名	作者（譯者）	出版社
神啊，你在嗎？	茱蒂・布倫／著 周惠玲／譯	幼獅文化事業公司
沒有圍牆的美術館	劉惠媛／著	幼獅文化事業公司
神從哪裡來？	布莉姬・拉貝、米歇爾・布許／著 傑克・阿薩／圖 吳騏／譯	米奇巴克公司
檸檬的滋味	吳爾芙／著 陳佳琳／譯	玉山社出版公司
狐狸的電話亭	戶田和代／文 高巢和美／圖 郭淑娟／譯	和融出版社

中時二○○二網路版青少年&兒童書類十大好書獎

書名	作者（譯者）	出版社
地海傳說系列（共六冊）	娥蘇拉・勒瑰恩／著 段宗忱、蔡美玲／譯	繆思出版公司
後山的螢火蟲	陳月文、方恩真／文 張光琪／圖	知本家文化公司
狐狸的電話亭	戶田和代／著 高巢和美／圖	和融出版社
為什麼孩子要上學	大江健三郎／著 陳保朱／譯	時報出版公司
請問諾貝爾大師	白蒂娜・史帝克／編	時報出版公司

書名	作者（譯者）	出版社
乳牙掉了怎麼辦？	Selby B. Beeler／文 G. Brain Karas／圖	和融出版社
和平萬歲!!、真真假假大集合、公平與不公平、男孩？女孩？	布莉姬・拉貝、米歇爾・布許／文 傑克・阿薩／圖 謝蕙心、殷麗君／譯	米奇巴克公司
薩琪到底有沒有小雞雞？薩琪想要一個小寶寶	提利文、戴爾飛／圖	米奇巴克公司
爺爺的天使	尤塔・鮑爾／文、圖 高玉菁／譯	三之三文化公司
記憶的項鍊	伊芙・邦婷／文 泰德・瑞德／圖	三之三文化公司

（一）新書發表會

1 馬景賢先生兒歌專題講座

　　兒童文學作家馬景賢，從一九八一年開始為幼兒創作兒歌，已有二十年歷史，創作經驗豐富。一月十二日（星期六）上午九時三十分至下午四時三十分，地點為聯合報系第一會議室，馬景賢先生藉由民生報出版的四本自寫自畫的兒歌：《春風春風吹吹》、《天上飛飛地上跳》、《我家有個小乖乖》和《香蕉國王下命令》作精闢深入的專題講座。活動中邀請兒歌專家潘人木、林良和林文寶就「兒歌的創作與欣賞」與讀者分享相關經驗。

2 劉俠義賣首本圖畫書「好小子，喬比」

　　筆名杏林子的劉俠與畫家閒雲野鶴共同完成第一本圖畫書《好小

子，喬比》，書中勇敢的貓咪「喬比」為了體驗生命，引發一連串有
趣和感人的故事。劉俠在臺北市舉辦慈善簽名義賣會，義賣由出版社
提供的一千本《好小子，喬比》愛心典藏版，義賣所得全部捐贈給智
障者家長總會和伊甸基金會。

（二）童書翻譯出版朝「書系」發展，呈現多元化書系的現象

今年童書翻譯出版以規劃清晰完整的「書系」為訴求重點，在議
題或是畫風呈現上，也吸引許多成人讀者閱讀。各家出版社有計畫的
推出關懷環境、弱勢團體或以培養兒童抽象思考能力的哲學系列、成
長系列或作家專輯的圖畫書和青少年文學作品，並搭配書展促銷或媒
體報導等來進行行銷。如：格林文化引介自法國的「繪本新浪潮」系
列、米奇巴克出版社的「哲學種子」系列、和英出版社的「關懷」系
列和「幼兒幽默圖畫書」系列，在青少年文學領域已建立口碑的玉山
社的圖畫書「可大可小」系列，遠流「新家庭繪本」和「安的想像世
界」系列。天衛文化圖書公司引進日本作家椋鳩十動物故事全集《新
月黑熊》、《獨耳大鹿》等。幼獅出版社以「少女成長」為主題的「希
若鷹系列」等。

（三）《台灣囡仔報》及《少年台灣雜誌》出版

為了推展臺灣語言，能說出流利的母語（包含客語、河洛、華
語）及兼顧全民英語運動，並利用羅馬拼音來教臺灣母語，《台灣囡
仔報》推出臺、客、國、英語四語教學，內容包括文教新聞、母語交
流道、教育單元、做伙學臺語等單元。

以臺灣歷史、地理為主幹，內容包含臺灣地理百科、臺灣史記、
多趣的風物志、少年群英傳等。讓青少年可以深入認識臺灣的風土民
情及歷史等。

（四）兒童讀物編輯小組遭裁撤

一九六四年聯合國教科文組織為協助我國發展國民教育，提供五十萬美元給臺灣省教育廳，推動兒童讀物出版計畫，由教育廳、北、高兩市教育局等有關人員，共組兒童讀物出版資金管理委員會，多年來編輯小組出版近千冊的《中華兒童叢書》，發行的《兒童的雜誌》也獲金鼎獎的肯定，更培養創造許多本土畫家及作家。但在今年四月教育部決定廢止具三十八年歷史的兒童讀物編輯小組。與其相關的《兒童的雜誌》在十二月停刊，臺灣書店也併入教育部。

（五）低齡化寫作現象

海峽兩岸出版界出現「出版神童」的熱潮，上海韓寒十七歲推出長篇小說《三重門》成為暢銷書，十二歲的蔣方舟出版《正在發育》，六歲的竇蔻出版《竇蔻流浪記》；臺灣李偉涵十六歲完成的長篇小說《希望之石》也進入大陸市場。使得出版界興起低齡化寫作的現象。

（六）兒童文學獎

臺灣兒童文學獎逐漸受電重視，除了原有獎項之外，可以從今年許多文學獎都增設兒童文學獎項看出來。同時會促進創作者與評審、讀者的距離及交流的機會，許多獎項並藉由頒獎典禮，同時舉行學術研討會、新書發表會或座談會。

1 文建會臺灣文學獎揭曉

已舉辦十四屆的臺灣省兒童文學創作獎從今年由文建會主辦，改成「文建會臺灣文學獎」包含短篇小說、新詩和童話。今年參選作品短篇小說組二一四件、新詩組四五一件、童話組二四〇件。每一組分

別選出首獎一名、評審獎二名、優選三名及佳作三名。童話組首獎由趙文華的〈梅花鹿巴躍〉獲得。

2 第十屆「現代兒童文學獎」

九歌文教基金會舉辦的第十屆「現代兒童文學獎」包括世界各地華文作品一三四件來稿中，分三階段評審，最後得獎者有八位，林佩蓉的《風與天使的故鄉》獲行政院文化建設委員會特別獎、第二名是呂紹誠《創意神豬》、第三名李志偉《七彩肥皂泡》、榮譽獎五名分別是陳沛慈《寒冬中的報歲蘭》、鄭美智《少年鼓王》、羅世孝《下課鐘響》、盧振中《尋找蟋蟀王》和黃秋芳《魔法雙眼皮》。

3 第十四屆信誼幼兒文學獎

第十四屆「信誼幼兒文學獎」於四月二十八日揭曉，林小杯以《阿非，這個愛畫畫的小孩》獲得圖畫書創作首獎，由教育部長黃榮村先生頒發獎牌一面與獎金廿萬元，林小杯同時也在文字創作《全都睡了一百年》拿下唯一的佳作獎項；其他獲獎者還包括圖畫書創作佳作獎劉旭恭《好想吃榴槤》與曹瑞芝《陶樂蒂的開學日》。

4 第五屆「用愛彌補」兒童文學獎揭曉

「用愛彌補」兒童文學獎舉辦至今已五屆，從「喜歡自己，也喜歡不一樣的朋友」到「享受做自己，溫柔對別人」等不同主題，羅慧夫顱顏基金會已陸續出版了九本兒童故事書，並以贈閱、戲劇表演及說故事媽媽的方式的校園推廣，今年莒光國小張育哲以《同學阿智》獲得第一名金獎，表達資質不一樣的同伴需要用愛去關懷的主題。榮獲第二名銀獎的是《透明魚晶晶》。

5 「新竹縣吳濁流文藝獎」兒童文學獎

二〇〇二年「新竹縣吳濁流文藝獎」在徵文類別上增加兒童文學項目。首獎由曾幼涵〈井底之蛙〉獲得，貳獎林佑儒〈土地公阿福的故事〉、參獎寧李羽娟〈幽浮事件〉、佳作共三名：黃秋菊〈影子貓歷險記〉、陳秀珍〈變身〉、林宜蓁〈升起來的城市〉。

6 第十屆南瀛文學獎

臺南縣文化局為鼓勵更多人員參與地方文學傳承與創作，開辦了「南瀛文學獎」，今年兒童文學獎得獎名單為：陳榕笙《小延的金銀島》、林哲璋《善化阿嬤》、歐嬌慧《小海龜回家》、范富玲《死了一隻白鳥之後》、楊寶山《最糗的一天》。

7 第九屆師院生兒童文學創作獎

師院生兒童文學創作獎今年由國北師院承辦。徵選類別為童詩和寓言。每個類別選出首獎一名，優等獎三至四名，佳作二十名，共有四十八人獲獎。童詩類，首獎由臺南師院師資班蕭武治獲得，優等獎有周銘斌、鄭頌穎、劉玉珍、張惠如，佳作有潘文玲等二十人。獲得寓言類首獎是市立臺北師院李佩怡，優等獎的是江惠玲、林佳蓉、莊幸芬，佳作由江凱寧等十九人。本屆未舉辦頒獎典禮及印製論文集，由於教育部不再補助相關經費，應為最後一屆舉辦。

8 二〇〇二年度桃園縣兒童文學獎

桃園縣兒童文學獎創作比賽，總計參賽作品童詩組有二十八篇、兒歌組十八篇、童話組三十一篇、兒童散文組九十二篇，兒童文學創作獎得獎者，各組前三名名單如下：童詩：林淑珍、姜聰味、陳怡靜。兒歌：李光福、林靜琍、倪俊祺。童話：賴梓雲、郭美玲、劉翠

玲。兒童散文／第一名盧宜含、第二名陳學渝、莊影琳、第三名盧宛孜、卜繁宇、陳修竹。

9 十二屆柔蘭兒童文學獎

由高雄市兒童文學寫作學會舉辦的第十二屆柔蘭兒童文學獎分成兒童小說及臺語兒歌兩組。兒童小說特優：曾春〈迴旋的暖流〉。優選：張溪南〈失落的童年〉、鄭宗弦〈相見歡〉、劉錦得〈乩童阿吉〉、陳啟淦〈蝦子的滋味〉、連偉齡〈橘貓〉和許玉蘭〈畢業的禮〉。臺語兒歌特優：顏肇基〈鳳凰花，飛飛飛〉等。優選：林文志〈夜婆〉等、陳景聰〈放風吹〉等、廖炳焜〈阿珠‧阿桃〉等、陳佩萱〈水雞〉等、李家鴻〈金光頭〉等、雷浩霖〈啥人在生氣〉等、郭智義〈白色的海砂埔〉等、黃基博〈母親節〉等、黃素妹〈十二生肖〉等、陳照雄〈臺灣是寶島〉等。

10 第六屆余春吉童詩創作獎

由高雄市兒童文學寫作學會舉辦的第六屆余春吉童詩創作獎以鼓勵兒童寫童詩為主，分成高小組及初小組兩組，高小組第一名：李睿仁〈考試〉等、第二名梅嘉豪〈膠帶〉等、第三名蔡依潔〈草莓〉等、佳作為吳侑珊等十四名。初小組第一名：蔡文岸〈考卷〉等、第二名丁海傑〈金針花〉等、第三名孫筱苪〈雪〉等、佳作為雷孟珊等兩名。

（七）兒童讀物評選

1 新聞局金鼎獎

由行政院新聞局主辦的「二○○二年金鼎獎」中，今年在十月在宜蘭舉行，雜誌類：《幼獅少年雜誌》獲得兒童及少年類「雜誌出版金鼎獎（團體獎）」，《小百科報報》、《小牛頓兒童科學園地雜誌》及《兒

童的雜誌》獲得兒童及少年類「優良雜誌出版推薦」。圖書類：《藝術家系列》獲兒童及少年讀物類「圖書出版金鼎獎（團體獎）」，《星星王子》、《射日》、《地下鐵》獲得兒童及少讀物類「優良圖書出版推薦」。

2 第二十次中小學生優良課外讀物推介暨第七屆小太陽獎

行政院新聞局主辦的「第七屆小太陽獎」，由「第二十次中小學生優良課外讀物推介」中的圖書中選出七個出版獎與三個個人獎。得獎名單如下：

（1）小太陽出版獎

圖畫書類：《小月月的蹦蹦跳跳課》（何雲姿著，青林國際出版公司）。

科學類：《植物 Q&A》（鄭元春著，大樹文化事業公司）。

人文類：《切膚之愛 —— 蘭大衛的故事》（陳啟淦著，文經出版社）。

文學語文類：《媽祖回娘家》（鄭宗弦著，九歌出版社）。

叢書、工具書類：《蕨類圖鑑》（郭城孟著，遠流出版事業公司）。

漫畫類：《烏龍院20年典藏紀念版》（敖幼祥著，時報文化企業出版公司）。

雜誌類：《小作家月刊》（總編輯蔣竹君，財團法人國語日報社）。

（2）小太陽個人獎

最佳文字創作獎：鄭宗弦《媽祖回娘家》。

最佳編輯獎：周惠玲《臺灣放輕鬆／臺灣原住民》。

最佳插圖：廖東坤《我的福爾摩沙》。

最佳美術設計：三民書局美術編輯組《音樂，不一樣？》系列
叢書。

三　活動

二〇〇二年除了許多兒童文學徵文活動之外，許多國外插畫原畫
展、兒童電影、童話藝術節的活動，讓兒童文學除了靜態的活動之
外，更增添了許多動態的參與及視覺上的饗宴。結合作品、兒童戲
劇、電影讓兒童文學呈現多元的面貌。

（一）「魔法花園──安徒生童話・繪本原畫展」

青林國際出版公司、中國時報系與國父紀念館合辦的「魔法花
園──安徒生童話・繪本原畫展」，於一月二十二日在臺北國父紀念
館展開。這項展出是由安徒生的出生地丹麥奧登塞（Odense）市立安
徒生博物館所提供，首站在日本，臺灣是巡迴的第二站，將陸續在臺
北、高雄、宜蘭和桃園展出，這項展覽將依序巡迴法國、德國、中國
大陸、韓國等地，待二〇〇五年安徒生誕生兩百週年慶時，回到他的
出生地展出。這是國內首度以單一童書作家為主題推出的插畫、文獻
展覽，除了展出從安徒生時代至今由歐洲、美洲、亞洲等多國十六位
國際著名藝術家精心收藏與繪製的二三九件安徒生童話作品外，還將
展出安徒生當年的手稿等珍貴資料。

（二）俄羅斯插畫展

為拓展國人的國際藝術視野，認識俄羅斯藝術，由臺灣藝術教育
館和財團法人中華圖書出版事業發展基金會主辦，PiART Art and
Design Agency 協辦，於「第十屆臺北國際書展」開幕首日，同時於

臺灣藝術教育館中正藝廊舉辦「俄羅斯插畫展」，展出近百位傑出插畫家三百幅的插畫作品。展出時間為二月十九日至三月二十四日，地點為臺北市中正紀念堂中正藝廊，並邀請俄羅斯插畫家基里爾‧契魯許金（Kirill Chelushkin），即「安徒生故事」插畫作者，於書展現場舉辦作者海報簽名會。

（三）「二〇〇二——童想」兒童影展

臺中市文化局將與知名導演李行、國家電影資料館、極忠文教基金會等單位，從九月二十七到十月四日共同主辦「二〇〇二——童想」兒童影展。這是國內第一次舉辦以兒童為主的影展，特別引進大陸專為小朋友拍攝的十部電影，包括「城南舊事」、「我的九月」、「天堂回信」、「我也有爸爸」、「草房子」、「無聲的河」、「唱大戲」、「微笑的螃蟹」、「花季雨季」、「棒球少年」，其中「城南舊事」更是作家林海音的原著改編。

（四）我和我站立的村子——鄭明進70圖畫書文件展

兒童文學資深工作者鄭明進，除大量引薦並推廣世界各國著名的兒童圖畫書外，也蒐藏很多世界各地的圖畫書、海報及相關文件。九月二十八日至十月十三日在誠品敦南店展出他參觀各個國際書展、原畫展及結識各國圖畫書插畫家、出版社收藏的兩百多圖畫書海報、一九八二至二〇〇二年二十多本歷屆義大利波隆那國際圖畫書原畫展專輯及世界各國原版圖畫書等文件。展覽結束之後，由臺東師院兒童文學研究所預計成立的「兒童文學館」收藏鄭明進個人原畫作品十件、早期大陸圖畫書五十本、早期日本圖畫書五十本、早期歐美圖畫書五十本、世界著名插畫家及國際插畫展海報二三二張，以及與這些海報相關的圖畫書共二百本。

（五）文建會兒歌一百徵選活動

舉辦「文建會兒歌一百徵選活動」經過長達兩個月縝密的初審、複審、決審階段，針對不同語言聘請三十三位專業評審，共選出社會組、兒童組國語、客語、閩南語、原住民組得獎作品共八十四首，並所有得獎作品製作兒歌集及唸唱 CD，提供各界參考，作為推廣之用。頒獎典禮於二○○二年十二月二十一日在文建會藝文空間隆重舉行，由鞋子劇團規劃頒獎典禮及表演節目，總計有二百多人參與盛會。此次徵選原住民語及客語質量大幅提高，更有全家人一起參與創作的作品。此外，《月娘光光──臺灣（2001年）兒歌一百》作品集榮獲政府優良出版品。二○○○年的八十五首兒歌請專人譜曲製作成 CD 及互動式光碟，並上網提供民眾下載及舉辦兒歌大賽，達成推廣兒歌的目的。

（六）兒童文學創作與研究夏令營

為推廣兒童文學寫作，中華民國兒童文學學會暨國語日報合辦「兒童文學寫作夏令營」。邀請兒童文學作家及學者擔任講師，包括林煥彰、杜榮琛、方素珍等人。研習活動從七月三十日到八月三日，研習地點在國語日報社。此外臺灣省兒童文學協會七月二十一日到七月二十五日在靜宜大學舉行「二○○二年度文學創作研究夏令營」，中國文藝協會從七月一日也推出「兒童文學理論與創作實驗班」。

（七）「二○○二臺中國際童話藝術節」

由臺中縣市政府共同共辦「童話傳奇劇場」及臺灣競爭力中心策劃的「二○○二臺中國際童話藝術節」七月六日在臺中展開，邀請國內外童話藝術家參與。有童話人物踩街遊行活動、國際插畫展、書

展集邀請兒童文學家說故事活動，並結合許多國家表演人才進行跨國兒童劇團製作表演，將著名格林童話故事改編成為新的故事集錦，並配合活動進行「臺中童話創作文學獎」徵文活動。

（八）田園之春──趕集樂活動

行政院農業委員會為推廣自然教育，增進兒童對農業及農村文化的了解，委託中華民國四健會協會邀集兒童文學作家與插畫家，以農、林、漁、牧等產業為主題，分生產、生活、生態三方面，以圖畫書的形式，編印每套一百本的「田園之春」叢書，送到全國國小圖書館，作為推廣鄉土教育的教材。一月在國父紀念館辦理「田園之春──趕集樂」活動，展示原畫，配合闖關游戲，讓兒童認識自然和生態。

四　教學

二〇〇二年兒童文學的教學與研究更是蓬勃的發展，就研討會及座談會而言有下列場次：

（一）第六屆全國兒童文學與兒童語言學術研討會

時間是五月二十四至二十五日（星期六至日），地點為靜宜大學國際會議廳。

由靜宜大學文學院主辦，靜宜大學英語系承辦，臺灣省兒童文學協會、臺灣閱讀協會和財團法人翰林文教基金會協辦之研討會，會議主題為「兒童文學的閱讀與應用」，由臺灣閱讀協會張理事長杏如主講「由信誼幼兒文學講談臺灣幼兒文學創作」揭開序幕後，進行五場有關「兒童文學與『教』『學』」、「童書與語言教學」、「兒童文學與閱讀」、「閱讀《哈利波特》」和「兒童文學與成長」為主題的研討，最

後專家學者進行以「兒童文學的應用與創作」為主題的綜合座談，並出版《第六屆全國兒童文學與兒童語言學術研討會論文集》。

（二）臺灣少年小說學術研討會

時間是六月八至九日（星期六至日）早上九時三十分至下午五時三十分，地點為臺北市立圖書總館十樓。

為了針對一九四五年來臺灣少年小說的發展脈絡及現象進行深入探討，臺東師院兒童文學研究所與九歌文教基金會合辦「臺灣少年小說學術研討會」。會中邀請鄭清文先生專題演講，舉行六場論文研討會，一場以「九歌現代兒童文學獎的意義」及「華文少年小說的未來」為主題的座談會。特別邀請著名作家冰子及秦文君參與盛會。會中發表〈九歌現代兒童文學獎的觀察〉、〈臺灣少年小說的閱讀和教學〉、〈臺灣少年小說日譯狀況之研究〉等十三篇論文。

（三）安徒生童話之藝術表現及影響學術研討會

時間是七月二十四至二十五日（星期六至日），地點為國家圖書館會議廳。

由文建會主辦，青林國際出版公司承辦，臺東師院兒童文學研究所協辦的研討會核心主題為「安徒生童話」藝術表現及影響，研討的範圍涵蓋安徒生童話有關的插畫藝術、童話的美學意涵、象徵意義、跨界寫作、翻譯與改寫及擬人化手法等主題，延伸到影像化的電影改編及戲劇改編、音樂藝術表現之影響的研究分析。同時整理國內學術界對安徒生的研究與出版界出版安徒生童話的歷史發展軌跡和未來努力的方向。會中共發表十三篇論文，進行兩場「『從安徒生童話原畫展』——談臺灣插畫的發展」及「安徒生童話故事的人文性與藝術性」座談會。會中邀請國內外知名兒童文學專家、插畫家曹俊彥、幾

米及音樂家陳冠宇等人參與討論，從多元化的角度來檢視安徒生童話的藝術。

（四）二○○二年海峽兩岸兒童文學交流座談會

時間是七月二十七日（星期六）下午二時至下午六時三十分，地點為聯合報大樓。及七月二十八日（星期日）下午二時至下午六時三十分，在國語日報社。

民生報和國語日報各辦一場海峽兩岸兒童文學交流座談會，邀請大陸知名作家上海師範大學梅子涵教授和浙江師範大學中文系兒童文學研究所所長方衛平教授，與臺灣學者、編輯、出版人和作家共同討論兩岸兒童文學發展的現況、大陸低齡化寫作的現象、大陸圖畫書未來的發展、大陸少年兒童的閱讀喜好、兒童文學工作者開始投入小學「新語文讀本」編寫工作的現象等主題進行交流。其中梅子涵提出閱讀經典的重要，而林文寶強調要多元閱讀，方衛平認為舉辦兒童文學獎是提升創作風氣很好的方法。對於低齡化寫作則認為是出版社炒作的文化現象，但是因為大陸媒介對青少年的研究調查指出，兒童認為目前讀物低估他們的生活經驗和接受能力，使少年讀者提早離開童書，轉向成人世界，這樣的現象值得兩岸兒童文學工作者關注。

（五）二○○二年度海峽兩岸當代兒童文學研討會

時間是十月十二日（星期六）上午八時至下午五時，地點為東海大學省政研究大樓國際會議廳。

由財團法人臺中市國語文研究學會主辦，邀請北京大學曹文軒教授「成長小說」及東北師範大學朱自強教授談論「中國大陸幻想小說的自覺」及臺灣多位學者專家發表十二篇論文，進行兩岸兒童文學的研討和分析。包括〈走入啟蒙文學的園地 —— 文化豐碩的讀經教

育〉、〈兒童文學中的巫婆現象〉、〈林良作品的語言藝術〉、〈臺灣改寫
外國兒童文學作品原因之探討──以王爾德童話改寫為例〉及〈建構
女性作家的寫作優勢──陳素宜作品評論〉等。

（六）兒童文學創作座談會

時間為十月十二日下午六時三十分至八時三十分，地點為臺中長
榮桂冠酒店。

由臺中市國語文研究學會主辦，邀請北京大學及知名作家曹文軒
教授談兒童文學創作理念、及其少年小說、《草房子》改編成電影獲
得國際大獎肯定的過程，另外邀請東北師範大學朱自強教授針對曹文
軒作品中的形象、女性及相關創作手法進行分析比較，會中並邀請國
內專家學者林良、林文寶、張子樟等人進行座談。

（七）行動研究的推手──進入孩子心靈的旅程
##　　（維薇安‧嘉辛‧裴利演講與研習會）

時間為二〇〇二年十月三十一日（星期四）及十一日一至二日
（星期五至六），研習地點為劍潭活動中心，演講地點在國家圖書館。

由財團法人毛毛蟲兒童哲學基金會主辦、臺東師範學院和成長文
教基金會協辦的研習會，主要針對全國公私立小學、幼稚園教師、幼
教專業人員及家長的活動，透過國內外專家學者的帶領與經驗傳遞，
讓第一線的專業工作者、老師、家長等，能更了解孩子，改善大人與
小孩之間的互動關係，並提升國內國民教育環境的品質，增強行動研
究的行動力，進入孩子心靈的旅程。議程安排芝加哥大學幼教專家維
薇安‧嘉辛‧裴利演講，並邀請楊茂秀、幸曼玲、吳敏而、倪鳴香等
老師進行座談。另外許多專家談裴利的教學、行動研究及相關戲劇表
演等的研習活動。如：「開門見山談裴利──敘事的連續性」；「細說

裴利——孩子想的和孩子說的（傾聽、觀察、了解）」、「戲說孩子說的故事」、「童玩遊戲及戲劇遊戲等」……。

（八）兒童文學與兒童文化學術研討會

時間是十一月一至三日（星期五至星期日），地點為臺東縣文化局。

由教育部指導，臺東師院兒童文學研究所、兒童讀物研究中心、毛毛蟲兒童哲學基金會、兒童文化藝術基金會合辦之「兒童文學與兒童文化學術研討會」。主要針對如何促進華文世界兒童文學的發展進行交流，並針對海峽兩岸三地兒童文學的交流、華文世界兒童文學的未來進行座談會。

會中邀請美國幼教專家裴利女士及日本京都大學教授村瀨學教授進行專題演講。還有馬來西亞愛薇、香港潘明珠、任榮康、楊熾均、霍玉英及十多位故事天使，大陸學者重慶師範大學彭斯遠教授及中國少年兒童新聞出版總社副總編輯盧曉莉小姐，國內外共三百多名學者專家參與盛會。會中發表二十篇論文，臺灣十五篇，大陸二篇，香港二篇，馬來西亞一篇。

（九）華文地區兒童讀物與媒體的發展與現象座談會

時間為十一月四日（星期一）下午二時至四時三十分，地點為聯合報大樓。

邀請香港霍玉英博士、香港兒童文學研究學會會長楊熾均教授、大陸學者重慶師範大學彭斯遠教授及中國少年兒童新聞出版總社副總編輯盧曉莉小姐、臺灣張子樟教授、馬景賢先生及研究生、故事媽媽一同討論兩岸兒童讀物與媒體的現象。其中比較大陸與臺灣因應網路時代來臨，臺灣報系有電子化形式，而大陸則開始增加圖片量和精簡

文字。其中香港和大陸均對臺灣推行故事媽媽培訓，藉由親子間的互動和影響，帶動兒童文學相關活動的成果給予極高的肯定和學習的意願。因為學術、創作和實務相互配合，教育教師、家長才能使兒童文學受到重視，並提升其質量。

（十）兒童文學資深作家作品研討會 —— 馬景賢先生作品研討會

時間是十一月三十日（星期六）上午九點三十分至下午四點三十分，地點為臺北市立圖書館總館十樓會議廳。

為了對在兒童文學界耕耘多年的資深作家致以崇高的敬意，並整理他們的生平、創作、理論等著作，建立完整的臺灣兒童文學史的人物志及資料庫檔案，每年舉辦「兒童文學資深作家作品研討會」，目前已舉辦過林海音、潘人木、林良、林鍾隆的研討會。

今年以馬景賢的作品為主，從其創作、翻譯、古典小說改寫、歷史小說、相聲、兒歌等創作的理念及特色進行探討。會中發表〈從〈小英雄與老郵差〉及《白玉狐狸》二書中看馬景賢先生的歷史小說寫作手法〉、〈推廣「語文教育」的相聲藝術 —— 淺談馬景賢先生的《非常相聲》〉、〈古典小說淺譯為兒童文學的可能 —— 以馬景賢改寫《鏡花緣》為例〉等論文，並以「馬伯伯的文學工作簿和作品分享」為題進行綜合座談。

（十一）林海音及其同輩女作家學術研討會

時間為十一月三十日（星期六）十二月一日（星期日），地點為國家圖書館會議廳。

由行政院文化建設委員會指導、文化資產保存研究中心籌備處主辦、中央大學承辦的《林海音及其同輩女作家學術研討會》，邀請兩

岸學者共發表論文十六篇，包括林海音及其時代、林海音及其文學以及林海音同輩女作家等三大主題，包括專論潘人木、聶華苓、徐鍾珮與鍾梅音等。兩岸學者專家在會上從歷史、女性等多個角度，對林海音從事出版、編輯和創作的成果進行了探討，並對林海音的歷史定位、林海音及同輩女作家的文學表現等方面提出了一些研究成果，會中還安排一場「閱讀林海音」座談會。現場展出林海音及同輩女作家的照片及作品，並準備《一座文學的橋——林海音紀念文集》贈送與會者。論文包括應鳳凰〈林海音與六十年代臺灣文壇〉、梁竣瓘〈試論中國大陸林海音小說研究〉及朱嘉雯〈林海音及同時代女作家的五四傳承〉等。

五　研究

除了眾多學術研討會及座談會之外，尚有重要的學術交流及相關研究：

（一）東師兒文所師生赴大陸進行學術交流

二〇〇三年一日二十一日至一月三十一日由臺東師院兒童文學研究所林文寶所長帶領在職進修專班暑期班及夜間班學生至瀋陽師範大學進行「二十世紀九十年代兩岸童話研究研討會」，就兩岸童話的發生、發展狀況做全面性的研究。一月二十五日參與由遼寧省兒童文學學會會長趙郁秀主辦之「海峽兩岸兒童文學交流研討會」，與瀋陽及東北地區作家、理論家進行研討。並至北京大學和作家進行創作座談，與北京「人民教育出版社」的編輯進行兩岸教科書編輯座談會，及至中國少年兒童新聞出版社與作家和編輯學座談，了解大陸兒童雜誌及兒童書籍的出版、編輯等狀況。

（二）香港教育學院召開「兒童文學與語文教育研討會」

　　二〇〇三年為了配合新世紀的教育發展，香港教育學院中文系、語文教育中心、香港兒童文學研究學會聯合籌辦「兒童文學與語文教育研討會」，一月十七至十八日在香港教育學院（大埔校園）舉行。大會主題為「回應課程改革：新世紀的兒童文學教學」，分成四個子題：一、兒童文學與教學；二、兒童文學與創作；三、兒童文學與教材編選；四、兒童文學與資訊科技。研討會旨在集合兒童文學專家學者、師資培訓人員、創作者與前線的教師，討論在新世紀課程改革中兒童文學的理論、兒童文學與教學、創作、教材和資訊科技等方面的配合發展，發揮兒童文學與語文教育的互動作用。這次研討會邀請中、港、臺十三位學者與作家進行主題演講，包話金波、曹文軒、陳子典、蔣風、林文寶、劉鳳芝、陳木城和杜榮琛、黃慶雲、嚴吳嬋霞等，會議當中更有來自兩岸三地學者專家發表二十五篇論文和許多兒童文學愛好者及教師參與研討會。

（三）臺東師院兒童文學研究所獲准成立博士班

　　臺東師院兒童文學研究所成立至今已邁入第六年，六年當中承辦許多兒童文學學術研討會，建立兒童文學相關史料，並與大陸、香港、馬來西亞等華文世界的兒童文學專業人士、學術機構、民間團體進行學術交流活動，促進建立臺灣兒童文學的發展有卓越的成就。在五月經過教育部審慎的評估之下獲准成立，二〇〇三年六月進行第一屆兒童文學博士班招生。

（四）財團法人兒童文化藝術基金會成立

　　為配合臺東師院兒童文學博士班成立，並籌創第一所屬於華文世界的「國際兒童文學研究中心」及規劃未來「兒童文學館」贊助海外

遊學計畫，拓展學生研究視野，並建立臺灣兒童文學史料等，「財團法人兒童文化藝術基金會」六月成立。

（五）桃園兒童文學協會成立

桃園一直有許多兒童文學專業人才，如：傅林統、馮輝岳、黃秋芳等，加上不同族群語言的滋養，使得在各項徵文中皆擁有很好的成績。十二月七日「桃園兒童文學協會」成立更能促進兒童文學的發展。

（六）幼兒兒童文學學會成立

今年由屏東師院徐守濤老師為理事長的幼兒文學學會成立，讓兒童文學學會的體制向下延伸，更加完整。

（七）全國第一個英語童書室成立

國內第一個英語童書室十月十四日在雲林科技大學圖書館成立。主要由應用外語系規劃，挑選國內外著名英語童書，收藏許多華裔兒童文學作家作品，以及外籍兒童文學作家撰寫有關於中國文化與中國民俗故事作品，提供多元、豐富的英語書籍、英語學習者的環境及英文老師的教學資源中心。

（八）全國首座兒童外文圖書館成立

全國第一座兒童外文讀物主題圖書館——小小世界外文圖書館，十月在臺北市立圖書總館地下二樓開幕。全館收藏一萬五千冊童書，適合學齡前幼兒、兒童及青少年閱讀。藏書以美、英國為主，種類包含各類圖書及視聽資料。還另闢六大兒童文學系列獎的叢書，包括國際安徒生獎、美國紐伯瑞獎、凱迪克獎、英國格林威獎、德國青少年文學獎及日本產經兒童出版文化賞等經典作品。

六　結語

　　二〇〇二年臺灣的兒童文學創作及活動，從出版、學術活動仍是一片活絡景象，特別是剛開始由政府單位提倡的閱讀和推廣兒童文學的活動已落實到基層。這些現象都可以看出臺灣兒童文學發展已從政府、學術機構慢慢伸植入民間團體、出版社，這樣多元的管道同時進行，才能促使兒童文學不管在理論、創作、閱讀、研究、出版或各項活動上的發展。同時，相關學術團體的成立和積極的向外交流及學習經驗，也讓臺灣兒童文學向下扎根，向外拓展而逐步發展自己的特色，並朝成為世界華文兒童文學研究重鎮的目標邁進。

二〇〇二年兒童文學論述書目

書名	作者（譯者）	出版地	出版社	出版日期	開數	頁數
當公主遇見王子	桂文亞主編	臺北市	民生報社	1月	15×21	321
魔法花園	鄭明進導賞	臺北市	青林國際出版公司	1月	24×24	67
台灣兒童圖畫書導賞	徐素霞編著	臺北市	國立台灣藝術教育館	1月	21×29.5	257
朗讀手冊——大聲為孩子讀書吧！	古姆・崔利斯 Jim Trelease 著／沙永玲、麥奇美、麥倩譯	臺北市	天衛文化圖書公司	1月	18.5×26	234
戲偶在樂園——幼兒戲偶教學工具書	王添強、麥美玉著	臺北市	財團法人成長文教基金會	1月	19×21	175
西班牙兒童文學導讀	宋麗玲	臺北市	中央圖書出版社	1月	15×21	131
漫畫研究	蕭湘文	臺北市	五南圖書出版公司	1月	17.2×23.2	218
故事與心理治療	亨利・羅克斯 Henry T. Close 著／劉小菁譯	臺北市	張老師文化事業公司	2月	15×21	296
圖畫書狂想曲2	許慧貞等編著	臺北縣	螢火蟲出版社	2月	19×26	88
J.K. 羅琳傳——哈利波特背後的天才	辛・史密斯著／王燦然譯	臺北縣	遠景出版事業公司	2月	15×21	256
奇靈精怪——精靈、巫師、英雄、魔怪大搜尋	羅伯英潘	臺北市	格林文化事業公司	2月	17.5×23.5	126
繪本教學 DIY	鄧美雲、周世宗	臺北市	雄獅圖書公司	2月	19×26	169

書名	作者（譯者）	出版地	出版社	出版日期	開數	頁數
親子共讀有妙方	黃迺毓著	臺北市	財團法人基督教宇宙光全人關懷機構	2月	12×18.5	125
劉清彥的烤箱讀書會	劉清彥著／張琰、李慧娜等譯	臺北市	財團法人基督教宇宙光全人關懷機構	3月	12×18.5	239
樂趣讀書會DIY	江連居主編	臺北縣	手藝家書局	3月	15×21	278
搶救閱讀55招——兒童閱讀實用遊戲	王淑芬	臺北市	作家出版社	3月	15×21	167
兒童文學界追思林海音先生感懷會特刊——憶……難忘	周慧珠、方素珍主編	臺北市	中華民國兒童文學學會	3月	15×21	66
中國兒童文學教育理論與輔導教學	雷僑雲	高雄市	高雄復文圖書出版社	3月	15×21	593
2001好書指南——少年讀物、兒童讀物	曾淑賢策劃	臺北市	行政院文化建設委員會	3月	21×20	245
中國文化的處世智慧	林惠文編	臺北縣	華文網公司第三出版事業部・新閱書社	4月	15×21	173
灰姑娘睡美人站起來	溫蒂・巴莉絲Wendy Paris著／林明秀譯	臺北市	方智出版社	4月	15×21	244
我是哈利波特迷	艾利恩	臺北市	數位人資訊公司	4月	21×28	123
哈利波特魔法解密書——帶你進入9又3/4月台	七會靜著／蕭志強譯	臺北縣	世茂出版社	4月	15×21	140

書名	作者（譯者）	出版地	出版社	出版日期	開數	頁數
巫婆的前世今生——童書裡的女巫現象	羅婷以	臺北市	遠流出版事業公司	5月	15×21	148
巫婆就是這樣的！	馬柯曼・柏德 Malcolm Bird 著／羅婷以譯	臺北市	遠流出版事業公司	5月	23×20.5	94
大家一起來玩故事	林月娥等	臺北市	聯經出版事業公司	5月	21×28	207
親子共讀魔法 DIY	張靜文	臺北市	匡邦文化事業公司	5月	15×21	237
第六屆「兒童文學與兒童語言」學術研討會論文集	海柏等	臺北縣	富春文化事業公司	5月	15×21	355
童話析論	廖卓成	臺北市	大安出版社	5月	15×21	285
拜訪兒童文學家族——少年小說童話	許建崑	臺北市	世新大學出版中心	5月	14.9×21	298
孔雀魚之戀——22位知名作家的童年往事	林良等	臺北市	幼獅文化事業公司	5月	15×21	171
親子共學——客廳裡的讀書會	王淑芬	臺北市	幼獅文化事業公司	6月	15×21	182
哈利波特的魔法世界	寇伯特 David Colbert 著／鍾友珊譯	臺北市	城邦文化事業公司	6月	15×21	240
哈利波特魔法學院	何之青	臺北市	大都會文化事業公司	6月	14.8×21	146
寓言的密碼	張遠山	臺中市	好讀出版公司	6月	15×21	314

書名	作者 （譯者）	出版地	出版社	出版 日期	開數	頁數
哈利波特的祕密 ──與 J.K. 羅琳 對話	J.K. 羅琳 J.K. Rowling＆琳 賽‧費瑟 Lindsey Fraser 著／莊靜君譯	臺北市	皇冠文化出版 公司	7月	14.9×20.9	95
哈利波特魔法教室	World Potterian Association 編 ／許倩珮譯	臺北市	台灣東販公司	7月	14.8×21	213
兒童故事治療	傑洛德‧布蘭 岱爾 Jerrold R. Brandell 著 ／林瑞堂譯	臺北市	張老師文化事 業公司	7月	14.8×21	272
漫畫漫畫萬萬歲 ──小漫畫家生存 日誌	廣林院散人	臺北縣	新雨出版社	7月	20×20	148
五個故事媽媽的繪 本下午茶	林寶鳳、蔡淑 媖、葉青味、 林秀玲、郭雪 貞	臺北市	遠流出版事業 公司	7月	15×21	129
格林童話的生活啟 示	墨游	臺北縣	台灣廣夏有聲 圖書公司	8月	15.5×21.4	216
古代妖精的神幻傳 說	吳璜編著	臺北縣	台灣時業文化	8月	15×20.7	154
播種希望的人們	邱各容	臺北縣	富春文化事業 公司	8月	15×21	252
愛上表演課	王玥	臺北市	幼獅文化事業 公司	9月	15×21	191
傑出科學圖畫書插 畫家	鄭明進	臺北市	雄獅圖書公司	9月	19×26	155

書名	作者 （譯者）	出版地	出版社	出版 日期	開數	頁數
兒童戲劇編寫散論	曾西霸	臺北縣	富春文化事業公司	9月	15×21	132
故事學	周慶華	臺北市	五南圖書出版公司	9月	17×23	425
教室 v.s. 劇場——圖畫書的戲劇教學活動示範	葛琦霞	臺北市	信誼基金會出版社	9月	18.8×24.5	179
2002 Andersen安徒生童話之藝術表現及影響學術研討會論文集	青林國際出版公司編	臺北市	行政院文化建設委員會	9月	21×29.8	239
打開繪本說不完	花蓮縣新象社區交流協會編	臺北市	行政院文化建設委員會	9月	17.3×26.2	128
童書三百聊書手冊低年級壹至肆冊	國立教育研究院籌備處	臺北市	教育部	9月	14.7×21.1	102
童書三百聊書手冊低年級伍至捌冊	國立教育研究院籌備處	臺北市	教育部	9月	14.7×21.1	108
童書三百聊書手冊低年級玖至拾貳冊	國立教育研究院籌備處	臺北市	教育部	9月	14.7×21.1	104
打開一本書 1	凌拂總策劃	臺北市	遠流出版事業公司	10月	19×26	150
打開一本書 2	凌拂總策劃	臺北市	遠流出版事業公司	10月	19×26	198
打開一本書 3	凌拂總策劃	臺北市	遠流出版事業公司	10月	19×26	116
感動曹文軒的小說世界	桂文亞主編	臺北市	民生報社	10月	20×20	159
幼兒文學概論	黃郇媖	臺北縣	光佑文化事業公司	10月	15×21	287

書名	作者 （譯者）	出版地	出版社	出版 日期	開數	頁數
托爾金傳	麥克・懷特 Michael White 著／莊安琪譯	臺北市	聯經出版事業 公司	10月	15×21	231
認識裴利	財團法人毛毛 蟲兒童哲學基 金會編	臺北市	財團法人毛毛 蟲兒童哲學基 金會	10月	15×21	136
回顧中的省思—— 少年小說論述及其 他	張子樟	澎湖縣	澎湖縣文化局	11月	15×21	333
馬景賢作品討論會 論文集	徐守濤等	臺北市	中華民國兒童 文學學會	11月	19.3×26.2	90
我把羅曼史變教材 了	鍾佩怡	臺北市	女書文化事業 公司	11月	19.2×26	142
少年小說研究	張清榮	臺北市	萬卷樓圖書公 司	12月	15×21	363
安徒生與格林童話 的故事人生	戴劍萍編著	臺北縣	培育文化事業 公司	12月	14.8×21	219
不只愛讀，還要會 讀	沈惠芳	臺北市	民生報社	12月	20×19.8	132
國民中小學戲劇教 育國際學術研討會 論文集	陳篤正	臺北市	國立台灣藝術 教育館	12月	19×26	297
藝術童書國	余明樺編著	臺北市	藝術圖書公司	12月	21×29.8	157
小手做小書1生活 書	陳淑華	臺北市	光佑文化事業 公司	12月	21×20	82
發掘格林童話新智 慧	格林兄弟 Jakob Grimm, Wilhelm Grimm 著／ 代紅譯	臺北縣	大步文化	12月	14.5×20.5	192

二○○二年兒童文學創作書目

書名	作者	出版地	出版社	出版日期	開數	頁數	文類
小狗阿疤想變羊	圖文／龐雅文	臺北市	格林文化事業公司	1月	21×29	無頁碼	圖畫書
G的秘密	蒙永麗	臺北市	國語日報社	1月	15×21	204	小說
天空也傷心	葉明山	臺北市	文房文化事業公司	1月	15×21	238	小說
星星人在敲我的門	圖文／陳璐茜	臺北市	幼獅文化事業公司	1月	15×21	167	故事
謝坤山的故事	管家琪	臺北市	文經出版社	1月	15×21	161	傳記
泡妞特攻特	王文華	臺北縣	小兵出版社	1月	15×21	260	小說
小頑童ㄚ檔案	李光福	臺北縣	小兵出版社	1月	20.5×19.5	155	故事
啥攘特攻隊（原名捉拿古奇颱風）	管家琪	臺北市	民生報社	1月	20.8×17.5	186	童話
原住民神話・故事全集2	林道生編著	臺北市	漢藝色研文化事業公司	1月	15×21	188	民間故事
小惡童日記	曾玲	臺北市	大田出版公司	2月	15×21	151	散文
完全女巫奇蹟	Plue	臺北市	法蘭克福國際工作室	2月	15×21	233	小說
希望音樂盒	陳璐茜	臺北市	幼獅文化事業公司	2月	15×21	175	故事
咖啡杯裡的微笑	圖文／陳璐茜	臺北市	幼獅文化事業公司	2月	15×21	191	故事
我的世界	圖文／陳璐茜	臺北市	幼獅文化事業公司	2月	15×21	88	故事
春天的短歌	文／向陽 圖／何華仁	臺北市	三民書局	2月	21×23.5	47	童詩

書名	作者	出版地	出版社	出版日期	開數	頁數	文類
早起的一天	圖文／賴馬	新竹市	和英出版社	2月	26.5×25.5		圖畫書
「灰姑娘」鞋店	文／李民安 圖／郜欣、倪靖	臺北市	三民書局	2月	25×25	57	童話
土撥鼠的春天	文／喻麗清 圖／吳珮蓁	臺北市	三民書局	2月	25×25	53	童話
小黑兔	文／趙映雪 圖／莊孝先	臺北市	三民書局	2月	25×25	55	童話
愛咪與愛米麗	文／王明心 圖／楊淑雅	臺北市	三民書局	2月	25×25	57	童話
大野狼阿公	文／方梓 圖／吳健豐	臺北市	三民書局	2月	25×25	55	童話
細胞歷險紀	文／石家興 圖／鄭凱軍、羅小紅	臺北市	三民書局	2月	25×25	55	童話
無賴變王子	文／王明心 圖／小料	臺北市	三民書局	2月	25×25	57	童話
大海的呼喚	文／管家琪 圖／吳健豐	臺北市	三民書局	2月	25×25	53	童話
黑熊舞蹈家	沈石溪	臺北市	幼獅文化事業公司	2月	15×21	283	故事
美女與雄獅	沈石溪	臺北市	幼獅文化事業公司	2月	15×21	287	故事
徐正平文存	徐正平	桃園縣	新街國民小學	2月	15×21	1542	綜合（含童話、故事、童詩等創作）

書名	作者	出版地	出版社	出版日期	開數	頁數	文類
身為一隻黃鼠狼	圖文／陳潔	臺北市	玉山社出版事業公司	2月	17×22	118	圖畫書
玫瑰巧克力	溫小平	臺北市	幼獅文化事業公司	2月	15×21	197	故事
生命的童話：基因工程大發現	陳章良主編	臺北縣	正中書局	2月	15×19	215	故事
手印怪	蒙永麗	臺北市	國語日報社	2月	15×21	109	小說
我是神探	蒙永麗	臺北市	國語日報社	2月	15×21	222	小說
我的世界——打開心門，遇見自己	圖文／陳璐茜	臺北市	方智出版社	2月	15×21	88	圖畫書
切膚之愛——蘭大衛的故事	陳啟淦	臺北市	文經出版社	2月	15×21	157	傳記
迷迷遊歷糊塗國	高光門等	臺北縣	大華風采網路科技公司	2月	17×22	199	故事
天才傻小子	詩影	臺北市	驛站文化事業公司	3月	15×21	178	童話
倪亞達臉紅了	袁哲生	臺北市	寶瓶文化事業公司	3月	16.5×20	190	故事
媽媽不見了	圖文／蕭言中	臺北市	東森華榮傳播事業公司	3月	21×20	35	圖畫書
媽媽的聲音	圖文／蕭言中	臺北市	東森華榮傳播事業公司	3月	21×20	35	圖畫書
奇怪的奶瓶	圖文／蕭言中	臺北市	東森華榮傳播事業公司	3月	21×20	35	圖畫書
呀米歷險記	火星爺爺、谷靜仁	臺北縣	寶瓶文化事業公司	3月	16.5×20	191	故事
數學王國奇幻之旅	文／張明薰 圖／陳文賢	臺北市	文經出版社	3月	15×21	117	故事

書名	作者	出版地	出版社	出版日期	開數	頁數	文類
綠衣人	李潼	臺北市	民生報社	3月	15×21	227	小說（再）
15歲的叛逆日記	楊翾	臺北市	文房文化事業公司	3月	15×21	191	小說
宇宙超級郵差	吳燈山	臺北縣	富春文化事業公司	3月	15×21	189	童話
文化動物園	文／張遠山 圖／王儉	臺北市	海鴿文化出版圖書公司	3月	15×21	159	寓言
一九七九年夏天	林良彬	臺北縣	富春文化事業公司	3月	13×18.3	268	小說
數學王國奇幻之旅	文／張明薰 圖／陳文賢	臺北市	文經出版社	3月	14.8×21	117	童話
溫柔的鬍渣	羅位育主編	臺北市	幼獅文化事業公司	4月	15×21	125	散文
淺紫色的故事	馬景賢主編	臺北市	幼獅文化事業公司	4月	15×21	119	散文
郵票奇案	蒙永麗	臺北市	國語日報社	4月	15×21	148	小說
阿非，這個愛畫畫的小孩	圖文／林小杯	臺北市	信誼基金出版社	4月	28×21		圖畫書
好想吃榴槤	圖文／劉旭恭	臺北市	信誼基金出版社	4月	17×26		圖畫書
文建會第十四屆兒童文學創作獎（上）名字離家	陳昇群等	臺北市	行政院文化建設委員會	4月	19×26	130	童話
文建會第十四屆兒童文學創作獎（下）名字離家	陳昇群等	臺北市	行政院文化建設委員會	4月	19×26	260	童話
青年 Easy 閱讀棧	小野等	臺北縣	正中書局	4月	19.5×21	192	散文

書名	作者	出版地	出版社	出版日期	開數	頁數	文類
台灣英雄：大巡撫與小飛毛	余遠炫	臺北市	文經出版社	4月	15×21	207	小說
我家要嫁鬼新娘	鄭宗弦	臺北縣	富春文化事業公司	4月	15×21	217	小說
我不笨，我要出書	王淑芬	臺北縣	作家出版社	4月	15×21	191	故事
冰小鴨的春天	孫幼軍	臺北市	民生報社	4月	20×18	99	童話
阿丁尿床了	文／謝明芳 圖／李玉倩	臺北市	國語日報社	4月	19×26		圖畫書
阿貴大嘴巴	春水堂科技娛樂公司	臺北市	阿貴出版公司	5月	17×19	172	故事
尋找尼可拉	林滿秋	臺北市	小魯文化事業公司	5月	15×21	218	小說
課堂外的第一名	楊國明	臺北市	健行文化出版事業公司	5月	13×20.5	213	散文
象母怨	沈石溪	臺北市	國語日報社	5月	15×21	161	小說
偉偉找快樂	圖文／黃小河	臺北市	國語日報社	5月	29×21.5		圖畫書
陽陽稀奇古怪的小六日記	楊紅櫻	臺北市	高富國際文化公司	5月	15×19.5	204	故事
沒有鼻子的小狗	孫幼軍	臺北市	民生報社	5月	21.5×17.5	113	童話
黑猩猩的保母——少女珍古德	管家琪	臺北市	文經出版社	5月	15×21	173	傳記
狗狗不哭——黃歡與狗狗的會客室	黃歡等	臺北市	紅色文化	5月	15×21	195	故事
失落的海角樂園	李芙萱	臺北縣	全球華文線上出版聯盟	5月	14.5×20.5	211	小說

書名	作者	出版地	出版社	出版日期	開數	頁數	文類
倪亞達 fun 暑假	文／袁哲生 圖／陳弘耀	臺北市	寶瓶文化事業公司	5月	16.1×20	174	故事
水兵之歌	潘弘輝	臺北市	寶瓶文化事業公司	5月	15×20.8	271	小說
美麗的上海少女——賈梅的校園記事	秦文君	臺北市	九歌出版社	6月	15×21	203	故事
花樣的少女年華——賈梅的酸甜苦辣	秦文君	臺北市	九歌出版社	6月	15×21	212	故事
兒童植物寓言	吳聲淼	臺北市	小魯文化事業公司	6月	15×21	154	寓言
魔法王子	齊東尼	臺南市	企鵝圖書公司	6月	15×21	239	童話
西施	樸月	臺北市	民生報社	6月	15×21	227	小說
爸爸怪獸　怪獸爸爸	彭懿	臺北市	小魯文化事業公司	6月	15×21	91	童話
動物寓言真有趣	李光福	臺北市	小魯文化事業公司	6月	15×21	173	寓言
天堂之歌	詩影	臺北市	驛站文化事業公司	6月	15×21	199	故事
人的寓言	張遠山	臺北市	海鴿文化出版圖書公司	6月	15×21	175	寓言
動物的寓言	張遠山	臺北市	海鴿文化出版圖書公司	6月	15×21	175	寓言
與桑妮在一起的紐約之夏	陳丹燕、陳桑妮	臺北市	民生報社	6月	20×20	114	遊記

書名	作者	出版地	出版社	出版日期	開數	頁數	文類
城市魔法師	文／張秋生 圖／卜京	臺北市	民生報社	6月	21.5×18.3	55	故事
大毛 & COFEE	文／蕭菊貞 圖／江長芳	臺北市	時報文化出版公司	6月	16.6×20	193	小說
庄腳囝仔	林志謙	臺中縣	財團法人台中縣私立普濟社會福利慈善事業基金會	6月	14.9×21	230	傳記
童詩公園	瘦馬	臺南市	翰林出版事業公司	6月	15.1×21.1	206	兒童詩
天堂之歌	詩影	臺北市	驛站文化事業公司	6月	15×21	199	小說
七彩肥皂泡	文／李志偉 圖／徐建國	臺北市	九歌出版社	7月	14.8×21	148	小說
尋找蟋蟀王	文／盧振中 圖／廖俊凱	臺北市	九歌出版社	7月	14.8×21	148	小說
少年鼓王	文／鄭如晴 圖／江正一	臺北市	九歌出版社	7月	14.8×21	148	小說
風與天使的故鄉	文／林佩蓉 圖／王建國	臺北市	九歌出版社	7月	14.8×21	172	小說
動物醫院三十九號	文／李瑾倫 圖／李瑾倫	臺北市	大塊文化出版公司	7月	15×20.1		圖書書
好小子，喬比	文／杏林子 圖／閒雲野鶴	臺北市	方智出版社	7月	15.5×21.5	90	圖文書
桂花雨	文／琦君 圖／黃淑英	臺北市	格林文化事業公司	7月	20×20	82	小說
小獅子過生日	文／張秋生 圖／卜京	臺北市	民生報社	7月	21.5×18.3	55	故事

書名	作者	出版地	出版社	出版日期	開數	頁數	文類
誰要來種樹	圖文／黃郁欽	臺北市	信誼基金出版社	7月	25.7×23.7		圖畫書
少年阿薩	俞金鳳	臺北市	國語日報社	7月	15×21.1	165	小說
等她二三秒──茵茵的故事	劉碧玲	臺北市	二魚文化事業公司	7月	14.9×21	229	傳記
藍洞外的天空	酷荳	臺北縣	采竹文化事業公司	7月	14.9×21	254	小說
魔法神燈（上）	張旗	臺北市	時報文化出版公司	7月	14.8×21	189	小說
魔法神燈（下）	張旗	臺北市	時報文化出版公司	7月	14.8×21	207	小說
倪亞達 fun 暑假	文／袁哲生 圖／陳弘耀	臺北市	寶瓶文化事業公司	7月	16.5×20	174	故事
在路上遇見貓	文／林嘉莉 攝影／吳毅平	臺北縣	人人出版公司	7月	21×20	119	圖文書
從前從有隻貓頭鷹	圖文／王家珍	臺北市	民生報社	7月	20.2×17.5	131	童話
ㄅㄧㄤˋㄅㄧㄤˋ鼠與呆呆猴	圖文／施玉珮	臺北縣	香海文化事業公司	7月	20×19.8	73	圖文書
記得當時年紀小	席絹	臺北縣	萬盛出版公司	7月	15×21	212	散文
我和老爸是哥們	朱墨	臺北縣	業強出版社	7月	13×21	243	散文
猴死囝子 vol.2 新學期，新希望	ㄚ燈	臺北市	文房文化事業公司	8月	14.9×21	240	小說
奇怪的書──瓶子、小豬、仙人掌和降落傘的故事	圖文／童嘉	臺北市	方智出版社	8月	21.6×20.6	無頁碼	圖畫書

書名	作者	出版地	出版社	出版日期	開數	頁數	文類
魔法600秒	曉君	臺北市	文房文化事業公司	8月	14.8×21	192	小說
台灣囝仔歌謠	康原	臺中市	晨星出版公司	8月	16.8×21.6	無頁碼	兒歌
二年五班，愛貓咪！	文／洪志明 圖／黃雄生	臺北市	小魯文化事業公司	8月	14.8×20.9	175	小說
讀冊囝仔春仔	詩影	臺北市	驛站文化事業公司	8月	15×21	199	小說
陽陽搞東搞西的小六日記	楊紅櫻	臺北市	高富國際文化公司	8月	15×21	187	故事
阿公的紅龜店	文／鄭宗弦 圖／曹俊彥	臺北市	民生報社	8月	12×12	198	散文
我和我的影子	張之路	臺北市	國語日報社	8月	15×21	253	故事
烏龜也上網	張之路	臺北市	民生報社	8月	14.8×21	301	童話
賽加的魔幻世界	邊成忠	臺北市	書僮文化	8月	15×21	302	小說
十七歲的法文課	阿亞梅 Ayamei	臺北市	商周文化事業公司	8月	14.8×21	196	小說
彤彤	圖文／子敏	臺北市	國語日報社	8月	15×21	177	散文
誰能在馬桶上拉小提琴	張文亮	臺北市	國語日報社	8月	15×21	262	故事
雲霄飛車家庭	陳正益	臺北市	九歌出版社	8月	15×21	228	散文
小靴皮皮	文／白丁 圖／郭冠忻	臺北市	民生報社	8月	20.3×17.6	130	童話
大家來說繞口令	文／顏福南 圖／陳俊宏	臺北市	文經出版社	8月	14.9×21	159	兒歌
蘋果小喇嘛	文／甄宴 圖／陳俊華	臺北市	上提文化公司	8月	26×26		圖畫書

書名	作者	出版地	出版社	出版日期	開數	頁數	文類
我是庄腳囝仔	黃志良	高雄市	百盛文化出版公司	8月	14.5×21	194	散文
魔法農莊	林剪雲	高雄市	百盛文化出版公司	8月	14.5×21	226	小說
好蛇塔西斯	姜子安	高雄市	百盛文化出版公司	8月	14.5×21	217	小說
紅赤土之戀	林少雯	高雄市	百盛文化出版公司	8月	14.5×21	168	小說
自然故事花園——課課的紅披風	文／王元容 圖／林傳宗	臺北市	親親文化事業公司	8月	21×20	21	圖畫書
自然故事花園——怪怪皇后	文／王元容 圖／崔麗君	臺北市	親親文化事業公司	8月	21×20	21	圖畫書
自然故事花園——渡海去探險	文／王元容 圖／劉伯樂	臺北市	親親文化事業公司	8月	21×20	21	圖畫書
自然故事花園——草原大合唱	文／王元容 圖／卓昆峰	臺北市	親親文化事業公司	8月	21×20	21	圖畫書
自然故事花園——千千想要吃葡萄	文／王元容 圖／黃淑華	臺北市	親親文化事業公司	8月	21×20	21	圖畫書
自然故事花園——小斑馬找媽媽	文／王元容 圖／林傳宗	臺北市	親親文化事業公司	8月	21×20	21	圖畫書
幫助孩子學習吟唱的歡樂童詩	文／黃淑萍等 圖／金苔美等	臺北市	風車圖書出版公司	8月	22×26	95	童詩
梔子花開	文／朱先敏 圖／郁志宏	臺北市	幼獅文化事業公司	9月	14.9×21	143	散文

書名	作者	出版地	出版社	出版日期	開數	頁數	文類
2300星際大戰	文／蘇明進等著 圖／發哥	臺北市	文經出版社	9月	20×20	83	科幻
我生命中的麥當勞	文／劉思偉 圖／Dodo	臺北市	麥田出版公司	9月	14.9×21	157	散文
早上講的小故事	紀展雄、李觀發	臺北市	麥田出版公司	9月	14.8×20	143	故事
數學偵探故事	李毓佩	臺北縣	稻田出版公司	9月	15×21	281	故事
數學鬥智故事	李毓佩	臺北縣	稻田出版公司	9月	15×21	257	故事
數學童話故事	李毓佩	臺北縣	稻田出版公司	9月	15×21	272	故事
數學探險故事	李毓佩	臺北縣	稻田出版公司	9月	15×21	312	故事
童年往事	李昌民	臺北市	大田出版事業公司	9月	15×21	184	散文
不能丟掉的尾巴	文／張秋生 圖／卜京	臺北市	民生報社	9月	21.5×18.3	52	故事
帶衰老鼠死得快	文／郝廣才 圖／塔塔羅帝	臺北市	格林文化事業公司	9月	15×19.5	103	圖文書
甜橙樹	文／曹文軒 圖／江正一	臺北市	民生報社	9月	14.9×21	275	小說
白柵欄	文／曹文軒 圖／江正一	臺北市	民生報社	9月	14.9×21	237	小說
假如我們變成水	權亨術	臺北市	文房文化出版社	9月	14.9×22	286	小說
中國城的小男孩	文／曲岡英 圖／陳炫綸	臺北縣	小兵出版社	9月	20.5×19.5	155	故事

書名	作者	出版地	出版社	出版日期	開數	頁數	文類
我簡單我快樂	文／潘台成 圖／吳孟芬	臺北市	時報文化出版公司	9月	14.8×20	206	散文
愛玩躲迷藏的孩子	陳廷宇	臺北市	英特發公司	9月	14.8×20.5	201	報導文學
聽，天使在唱歌	主編／郭恩惠 圖／林俐	臺北市	彩虹兒童文化事業公司	9月	20.6×20.6		圖畫書
挖不完的寶藏——又酷又炫的新年代之一	江寶琴	臺北縣	頂淵文化事業公司	9月	15×21	164	故事
南管鼠鼠	文／楊靜雯、張素娟 圖／邱千容		財團法人綠色旅行文教基金會	9月	21×29.8	54	圖畫書
走回從前——十三行人的生活	文／管家琪 圖／邱千容	臺北縣	臺北縣立十三行美術館	10月	17.2×22	83	故事
陶偶家族	文／管家琪 圖／邱千容	臺北縣	臺北縣立十三徑美術館	10月	17.2×22	69	故事
母親	高淑梅	臺北市	福地出版社	10月	14.8×21	254	小說
天地無聲外傳	蘇小歡	臺北市	國語日報社	10月	15×21	318	小說
聖劍‧阿飛與我	文／廖炳焜 圖／蔡兆倫	臺北縣	小兵出版社	10月	14.8×21	254	小說
成長的風景	陳幸蕙編	臺北市	幼獅文化事業公司	10月	15×21	318	小說
文建會台灣文學獎得獎作品集		臺北市	行政院文化建設委員會	10月	15×21	437	綜合（含短篇小說、新詩、童話等作品）

書名	作者	出版地	出版社	出版日期	開數	頁數	文類
大榕樹小麵攤	林淑芬	臺南縣	臺南縣文化局	10月	14.5×20.6	262	作品集
命運機器	酷荳	臺北縣	采竹文化事業公司	10月	14.8×21	221	小說
野猴	文／喬傳藻 圖／江正一	臺北市	聯經出版事業公司	11月	20×20	171	故事
後山的螢火蟲	文／陳月文、方恩真 圖／張光璸	臺北縣	知本家文化事業公司	11月	19.2×26.7		圖畫書
卑南族：神秘的月形石柱	故事採集／林志興 圖／陳建年	臺北市	新自然主義公司	11月	21×20	127	神話傳說
小女巫的悄悄話	文圖／西村子	臺北縣	奧林文化事業公司	11月	15×20	109	圖文書
玻璃杯中的眼淚	楊雅靜	臺北縣	文房文化事業公司	11月	14.8×21	238	小說
漫畫大王——手塚治虫的故事	管家琪	臺北縣	文經出版社	11月	14.7×21	159	傳記
老爹的秘密故事	雲七郎	臺北市	福地出版社	11月	14.7×21	192	散文
大頭鬼的青春情事	武維香	臺北市	幼獅文化事業公司	11月	14.9×21	219	散文
伊索寓言伴讀書	丁芷瑤編	臺北縣	華文網公司	11月	15×21	308	寓言
老爹的秘密心事	雲七郎	臺北市	福地出版社	11月	14.8×21	191	散文
3號小行星	火星爺爺	臺北縣	寶瓶文化事業公司	11月	14.7×20.8	223	散文
小乖的世界	東方白	臺北市	草根出版事業公司	11月	12.3×17.5	266	小說

書名	作者	出版地	出版社	出版日期	開數	頁數	文類
叫醒快樂精靈——桃花源魔法學院作品珍藏版1	鍾肇政等	桃園縣	桃園縣文化局	12月	15×21	159	故事
如果天降下——桃花源魔法學院作品珍藏版2	許玲慧等	桃園縣	桃園縣文化局	12月	15×21	159	故事
佟佟的心情故事	何元亨	臺北縣	頂淵文化事業公司	12月	15×21	155	故事
魔法汗衫	文／林少雯 圖／陳維霖	臺北市	文經出版社	12月	14.8×21	207	童話
壞孩子貼紙	文／黃善美 圖／權仕佑	臺北縣	狗狗圖書公司	12月	18.6×23.5	95	故事
沙灘上的小狗	文／張秋生 圖／卜京	臺北市	民生報社	12月	21.6×18.2	53	故事
跳出石縫的小金魚：獻給腦性麻痺兒童的詩集	陳䪺諭	臺北縣	匯知國際事業公司	12月	14×19.8	160	童詩
黑的約會	文／沈思 圖／夏樹一	臺北市	寶瓶文化事業公司	12月	16.6×20		圖畫書
賽夏族：巴斯達隘傳說	故事採集／潘秋榮 圖／賴英澤	臺北市	新自然主義公司	12月	12×20	129	神話傳說
阿美族：巨人阿里嘎咳	馬耀·基朗故事採集	臺北市	新自然主義公司	12月	12×20	131	神話傳說
泰雅族：彩虹橋的審判	故事採集／里慕伊·阿紀 圖／瑁瑁·瑪劭	臺北市	新自然主義公司	12月	12×20	131	神話傳說

書名	作者	出版地	出版社	出版日期	開數	頁數	文類
邵族：日月的長髮精怪	故事採集／簡史朗 圖／陳俊傑	臺北市	新自然主義公司	12月	12×20	129	神話傳說
身價一億的流浪狗	陳資琇	臺北縣	匯知國際事業公司	12月	13.5×19.7	127	故事
超感應事件簿	文／林淑玟 圖／徐建國	臺北縣	小兵出版社	12月	20.5×19.5	177	故事
波瑠邪籍（上）	文銳 Wen Ruey	臺北市	台灣九鼎國際行銷公司	12月	14.7×21	238	小說
波瑠邪籍（下）	文銳 Wen Ruey	臺北市	台灣九鼎國際行銷公司	12月	14.7×22	236	小說

二〇〇二年兒童文學翻譯書目

書名	作者 （譯者）	出版地	出版社	出版日期	開數	頁數	文類	國別
我是流氓狗	麥可・李文著／李璞良譯	臺北市	小知堂文化事業公司	1月	15×21	303	小說	美國
湯姆歷險記	馬克・吐溫著／成維安譯	臺北縣	華文網公司第三出版事業部・崇文館	1月	15×21	336	小說	美國
啊！睡覺的時候最幸福──樹獺睏睏的貪睡之旅	井上著／蔡佳惠譯	臺北市	小魯文化事業公司	1月	1.55×19.5	63	童話	日本

書名	作者 （譯者）	出版地	出版社	出版 日期	開數	頁數	文類	國別
怪盜二十面相	江戶川亂步著 ／施聖茹譯	臺北市	品冠文化 出版社	1月	15×21	235	小說	日本
少年偵探團	江戶川亂步著 ／施聖茹譯	臺北市	品冠文化 出版社	1月	15×21	209	小說	日本
妖怪博士	江戶川亂步著 ／施聖茹譯	臺北市	品冠文化 出版社	1月	15×21	246	小說	日本
科學怪人	瑪麗・雪萊 Mary Shelley 著／于而彥譯	臺北市	臺灣商務 印書館	1月	15×21	254	小說	英國
小氣財神	狄更斯 Charles Dickens 著／ 顏湘如譯	臺北市	臺灣商務 印書館	1月	15×21	107	小說	英國
狼的眼睛	丹尼爾・本納 Daniel Pennac 著／劉美欽譯	臺北市	玉山社出 版事業公 司	1月	13×19	145	小說	法國
大馬士革之夜	拉菲克・沙米 著／陳慧芬譯	臺北市	玉山社出 版事業公 司	1月	13×19	292	小說	德國
小白馬	依麗莎白・顧 姬 Elizabeth Goudge 著／ 宋瑛堂譯	臺北市	時報文化 出版公司	1月	15×21	271	小說	英國
第十二個天使	奧格・曼迪諾 Og Mandino 著／林瑞瑛譯	臺北縣	新格出版 公司	1月	15×21	237	小說	美國
風之丘的傳說	村山早紀著／ 黃瓊仙譯	臺北縣	暢通文化 事業公司	1月	15×21	178	童話	日本
即使星星也會 寂寞	馬雅・安哲羅 Maya Angelou 著／蔡文傑譯	臺北縣	新雨出版 社	1月	15×21	191	散文	美國

書名	作者（譯者）	出版地	出版社	出版日期	開數	頁數	文類	國別
特林吉特的鯨少年（上）	克雷格萊斯禮 Craig Lesley 著／蔡翠芬主編	臺北縣	采竹文化事業公司	1月	15×21	310	小說	美國（轉譯自日本）
特林吉特的鯨少年（下）	克雷格萊斯禮 Craig Lesley 著／蔡翠芬主編	臺北縣	采竹文化事業公司	1月	15×21	287	小說	美國（轉譯自日本）
貓經	喬伊絲・史翠吉爾 Joyce Stranger 等著／徐筱雲譯	臺北縣	新雨出版社	1月	15×21	282	故事	美國
湯姆歷險記	馬克・吐溫 Mark Twain 著／姚一葦譯	臺北縣	正中書局	1月	11×15.3	305	小說	美國
神偷——第一部威尼斯大逃亡	柯奈莉亞・馬克著／劉興華譯	臺北市	允晨文化實業公司	2月	15×21	199	小說	德國
神偷——第二部旋轉木馬	柯奈莉亞・馬克著／劉興華譯	臺北市	允晨文化實業公司	2月	15×21	252	小說	德國
一年級大個子，二年級小個子	古田足日著／彭懿譯	臺北市	小魯文化事業公司	2月	15×21	188	小說	日本
銀河鐵道之夜	宮澤賢治著／滕若榕、郭美惠譯	臺北市	遊目族文化事業公司	2月	15×21	212	童話	日本
小婦人	露薏莎・梅・奧珂特著／顏湘如譯	臺北市	臺灣商務印書館	2月	15×21	287	小說	美國

書名	作者 （譯者）	出版地	出版社	出版 日期	開數	頁數	文類	國別
地海巫師	娥蘇拉・勒瑰恩 Ursula K. Le Guin 著／蔡美玲譯	臺北縣	共和國文化事業公司	2月	14×20	254	小說	美國
我家住在4006芒果街	珊卓拉・西絲尼羅絲 Sandra Cisneros 著／Baby Sui（徐千菱）譯	臺北縣	探索出版公司	2月	13×21	153	小說	美國
樹獺該往何處去？	本田・奧古斯特著／李毓昭譯	臺中市	晨星出版公司	2月	15×19	95	寓言	日本
北方的火焰	魯夫・古丁 Rufus Goodwin 著／蔡松益譯	臺北縣	探索出版公司	2月	15×21	57	童話	美國
鯨魚與蝴蝶	紀伯倫 Kahlil Gibran 著／李桂蜜譯	臺北市	格林文化事業公司	2月	20×20	129	寓言	美國
黑色青春日記	傑弗瑞・尤金尼茲著／林明秀譯	臺北市	圓神出版社	2月	15×21	252	小說	美國
波麗安娜	伊蓮娜・波特著／安鈺譯	臺北縣	大慶出版社	2月	15×21	283	小說	美國
另一雙眼睛——窗・道雄詩選	窗・道雄著／米雅譯	臺北市	信誼基金出版社	2月	13×17.5	251	童詩	日本
給兒子的信——一個父親	肯特・尼伯恩 Kent Nerbum	臺北縣	正中書局	2月	15×19	186	散文	美國

書名	作者（譯者）	出版地	出版社	出版日期	開數	頁數	文類	國別
的諄諄教誨	著／于倩、于宇譯							
無尾巷的一家人	伊芙・葛涅特 Eve Garnett 著／吳憶帆譯	臺北市	志文出版社	2月	15×21	318	小說	英國
法蘭達斯的靈犬	薇達 Quida 著／齊霞飛譯	臺北市	志文出版社	2月	15×21	185	小說	英國
紅髮安妮	露西・莫德・蒙哥馬利 Lucy Maud Montgomery 著／蕭逢年譯	臺北市	志文出版社	2月	15×21	266	小說	加拿大
居禮夫人的故事	瑪莉娜・杜里 Eleanor Doorly 著／齊霞飛譯	臺北市	志文出版社	2月	15×21	247	傳說	英國
基度山恩仇記	大仲馬 Alexandre Dumas 著／梁祥美譯	臺北市	志文出版社	2月	15×21	360	小說	法國
星星的眼睛	托佩留斯 Topelius 著／吳憶帆譯	臺北市	志文出版社	2月	15×21	276	童話	芬蘭
我的傻爸爸	趙昌仁著／徐月娟主編	臺北市	文房文化事業公司	2月	15×21	319	小說	韓國
南極的企鵝	高倉健著／陳匯律譯	臺北縣	尖端出版公司	2月	15.5×20	86	散文	日本
湯姆歷險記	馬克・吐溫 Mark Twain 著／鄧秋蓉譯	臺北市	大田出版公司	2月	14.5×19.4	297	小說	美國

書名	作者 （譯者）	出版地	出版社	出版 日期	開數	頁數	文類	國別
哈克歷險記	馬克・吐溫 Mark Twain 著／廖勇超譯	臺北市	大田出版 公司	2月	14.5×19.4	430	小說	美國
賈蜜拉	欽吉斯・愛特 瑪托夫 Tchinguis Aitmatov 著／ 鄔定嘉譯	臺北市	小知堂文 化事業公 司	3月	13×19	126	小說	俄國
布魯克林孤兒	強納森・列瑟 Jonathan Lethem 著／ 嚴韻譯	臺北市	天培文化 公司	3月	15×21	316	小說	美國
刺蝟拉弟	塞巴斯第安・ 呂貝克著／陳 慧芬譯	臺北市	玉山社出 版事業公 司	3月	17×22	173	小說	德國
地海古墓	娥蘇拉・勒瑰 恩 Ursula K. Le Guin 著／ 蔡美玲譯	臺北縣	共和國文 化事業公 司	3月	14×20	256	小說	美國
地海彼岸	姚蘇拉・勒瑰 恩 Ursula K. Le Guin 著／ 蔡美玲譯	臺北縣	共和國文 化事業公 司	3月	14×20	271	小說	美國
Forever	茱菁・布倫 Judy Blume 著／朋萱譯	臺北市	幼獅文化 事業公司	3月	13×19.5	287	小說	美國
神啊，你在 嗎？	茱菁・布倫 Judy Blume 著／朋萱譯	臺北市	幼獅文化 事業公司	3月	13×19.5	226	小說	美國

書名	作者（譯者）	出版地	出版社	出版日期	開數	頁數	文類	國別
親親小貓哈尼邦	史塔頓 Anne Stockton 著／黃于珊譯	臺北縣	探索出版公司	3月	15×21	51	散文	美國
甜甜圈池塘	阿部夏丸著／郭叔娟譯	彰化市	和融出版社	3月	15×21	78	童話	日本
狐狸的電話亭	互田和代著／郭叔娟譯	彰化市	和融出版社	3月	15×21	86	童話	日本
納梭河上的女孩	珍妮芙・賀牡 Jennifer L. Holm 著／趙映雪譯	臺北市	台灣東方出版社	3月	15×21	280	小說	美國
大兔子淘氣的惡作劇	Burkhard Spinnen 著／黃琬鴻譯	臺北市	新苗文化事業公司	3月	15×21	260	小說	德國
野菊之墓	伊藤左千夫著／游綉月譯	臺北縣	新雨出版社	3月	15×21	199	小說	日本
吹笛童子	北村壽夫著／謝家貴譯	臺北縣	大步文化	3月	15×21	295	小說	日本
伊索寓言精編1	伊索著／袁勇譯	臺北縣	大步文化	3月	15×21	244	寓言	希臘
伊索寓言精編2	伊索著／袁勇譯	臺北縣	大步文化	3月	15×21	234	寓言	希臘
海啊，帶我走	湯瑪斯・莫蘭 Thomas Moran 著／史錫蓉譯	臺北市	新苗文化事業公司	3月	15×21	368	小說	美國
帕帕拉吉——小島酋長的城市故事	艾利希・蕭曼 Erich Scheumann 著／杜子譯	臺北市	小知堂文化事業公司	4月	13×19	191	小說	德國

書名	作者（譯者）	出版地	出版社	出版日期	開數	頁數	文類	國別
陷阱與鐘擺	愛倫・坡 Edgar Allan Poe 著／梁永安譯	臺北市	臺灣商務印書館	4月	15×21	156	小說	美國
人間有情天	Kimberly Willis Holt 著／趙永分譯	臺北市	小魯文化事業公司	4月	15×21	179	小說	美國
地球村少年的一天	日本共同通信社著／李琴英呂、佳勳譯	臺北市	台灣先智出版事業公司	4月	15×21	295	報導	日本
小河男孩	Tim Bowler 著／麥倩宜譯	臺北市	小魯文化事業公司	4月	15×21	188	小說	英國
元素——冰火同融	A.S.拜雅特 A.S.Byatt 著／王娟娟譯	臺北縣	探索出版公司	4月	15×21	234	小說	英國
水罐號冒險記	椎名誠著／王淑華譯	臺北市	玉山社出版事業公司	4月	13×19	154	故事	日本
魔女露露：極光的城堡	村山早紀著／黃瓊仙譯	臺北縣	暢通文化事業公司	4月	15×21	197	童話	日本
火花放電一位科學頑童的生活記趣	Seymour Simon 著／譯洪善鈴	臺北市	豐德科學教育事業公司	4月	15×21	157	故事	美國
車燈下起舞	金伯莉・威利斯・霍特著／鄒嘉容譯	臺北市	台灣東方出版社	4月	15×21	266	小說	美國
尋找魯賓遜	高橋大輔著／陳寶蓮、黃美娟譯	臺北市	馬可字羅文化	4月	15×21	243	散文	日本

書名	作者（譯者）	出版地	出版社	出版日期	開數	頁數	文類	國別
動物家庭	藍道‧傑瑞著／吳玉玫譯	臺北市	巨河文化公司	4月	15×21	177	小說	美國
波普先生的企鵝	里察‧愛特瓦特；佛羅倫斯‧愛特瓦特著／安律麒譯	臺北市	巨河文化公司	4月	15×21	187	小說	美國
少女翠兒的憂鬱之旅	Tracy Thompson 著／周昌葉譯	臺北市	財團法人董氏基金會	4月	15×21	349	小說	美國
天才繼父	諾拉‧麥克林透克 Norah McClintock 著／史錫蓉譯	臺北市	新苗文化事業公司	4月	15×21	220	小說	美國
幸福的洋蔥	川野陽子著／鄭明德譯	臺北市	新迪文化公司	4月	14.8×21.1	123	散文	日本
做我的朋友，好嗎？	莉特莎‧鮑達莉加 Lisa Boudalika、阿克朗‧夏邦 Mervet Akram Sha'ban 著／謬靜玫譯	臺北市	新苗文化事業公司	4月	14.8×21	155	報導	以色列
普希金童話	普希金著／谷羽譯	臺北市	小知堂文化事業公司	5月	12×18	143	童話	俄國
黑暗中的小星星	瑪汀‧勒寇茲 Martine Le Coz 著／李桂蜜譯	臺北縣	布波族	5月	15×21	186	小說	法國

書名	作者 （譯者）	出版地	出版社	出版日期	開數	頁數	文類	國別
馬蒂斯故事	A.S. 拜雅特 (A. S. Byatt) 著 ／王娟娟譯	臺北縣	凌域國際公司	5月	15×21	185	小說	英國
巴黎餐盤在跳舞	押田洋子著／郭清華譯	臺北市	皇冠文化出版公司	5月	16.5×21.5	125	散文	日本
安那的16年奇異歲月	Annal Michener 著 ／盧娜譯	臺北市	新苗文化事業公司	5月	15×21	335	小說	美國
時間的魔法	村山早紀著／黃瓊仙譯	臺北縣	暢通文化事業公司	5月	15×21	184	童話	日本
天下第一貓	克里夫蘭・艾莫利 Cleveland Amory 著／曾秀鈴譯	臺北市	皇冠文化出版公司	5月	15×21	236	散文	美國
創造奇蹟的孩子	克絲蒂・墨瑞 Kirsty Murray 著／陳宗琛譯	臺中市	晨星出版公司	5月	15×21	270	故事	澳洲
黃 金 羅 盤 （上）（下）	菲力普・普曼 Philip Pullman 著／王晶譯	臺北縣	共和國文化事業公司	5月	13.7×20	485	小說	英國
輕輕公主	George Mcdonald 著 ／羅婷以譯	臺北縣	正中書局	5月	10×14.5	195	童話	英國
黑暗中的小星星	瑪汀・勒寇茲 Martine Le Coz 著／李桂蜜譯	臺北縣	探索出版公司	5月	14.6×21	186	小說	法國

書名	作者（譯者）	出版地	出版社	出版日期	開數	頁數	文類	國別
愛麗絲夢遊仙境	路易斯・卡羅 Lewis Carroll 著／朱衣譯	臺北市	愛麗絲書房	5月	14.9×19.2	219	童話	英國
恐怖的鐵塔王國	江戶川亂步著／施聖茹譯	臺北市	品冠文化出版社	5月	15×21	190	小說	日本
俄羅斯民間童話	阿・托爾斯泰著／任溶溶譯	臺北市	小知堂文化事業公司	5月	12×18	287	童話	俄國
給女兒的禮物	草野仁著／張掌珠譯	臺北市	健行文化出版事業公司	6月	13×20.5	192	散文	日本
白狗華爾滋	泰瑞・凱著／李璞良譯	臺北市	小知堂文化事業公司	6月	15×21	270	小說	美國
檸檬的滋味	吳爾芙 V. E. Wolff 著／陳佳琳譯	臺北市	玉山社出版事業公司	6月	13×19	279	小說	美國
折翼女孩不流淚	Alice Sebold 著／繆靜玫譯	臺北市	新苗文化事業公司	6月	14.9×21	367	小說	美國
風中的少女	村山早紀著／黃瓊仙譯	臺北縣	暢通文化事業公司	6月	15.5×21.5	199	童話	日本
臭臉	Karen-Susan Fessel 著／高璇譯	臺北市	新苗文化事業公司	6月	14.8×21	225	小說	德國
納尼亞魔法王國——魔法師的外甥	C. S. 路易斯 C. S. Lewis 著／彭倩文譯	臺北市	大田出版公司	6月	15×21	215	小說	英國
納尼亞魔法王國——獅子・女巫・魔衣櫥	C. S. 路易斯 C. S. Lewis 著／彭倩文譯	臺北市	大田出版公司	6月	15×21	193	小說	英國

書名	作者（譯者）	出版地	出版社	出版日期	開數	頁數	文類	國別
阿莫的卡布其諾年代	蘇·唐珊 Sue Townsend 著／廖瑞雯譯	臺北縣	探索出版公司	6月	15×21	338	小說	英國
複製化身	Pat Moon 著／侯秋玲譯	臺北市	允晨文化實業公司	6月	14.8×20.9	205	小說	英國
告別古堡	彼得·洪可夫 Peter Ruhmkorf 著／劉興華譯	臺北市	允晨文化實業公司	6月	14.8×20.9	148	童話	德國
挨鞭童	席德·弗雷希門 Sid Fleischman 著／吳榮惠譯	臺北市	台灣東方出版社	6月	15.3×21.6	153	小說	美國
夏日天鵝	貝茲·拜阿爾斯 Belsy Byars 著／鄒嘉容譯	臺北市	台灣東方出版社	6月	15.3×21.6	153	小說	美國
流浪狗太郎的故事	遠藤初江 Hatsue Endo 著／張秋明譯	臺北市	奧林文化事業公司	6月	13×18.6	228	小說	日本
貓語錄	多麗斯·萊辛 Doris Lessing 著／彭倩文譯	臺北市	時報文化出版公司	6月	12.9×19	61	小說	英國
狒狒王	安東·昆塔納 Anton Quintana 著／海星譯	臺北市	台灣東方出版社	6月	15.3×21.6	268	小說	荷蘭
奧祕匕首（上）	菲力普·普曼 Philip Pullman 著／王晶譯	臺北縣	共和國文化事業公司	6月	14×20	214	小說	英國

書名	作者 （譯者）	出版地	出版社	出版 日期	開數	頁數	文類	國別
奧祕匕首（下）	菲力普·普曼 Philip Pullman 著／王晶譯	臺北縣	共和國文 化事業公 司	6月	14×20	195	小說	英國
灰色巨人	江戶川亂步著 ／施聖茹譯	臺北市	品冠文化 出版社	6月	15×21	186	小說	日本
世界曾經是樂 園	古川千勝著／ 李毓昭譯	臺中市	晨星出版 公司	6月	15×19.3	92	散文	日本
夏日溫柔的故 事	花井愛子著／ 鄭清清譯	臺北縣	新雨出版 社	6月	16×21.6	243	小說	日本
心聲——何時 才是我高飛的 日子	青木和雄著／ 洪韶翎譯	臺北縣	稻田出版 公司	6月	15×21	259	小說	日本
魔法王子—— 海洋歷險傳奇	齊東尼 Tony Cei	臺南市	企鵝圖書 公司	6月	15×21	239	小說	香港
魔法王子—— 貓都市傳奇	齊東尼 Tony Cei	臺南市	企鵝圖書 公司	6月	15×21	253	小說	香港
男人與男孩	東尼·帕森斯 Tony Parsons 著／陳亮希譯	臺北市	城邦文化 事業公司	6月	15×21	368	小說	英國
超越障礙	青本和雄著／ 張志恆譯	臺北縣	稻田出版 公司	6月	15×21	227	小說	日本
燃燒勇氣的天 使	芭芭拉·路薏 斯 Barbara A. 著／黃珞文譯	臺北市	新迪文化 公司	6月	14.9×21	223	傳記	美國
格列佛遊記	約拿單·史威 福特 Jonathan Swift 著／章 招然譯	臺北縣	角色文化 事業公司	6月	15×21	223	小說	愛爾 蘭

書名	作者（譯者）	出版地	出版社	出版日期	開數	頁數	文類	國別
炸醬麵	安度昡 Ah, Do-Hyun 著／林文玉譯	臺中市	晨星出版公司	7月	14.7×18.9	136	小說	韓國
天堂之星	但以理‧加爾密 Daniella Carmi 著／張子樟譯	臺北市	台灣東方出版社	7月	15.3×21.6	232	小說	以色列
大家都在戀愛的夏天	瑪麗亞蕾‧蘭可 Marjaleena Lembcke 著／周從郁譯	臺北市	玉山社出版事業公司	7月	13×19	155	小說	芬蘭
怪胎喬吉娜	Rosie Rushton 著／陳詩紘譯	臺北市	新苗文化事業公司	7月	14.8×21	224	小說	英國
怪奇馬戲團	向達倫 Darren Shan 著／荷西譯	臺北市	皇冠文化出版公司	7月	15×19.8	252	小說	英國
波哈納貝之石頭裡的神祕客	波哈納貝 Bernhard Knade 著／管中斯譯	臺北市	方智出版社	7月	14.8×21	178	小說	德國
新月黑熊	椋鳩十 Hatoju Muku 著／鄭惠如譯	臺北市	天衛文化圖書公司	7月	14.9×20.9	221	小說	日本
獨耳大鹿	椋鳩十 Hatoju Muku 著／王文彬譯	臺北市	天衛文化圖書公司	7月	14.9×20.9	206	小說	日本
大鼻妹的青春日記	露薏絲‧何尼森 Louise Rennison 著／蔡靜如譯	臺北市	小知堂文化事業公司	7月	14.5×21	255	小說	法國

書名	作者（譯者）	出版地	出版社	出版日期	開數	頁數	文類	國別
大猩猩孤兒學校	岡安直比著／張東君譯	臺北市	皇冠文化出版公司	7月	15×20.7	222	故事	日本
飲水噴泉的祕密	凱特·克利斯 Kate Klise 著／袁述芬譯	臺北市	巨河文化公司	7月	15.5×21.5	140	小說	美國
紅色的魔杖	村山早紀 Saki Murayama 著／黃瓊仙譯	臺北縣	暢通文化事業公司	7月	15.5×21.5	216	小說	日本
琥珀望遠鏡（上）	菲力普·普曼 Philip Pullman 著／王晶譯	臺北縣	共和國文化事業公司	7月	14×20	304	小說	英國
琥珀望遠鏡（下）	菲力普·普曼 Philip Pullman 著／王晶譯	臺北縣	共和國文化事業公司	7月	14×20	286	小說	英國
風兒吹我心	丘修三 Shuzo Oka 著／林宜和譯	臺北市	國語日報社	7月	15×21	214	故事	日本
到海邊去吧！	原京子 Kyoko Hara 著／鄭淑華譯	臺北市	小魯文化事業公司	7月	15.4×19.8	64	圖畫書	日本
揹弟弟上學的小孩	廉在萬	臺北市	福地出版社	7月	14.8×21	205	故事	韓國
紅色魔墜	伊·拿思必特 E. Nesbit 著／朱文穎譯	臺北縣	探索出版公司	7月	14.9×21	269	小說	英國
沙精魔法	伊·拿思必特 E.Nesbit 著／朱文穎譯	臺北縣	探索出版公司	7月	14.9×21	253	小說	英國

書名	作者（譯者）	出版地	出版社	出版日期	開數	頁數	文類	國別
愛上女管家	克利司提昂·歐斯戴 Christian Oster 著／李桂蜜譯	臺北市	探索出版公司	7月	14.8×21	248	小說	法國
兩隻大鵬	椋鳩十 HatojuMuku 著／夏儉譯	臺北市	小魯文化事業公司	8月	14.9×21	201	小說	日本
貓頭鷹恩仇錄	Alan Garner 著／蔡宜容譯	臺北市	小魯文化事業公司	8月	14.8×21	267	小說	英國
山楂樹下	瑪莉塔·麥肯納 Marita Conlon-Mckenna 著／區國強譯	臺北市	台灣東方出版社	8月	15.2×21.5	191	小說	愛爾蘭
紅色的外套	船越準藏著／楊守全譯	臺北市	文經出版社	8月	14.8×21	191	小說	日本
洞穴畫家	艾里西·巴林格 Erich Balinger 著／林敏雅譯	臺北市	玉山社出版事業公司	8月	13×19	287	小說	奧地利
柳林中的風聲	肯尼思·葛拉罕 Kenneth Grahame 著／夏荷立譯	臺北市	方智出版社	8月	14.9×21	245	小說	英國
三隻發現星星的貓	尤各·黎特 JorgRitter 著／呂永馨譯	臺北市	小知堂文化事業公司	8月	14.6×21.1	223	小說	德國
鬼靈精一族	伊·拿思必特 E. Nesbit 著／張家玲譯	臺北縣	探索出版公司	8月	14.6×21	272	小說	英國

書名	作者（譯者）	出版地	出版社	出版日期	開數	頁數	文類	國別
湯姆的水世界	察爾司‧津司禮 Charies Kingsley 著／陳嘉信譯	臺北縣	探索出版公司	8月	14.9×21	250	小說	英國
想念五月	辛西亞‧賴藍特 Cynthia Rylant 著／周惠玲譯	臺北市	台灣東方出版社	8月	15.3×21.6	161	小說	美國
我不是兇手	法蘭絲‧杜威爾 Frances Dowell 著／鄭清榮譯	臺北市	台灣東方出版社	8月	15.3×21.6	213	小說	美國
法提拉與偷帽賊	柯奈莉亞‧馮克 Cornelia Funke 著／劉興華譯	臺北市	允晨文化實業公司	8月	15×21	225	小說	德國
矮猴兄弟	椋鳩十 Hatoju Muku 著／葉又峰譯	臺北市	天衛文化圖書公司	8月	14.9×20.9	189	小說	日本
木偶奇遇記	卡洛‧柯洛狄 Carlo Collodi 著／任溶溶譯	臺北市	天衛文化圖書公司	8月	15×21	255	小說	義大利
INSTALL 未成年載入	棉矢いさゎたゃいさ著／陳惠莉譯	臺北市	尖端出版公司	8月	13.8×18.8	123	小說	日本
鐵巨人	泰德‧休斯 Ted Hughes 著／素蘭譯	臺北市	方智出版社	8月	14.8×21.1	141	小說	英國

書名	作者（譯者）	出版地	出版社	出版日期	開數	頁數	文類	國別
吃草的小孩	安德烈亞斯·文茲克 Andreas Venzke 著／周郁文譯	臺北縣	暢通文化事業公司	8月	15.5×21.6	158	小說	德國
巴爾幹民間童話	和志寬、徐永平譯	臺北市	小知堂文化事業公司	8月	12×18.1	303	童話	巴爾幹
鮭魚	安度昡 Ah, Do-Hyun 著／林文玉譯	臺北市	晨星出版公司	8月	15×18.9	137	小說	韓國
愛麗絲夢遊仙境	路易斯·凱洛 Lewis Carroll 著／李漢昭譯	臺北市	晨星出版公司	8月	14.4×21.3	165	童話	英國
回家	金正賢	臺北市	福地出版社	8月	15×21	283	小說	韓國
微風後旳快樂島	詹姆士·克魯斯著／林紹華譯	臺北市	巨河文化公司	8月	15.5×21.5	280	小說	德國
為什麼孩子要上學	大江健三郎著／陳保朱譯	臺北市	時報出版文化事業公司	8月	13.5×21	200	散文	日本
飛天鹿喔拉夫	福克爾·克里格爾 Voker Kriegel 著／賴雅靜譯	臺北市	皇冠文化出版公司	8月	15.7×21.7	45	圖文書	德國
我、凱撒、一隻到處旅行的貓	安娜·瑪莉·依勞 Anna Marie Ihlau 著／張志成譯	臺北縣	左岸文化事業公司	8月	15×21	126	散文	瑞典
木偶奇遇記	卡洛·柯洛狄著／任溶溶譯	臺北市	天衛文化圖書公司	8月	15×21	255	小說	義大利

書名	作者（譯者）	出版地	出版社	出版日期	開數	頁數	文類	國別
鶴妻──日本童話集	紫石作坊編著	臺北市	城邦文化事業公司	8月	17×17	137	童話	日本
波提拉與偷帽賊	柯奈莉亞·馮克 Cornelia Funke 著／劉興華譯	臺北市	允晨文化事業公司	8月	15×21	225	小說	德國
金鑰匙	喬治·麥克唐納 George McDonald 著／陳莉苓譯	臺北縣	正中書局	8月	11×15.3	223	小說	英國
學徒	比拉兒·羅倫蒂 Pilar Molina Llorente 著／王潔譯	臺北市	台灣東方出版社	9月	15.2×21.5	171	小說	西班牙
彼得的白日夢	伊恩·麥克依溫 Ian McEwan 著／胡依嘉譯	臺北市	小知堂文化事業公司	9月	14.6×21	207	小說	英國
哥哥在我身邊	艾倫·艾柏格 Allen Ahlberg 著／王幼慈譯	臺北市	小知堂文化事業公司	9月	12.5×18.8	108	小說	英國
山大王	椋鳩十 Hatoju Muku 著／周姚萍譯	臺北市	天衛文化圖書公司	9月	15×21	203	小說	日本
毛毛與阿茜	椋鳩十 Hatoju Muku 著／李義權譯	臺北市	天衛文化圖書公司	9月	15×21	238	小說	日本
太愛火柴的女孩	賈約丹·蘇希 Gaetan Soucy 著／邱瑞鑾譯	臺北市	皇冠出版社	9月	15×20.8	191	小說	加拿大

書名	作者（譯者）	出版地	出版社	出版日期	開數	頁數	文類	國別
黃金豹	江戶川亂步著／施聖甫譯	臺北市	品冠文化出版社	9月	15.5×21.5	184	小說	日本
女醫師與小病人	Henry Denker 著／謬靜玫譯	臺北市	新苗文化事業公司	9月	14.8×21	399	小說	美國
我眼中的漢娜	Renate Gunzel-Horatz 著／張傑譯	臺北市	新苗文化事業公司	9月	14.8×21	241	小說	美國
地海孤雛	娥蘇拉・勒瑰恩 Ursula K. Le Guin 著／段宗忱譯	臺北縣	謬思出版公司	9月	14.1×20.1	297	小說	美國
橋下人家	娜塔莉・卡森 Natalie Savage Carlson 著／陳小奇譯	臺北市	台灣東方出版社	9月	15.5×21.5	156	小說	美國
納尼亞魔法王國——奇幻馬和傳說	C. S. 路易斯 C. S. Lewis 著／彭倩文譯	臺北市	大田出版公司	9月	15×21	217	小說	英國
帥狗杜明尼克	威廉・史代格 William Steig 著／趙永芬譯	臺北市	小魯文化事業公司	9月	15×21	169	小說	美國
環遊世界八十天	朱勒・凡爾納 Jules Veme 著／顏湘如譯	臺北市	臺灣商務印書館	9月	15×21	296	小說	法國
頑皮新老爹	山中恆 Hisashi Yamanaka 著／林宜和譯	臺北市	國語日報社	9月	15×21	299	小說	日本
魔法師的學徒（上）	雷蒙・費斯特 Raymond E.	臺北市	高富國際文化公司	9月	14.9×20.9	299	小說	美國

書名	作者（譯者）	出版地	出版社	出版日期	開數	頁數	文類	國別
	Feist 著／許文達譯							
魔法師的學徒（下）	雷蒙・費斯特著／許文達譯	臺北市	高富國際文化公司	9月	14.9×20.9	314-552	小說	美國
不會飛的小燕鷗	布魯克・紐曼著／洪翠娥譯	臺北市	皇冠文化出版公司	9月	14×18.5	95	童話	美國
魔鬼的故事	娜塔麗・巴比特著／楊茂秀譯	臺北市	財團法人毛毛蟲兒童哲學基金會	9月	13×19	110	故事	美國
愛那隻狗	莎朗・克里奇著／米雅譯	臺北市	巨河文化公司	9月	15×21.5	87	童詩	美國
時報廣場的蟋蟀	喬治・賽爾登著／鄒嘉容譯	臺北市	台灣東方出版社	10月	15.5×21.5	226	小說	美國
鬼不理的助手	向達倫著／荷西譯	臺北市	皇冠文化出版公司	10月	15×20.8	251	小說	英國
栗樹街的回憶	丹尼洛・契斯著／張明玲譯	臺北市	小知堂文化事業公司	10月	14.6×21.1	184	散文	南斯拉夫
噢格林先生忘了說	史蒂芬・密契爾著／皓然譯	臺北市	高富國際文化公司	10月	15×19.5	190	童話	美國
奇妙的變身之旅	丹尼爾貝納著／李淑寧譯	臺北市	圓神出版社	10月	14.8×21	275	小說	法國
地海故事集	姚蘇拉・勒瑰恩著／段宗忱譯	臺北市	謬思出版公司	10月	14×20	335	小說	美國
悲慘的開始	雷蒙尼・史尼奇著／周思芸、江坤山譯	臺北市	遠見天下文化出版公司	10月	14.8×20.5	184	小說	美國

書名	作者（譯者）	出版地	出版社	出版日期	開數	頁數	文類	國別
恰派克的秘密花園	卡雷爾・恰派克著／耿一偉譯	臺北市	麥田出版公司	10月	14.8×19.2	233	散文	捷克
紅番公主	Marie Lawson 著／文漢譯	臺北市	世界書局	10月	15×21	108	故事	英國
菩提樹	Maria Augusta Trapp 著／張心漪譯	臺北市	世界書局	10月	15×21	147	故事	奧地利
小天使溫妮	珍娜・李・凱瑞著／蔡倩如譯	臺北市	晨星出版公司	10月	14.8×19	236	故事	美國
西方魔女之死	梨木香步著／葉韋利譯	臺北縣	尖端出版公司	10月	10×13.5	238	故事	日本
我想活到100歲	博格納著／黃亞琴、敬東譯	臺北市	新苗文化事業公司	10月	14.8×21	292	傳記	德國
灰姑娘逃婚記	瑪格麗・特彼得森・哈迪克絲著／張嘉惠譯	臺北市	旗品文化出版社	10月	15.5×20.3	213	童話	美國
愛上我的動物朋友	畑正憲著／施雯黛譯	臺北市	聯經出版事業公司	10月	14.8×21	287	散文	日本
小氣財神	查爾斯・狄更斯著／辛一立譯	臺中市	晨星出版公司	10月	14×20.2	149	小說	英國
貓的美麗與哀愁記事	萊・魯特里奇著／子文譯	臺北縣	新雨出版社	10月	15×21	235	散文	美國
大鼻妹的戀愛日記	露薏絲・何尼森著／蔡靜如譯	臺北市	小知堂文化事業公司	11月	14.8×21	287	小說	英國

書名	作者（譯者）	出版地	出版社	出版日期	開數	頁數	文類	國別
禮拜五	米歇爾・圖尼埃著／王道乾譯	臺北市	皇冠文化出版公司	11月	15×21	255	小說	法國
納尼亞魔法王國——賈思潘	C. S. 路易斯著／張琰譯	臺北市	大田出版公司	11月	15×21	208	小說	英國
山居歲月	珍・克雷賀德・喬治著／傅蓓蒂譯	臺北市	台灣東方出版社	11月	15.5×21.5	263	小說	美國
強盜與我	約瑟夫・雷盧布著／周從郁譯	臺北市	台灣東方出版社	11月	15.5×21.5	308	小說	捷克
冰兒	Gwyn Hyman Rubio 著／陳詩紘譯	臺北市	新苗文化事業公司	11月	14.8×21	413	小說	美國
跳舞的鱷魚	德維慈著／陳文美譯	臺北市	格林文化事業公司	11月	16.7×24.7		圖文書	荷蘭
小木偶	文／柯洛帝 圖／羅伯英潘 譯／郭菀玲	臺北市	格林文化事業公司	11月	21.5×29.6	135	圖文書	義大利
小魔怪黏巴達	文／山德斯 圖／藍史密斯 譯／黃筱茵	臺北市	格林文化事業公司	11月	14.5×24.1	84	圖文書	美國
嘰咕的招待	文／羅迪・道爾 圖／布萊恩・阿哈譯／胡洲賢	臺北市	麥田出版公司	11月	15.6×23.6	111	圖文書	愛爾蘭
游俠兒救了聖誕節	文／羅迪・道爾圖／布萊	臺北市	麥田出版公司	11月	15.6×23.6	159	圖文書	愛爾蘭

書名	作者（譯者）	出版地	出版社	出版日期	開數	頁數	文類	國別
	恩・阿哈圖 Brian Ajhar 譯／胡洲賢							
聖誕老婆婆	文／東野圭吾 圖／杉田比呂美 譯／陳惠莉	臺北縣	尖端出版公司	11月	13.4×19	69	圖文書	日本
鳥澡盆與紙鶴	莎朗・藍達著／陳宗琛譯	臺北市	晨星出版公司	1月	14.7×19	261	散文	美國
惡搞版哈力波特	麥克・格伯著／劉稼禹譯	臺北市	奇幻基地出版	11月	14.8×21	243	小說	美國
青鳥	莫李斯・梅特林克著／肖俊風譯	臺中市	晨星出版公司	11月	14×20.2	183	小說	比利時
外公是棵櫻桃樹	安琪拉・那涅第著／徐潔譯	臺北市	玉山社出版事業公司	11月	13×19	174	小說	德國
叱吒狗職場	梅莉・薇斯柏金・卡若芙著／蕭妃君譯	臺北市	皇冠文化出版公司	11月	15×20.9	268	散文	加拿大
憨囝仔吔出頭天	松下啟志著／陳雅琪譯	臺北縣	種籽文化事業公司	11月	14.8×21	204	散文	日本
魔人銅鑼	江戶川亂步著／施聖茹譯	臺北市	品冠文化出版社	11月	15.5×21.5	184	小說	日本
山居歲月	珍・克雷賀德・喬治著／傅蓓蒂譯	臺北市	台灣東方出版社	11月	15.5×21.5	263	小說	美國
可怕的爬蟲屋	雷蒙尼・史尼奇著／江坤山譯	臺北市	天下遠見出版公司	11月	15×20.5	228	小說	美國

書名	作者（譯者）	出版地	出版社	出版日期	開數	頁數	文類	國別
再見了，可魯——導盲犬可魯的故事	石黑謙吾著／林芳兒譯	臺北市	台灣國際角川公司	11月	15×21	150	小說	日本
納尼亞魔法王國——銀椅	C. S. 路易斯著／張琰譯	臺北市	大田出版公司	11月	15×21	217	小說	英國
納尼亞魔法王國——最後的戰役	C. S. 路易斯著／張琰譯	臺北市	大田出版公司	11月	15×21	182	小說	英國
我是乳酪	羅伯·柯米爾著／麥倩宜譯	臺北市	小魯文化事業公司	12月	14.8×20.9	231	小說	美國
我的小丑爸爸	米榭爾·坎著／林長杰譯	臺北市	皇冠文化出版公司	12月	15×21	85	故事	法國
格林童話的智慧人生	格林兄弟著／代紅譯	臺北縣	大步文化	12月	14.5×20.5	188	童話	德國
別讓她哭泣	德蕾莎·阿佐巴蒂著／鄭錦芳譯	臺北市	小知堂文化事業公司	12月	14.6×21	379	小說	英國
一隻世故的法國貓	伊夫·納瓦爾著／林美珠譯	臺北市	圓神出版社	12月	14.8×21	234	小說	法國
吞鑰匙的男孩	傑克·甘圓斯 Jack Gantos 著／陳淑智譯	臺北市	台灣東方出版社	12月	15.5×21.5	243	小說	美國
記憶傳授人	露薏絲·勞瑞著／李黨譯	臺北市	台灣東方出版社	12月	15.5×21.5	276	小說	美國
波提拉與偷帽賊	C.S.路易斯著／林靜華譯	臺北市	大田出版公司	12月	15×21	217	小說	英國
獨眼貓	Paula Fox 著／陳詩紘譯	臺北市	新苗文化事業公司	12月	15×21	246	小說	美國

書名	作者（譯者）	出版地	出版社	出版日期	開數	頁數	文類	國別
舞奴	Paula Fox 著／陳詩紘譯	臺北市	新苗文化事業公司	12月	15×21	211	小說	美國
魔法學校	黛博拉·道耶爾、詹姆士、麥當諾著／麥倩宜譯	臺北市	唐莊文化事業公司	12月	15×21	203	小說	美國
香菜先生	卡希·阿貝德·卡迪爾著／陳慧芬譯	臺北市	玉山社出版事業公司	12月	13×19	184	小說	德國
孤島的野犬	椋鳩十著／嶺月譯	臺北市	國語日報社	12月	15×21	258	小說	日本
野雞女孩 I 神秘黑鑰匙	柯奈利亞·馮克著／程顯灝譯	臺北縣	旗林文化出版社	12月	16×21.5	220	小說	德國
我的肚子變白的原因	熊田勇著／何榮發譯	彰化市	和融出版社	12月	15×21	77	圖文書	日本
天使也哭泣——女學生之死	Tom Moore 著／羅昱譯	臺北市	新苗文化事業公司	12月	15×21	337	小說	加拿大
地下血道	向達倫著／荷西譯	臺北市	皇冠文化出版公司	12月	15×21	234	小說	英國
愛我就說汪	露易絲·柏尼克著／張慧倩譯	臺北市	皇冠文化出版公司	12月	15×20.8	207	小說	美國
孩子的動物朋友	蓋兒·梅爾森 Gail E. Melson 著／范昱峰、梁秀鴻譯	臺北市	時報文化出版公司	12月	14.8×21	309	科學人文	美國

書名	作者（譯者）	出版地	出版社	出版日期	開數	頁數	文類	國別
地海奇風	姚蘇拉・勒瑰恩 Ursula K. Le Guin 著／段宗忱譯	臺北縣	謬思出版公司	12月	13.8×20	272	小說	美國
孤島的野犬	椋鳩十 Hatoju Muku 著／嶺月譯	臺北市	國語日報社	12月	15×21	258	小說	日本

二〇〇三年臺灣兒童文學年度書目

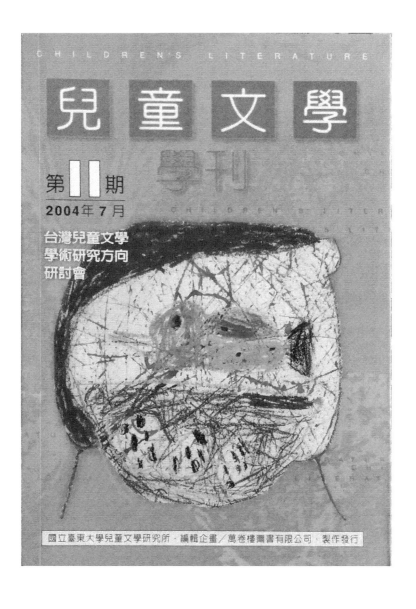

二〇〇三年臺灣兒童文學的發展依舊熱絡，許多年度盛會依然如期展開，而民間與政府機關亦有許多獨特的活動計畫，為二〇〇三年的兒童文學界增添不少繽紛的色彩。

政府機關方面：行政院新聞局「中小學生優良課外讀物推介」活動一年將改為二次⋯⋯。

校園方面：以兒童文學為發展重點的臺東師範學院改制為臺東大學，臺北市龍安國小將已劃下句點的中華兒童叢書收集整理展出。

民間方面：《哈利波特》與幾米仍是大贏家，低齡寫作風潮於今年發酵，明星創作童書繪本及作家童年繪本為今年出版一項特色，「漫畫故事特展」展出老中青三代漫畫作家作品，呈現臺灣漫畫發展縮影⋯⋯。

年度活動包括「臺東大學兒童文學獎」、二年一度的「國語日報兒童文學牧笛獎」、「二〇〇三文建會兒歌一百徵選活動」、「信誼幼兒文學獎」、「《聯合報》〈讀書人〉最佳童書」、「《中國時報》〈開卷〉最佳青少年圖書、童書」等等，對兒童文學發展而言，均具有指標性意義。

兒童文學年度書目的彙整，依「創作」、「翻譯」、「論述」三大類：

二〇〇三年兒童文學創作書目

書名	作者	繪者	出版地	出版社	出版日期	開數	頁數
魔法雙眼皮	黃秋芳	徐建國	臺北市	九歌出版社	1月	14.9×21	159
寒冬中的報歲蘭	陳沛慈	王建國	臺北市	九歌出版社	1月	14.9×21	162
創意神豬	呂紹澄	江正一	臺北市	九歌出版社	1月	14.9×21	147
下課鐘響	羅世孝	那培玄	臺北市	九歌出版社	1月	14.9×21	160

書名	作者	繪者	出版地	出版社	出版日期	開數	頁數
我就是這樣！	辛佳慧		臺北市	小魯文化事業出版公司	1月	14.8×21	189
好好照顧我的花	郝廣才	吉恩盧卡	臺北市	格林文化事業公司	1月	19×21.7	
兵馬俑不見了	鄭明進等著	發哥	臺北市	文經出版社	1月	20.5×20.8	83
臺灣巨砲——陳金鋒	瘦菊子		臺北市	文經出版社	1月	14.9×21	157
童年往事	陳龍明		臺北縣	福地出版	1月	14.7×20.9	240
雲端裡的琴聲	林滿秋		臺北市	小魯文化事業公司	1月	14.9×20.9	236
頑童歷險記	ㄚ燈		臺北市	文房出版社	1月	14.7×20.9	240
臺灣原住民的神話與傳說（叢書共十冊）	亞榮隆·薩可努等故事採集	見維巴里等	臺北市	新自然主義公司	1月	21×20	131
最後一頭戰象	金曾豪編		臺北市	民生報社	1月	20×20	162
奇猴	金曾豪編		臺北市	民生報社	1月	20×20	162
道具馬	金曾豪編		臺北市	民生報社	1月	20×20	158
我是一隻狐狸狗	林良		臺北市	國語日報社	1月	15×21	398
爸爸 FUN 暑假	李光福	吳開乾	臺北市	小兵出版社	1月	20.7×19.7	154
機車少奶奶	庫庫二凸		臺北市	風杏子企業公司	1月	15×21	207
牛犁歌	蘇振明	蘇楊	臺北市	林氏圖書	1月	22×26.8	39
我們都是小飛俠	胡德成	呂靜雯	臺北市	皇冠文化出版公司	2月	15×18.5	157

書名	作者	繪者	出版地	出版社	出版日期	開數	頁數
情緒獸 EMO	李亞	李亞	臺北市	一方出版公司	2月	14.9×19	118
鞦韆上的童年	蔡慧均		臺北縣	文房文化事業公司	2月	15×21	208
海洋之書	張嘉驊	謝祖華	臺北市	幼獅文化事業公司	2月	15×21	223
古拉找開心	游乾桂	LULU	臺北市	上提文化公司	2月	20.5×21	59
古拉說愛你	游乾桂	LULU	臺北市	上提文化公司	2月	20.5×21	59
魔法古拉	游乾桂	LULU	臺北市	上提文化公司	2月	20.5×21	59
兩個古拉	游乾桂	LULU	臺北市	上提文化公司	2月	20.5×21	59
喂，穿裙子的！	張友漁	朵兒普拉斯	臺北市	幼獅文化事業公司	2月	15×21	221
鄉下野孩子	蝦蜜		臺北市	城邦文化事業公司	2月	14.8×20	179
好耶！胖石頭	方素珍	崔永嬿	臺北市	國語日報社	2月	26.5×19.8	
一隻母雞叫蔥花	方素珍	吳嘉鴻	臺北市	國語日報社	2月	26.5×19.8	
開朗少男求生記	八爪熊		臺北市	新苗文化事業公司	2月	15×21	215
西城街的西蒙	湯馬士‧葛佐尼(Thomaso Garzoni)	真的是中國人創作的	臺北市	東觀國際文化公司	2月	14.5×19.6	213
客家傳說故事	吳聲淼		新竹縣	新竹縣兩岸文化協會	2月	14.5×21	183

書名	作者	繪者	出版地	出版社	出版日期	開數	頁數
我們都是小飛俠	胡德成	呂靜雯	臺北市	皇冠文化出版公司	2月	15×18.5	157
愛蓋章的國王	許書寧	許書寧	臺北市	上堤文化公司	3月	24.2×24.1	
誰去掛鈴鐺	馬景賢	吳應堅	臺北市	小魯文化事業公司	3月	21×20.4	35
羽毛交會的時候	郝廣才	伊蓮娜	臺北市	格林文化事業公司	3月	18.5×21	80
春神跳舞的森林	嚴淑女	張又然	臺北市	格林文化事業公司	3月	28.5×21.6	
小石佛	郝廣才	朱里安諾	臺北市	格林文化事業公司	3月	23.7×33.2	
沒有不好玩的時候	任溶溶	高鶯雪	臺北市	小魯文化事業公司	3月	20.8×20.3	47
倪亞達4——黑白切	袁哲生	陳弘耀	臺北縣	寶瓶文化事業公司	3月	16.7×20.1	172
屋簷下的風景	焦桐主編		臺北市	幼獅文化事業公司	3月	15×21	126
賣花的小女孩	馬玲淑		臺北市	福地出版	3月	14.8×21	190
孤兒阿鐵	林建隆		臺北市	皇冠文化出版公司	3月	15×21	265
三月搖籃曲	林細珠(Judith Lam)	林細珠(Judith Lam)	臺北市	大塊文化出版公司	3月	14.5×18	208
兒童文學第十二輯	翁萃芝、林郁璇主編		高雄市	高雄市兒童文學寫作協會	3月	14.8×21	404
有空就回家	朱天心、杏林子等		臺北縣	正中書局公司	3月	14.9×19	113

書名	作者	繪者	出版地	出版社	出版日期	開數	頁數
赤腳小羅漢——霄理溪畔的童年	吳家勳		臺北縣	正中書局公司	3月	14.9×19	175
臺北正在飛	白靈	鄭慧荷	臺北市	三民書局	3月	21.5×24.5	51
黑白狂想曲	陳黎	楊淑雅	臺北市	三民書局	3月	21.5×24.6	55
王叫獸的真愛與熱情	江連居	郁志宏	臺北縣	富春文化事業公司	4月	15×21	204
逃家奇遇記	王蔚	趙梅英	臺北市	九歌出版社	4月	15×21	135
來去樂比樂	林舒嫻	陶一山	臺北市	九歌出版社	4月	15×21	163
陽光叔叔	陳貴美	伍敬賢	臺北市	九歌出版社	4月	15×21	177
黃色蝴蝶結	黃麗秋	那培玄	臺北市	九歌出版社	4月	15×21	165
幸福女孩就是我	周姚萍		臺北市	小魯文化事業公司	4月	14.8×20.9	184
擦指甲油的螃蟹	方之	林宛姿	臺北市	知本家文化事業公司	4月	21.5×30.4	
豆油找親戚	張岳琳	邱柏愷	臺北市	上澤社	4月	28.8×21.9	
望天丘	李潼		臺北市	民生報社	4月	14.8×21	300
恐龍星座	李潼		臺北市	民生報社	4月	14.8×21	183
天天爆米香	李潼		臺北市	民生報社	4月	14.8×21	193
遇上一個夢中情人	管家琪	曾碧珠	臺北市	幼獅文化事業公司	4月	15×21	169
病房裡的春天	陳月文	官月淑	臺北縣	富春文化事業公司	4月	15×21	186
科學童話真奇妙	李光福		臺北市	小魯文化事業公司	4月	14.9×21	159
希望的天空・無私的愛	卡蜜拉		臺北縣	文房文化事業公司	4月	14.7×21	192

書名	作者	繪者	出版地	出版社	出版日期	開數	頁數
電影大師——史蒂芬・史匹柏的少年時光	管家琪		臺北市	文經出版社	4月	15×21	159
大青蛙愛吹牛	馬景賢	吳應堅	臺北市	小魯文化事業公司	4月	21×20.5	35
誰怕大野狼	馬景賢	吳應堅	臺北市	小魯文化事業公司	4月	21×20.5	23
比利與球	郝廣才	安娜蘿拉	臺北市	格林文化事業公司	4月	18.5×21	
美好的一天	沈穎芳	沈穎芳	臺北市	信誼基金出版社	4月	18.7×26.7	
愛吃青菜的鱷魚	湯姆牛	湯姆牛	臺北市	信誼基金出版社	4月	21.5×20.6	
全都睡了100年	林小杯	林小杯	臺北市	信誼基金出版社	4月	19×23.5	
逃哇！去火星	方素珍	簡永宏	臺北市	國語日報社	4月	26.5×19.6	
Guji Guji	陳致元	陳致元	臺北市	信誼基金出版社	4月	20×28.1	
淘氣二姑	羅彩娟		臺北市	福地出版	4月	14.5×21.1	272
老王子	林定一	意晴	臺北市	文經出版社	4月	15×21	127
飛翔的姿勢——成長散文集	蕭蕭主編		臺北市	幼獅文化事業公司	5月	15×21	157
怪獸的字典有困難	方素珍	郝洛玟	臺北市	國語日報社	5月	26.5×19.6	
哪裡來的眼淚	方素珍	郝洛玟	臺北市	國語日報社	5月	26.5×19.6	
戰爭	可樂王	可樂王	臺北市	聯合文學出版社	5月	20.5×24.5	

書名	作者	繪者	出版地	出版社	出版日期	開數	頁數
蜘蛛人安拿生	楊茂秀	林小杯	臺北市	毛毛蟲兒童哲學基金會	5月	23.2×23	
香蕉哥哥說故事	林掄元	林掄元	臺北市	上澤社	5月	21.5×21	
蒲公英的婚禮	鍾雲如	張國銘	臺北縣	富春文化事業公司	5月	15×21.1	75
山鬼之謎	韋伶	黃揚凱	臺北市	幼獅文化事業公司	5月	15×21	237
滷蛋家族	林峻堅等		臺北縣	富春文化事業公司	5月	15×21	207
小貝流浪記	孫幼軍	卜京	臺北市	民生報社	5月	21.3×17.8	98
一隻鳥的故事	吳錦發	鄭可	高雄市	串門企業公司	5月	21.1×19.6	118
庄腳囝仔出頭天	潘淑倩	陳韋宏	臺北市	平安文化公司	5月	15×20.8	191
主題故事——愛的密碼	陳佩萱	罐頭魚	永和市	狗狗圖書公司	5月	22×28.2	61
青梅竹馬的小故事——鞏禮妹妹	薛林		臺南縣	小白屋詩苑	5月	19.5×10	90
記得茶香滿山野	向陽	許文綺	臺北市	遠流出版事業公司	6月	25.7×22.2	
跟阿嬤去賣掃帚	簡媜	黃小燕	臺北市	遠流出版事業公司	6月	25.5×24.5	
像母親一樣的河	路寒袖	何雲姿	臺北市	遠流出版事業公司	6月	21.5×34.5	
姨公公	孫大川	簡滄榕	臺北市	遠流出版事業公司	6月	25.7×25.7	

書名	作者	繪者	出版地	出版社	出版日期	開數	頁數
故事地圖	力格拉樂・阿𡠽	阿緞	臺北市	遠流出版事業公司	6月	23×25.7	
八歲，一個人去旅行	吳念真	官月淑	臺北市	遠流出版事業公司	6月	24.3×29.3	
美國學校酷寶貝	曉亞		臺北市	久周出版文化事業公司	6月	14.8×21	188
臺灣自然寫作選	吳明益主編		臺北市	二魚文化事業公司	6月	14.8×21	322
中國現代經典童話I	張秋生、徐建華主編		臺北市	聯經出版事業公司	6月	15×21	218
中國現代經典童話II	張秋生、徐建華主編		臺北市	聯經出版事業公司	6月	15×21	224
中國現代經典童話III	張秋生、徐建華主編		臺北市	聯經出版事業公司	6月	15×21	219
陸祀寓言	陸祀		臺北市	臺灣商務印書館	6月	15×21	235
我願意做你的天使	張維中等	曹瑞芝等	臺北市	方智出版社	6月	14.9×21.1	91
從前從前，有一個小王子	張志維等		臺中市	可迷文化出版公司	6月	14.5×21	255
我願意做你的天使	張維中／孫梓評／吳家宜／詹雅蘭／林育涵	曹瑞芝／黃郁欽／林俐／Tony／阿丁	臺北市	方智出版社	6月	14.8×21	91

書名	作者	繪者	出版地	出版社	出版日期	開數	頁數
在我心裡跳舞	茱麗葉	唐唐	臺北市	小知堂文化事業公司	6月	19×19	62
小保學畫畫	馮輝岳	陳美燕	臺北市	小魯文化事業公司	7月	15.5×19.8	63
穿靴子的咖哩皮皮	杜白	郁志宏	臺北市	幼獅文化事業公司	7月	14.9×21	251
這裡有熊出沒	許玉敏	周天恩	臺北市	檢書堂公司	7月	15.7×21.7	175
圖書館精靈	林佑儒	D. F.	臺北市	九歌出版社	7月	15×21	196
你是我的妹	彭學軍	江正一	臺北市	民生報社	7月	14.8×21	212
危險心靈	侯文詠	李顯寧	臺北市	皇冠文化出版公司	7月	15×20.8	359
快樂少年	林良	利曉文	新店市	正中書局公司	7月	14.8×20.7	150
幫傭的小孩	徐月娟	葉美卿	臺北市	福地出版社	7月	14.8×21	240
阿Q狗流浪記	林慶昭		中和市	大慶出版社	7月	13×18	214
土地公阿幅的心事	林佑儒	發哥	新店市	小兵出版社	7月	20.5×19.5	89
胖鶴丹丹出奇招	陳佩萱	施姿君	新店市	小兵出版社	7月	20.5×19.5	81
神奇的噴火龍	陳景聰	陳炫諭	新店市	小兵出版社	7月	20.5×19.5	81
公雞阿歪ㄍㄚㄍㄚㄍㄚ	楊寶山	任華斌	新店市	小兵出版社	7月	20.5×19.5	91
再見李夢多	廖炳焜	徐建國	新店市	小兵出版社	7月	20.5×19.5	90
小天使學壞記	陳景聰	莊河源	新店市	小兵出版社	7月	20.5×19.5	91
發亮的小河	馮輝岳	莊河源	新店市	小兵出版社	7月	20.5×19.5	91
小鈴鐺	李紫蓉	賴馬	臺北市	信誼基金出版社	7月	21.5×20.5	23

書名	作者	繪者	出版地	出版社	出版日期	開數	頁數
打開傘	李紫蓉	崔麗君	臺北市	信誼基金出版社	7月	21.5×20.5	23
牛來了	（中國兒歌）	張振松	臺北市	信誼基金出版社	7月	21.5×20.5	23
和星星人一起散步	陳璐茜	陳璐茜	臺北市	國語日報社	8月	15×21	167
狗臉的歲月	姊小路	葉美卿	臺北市	福地出版社	8月	14.8×21	240
禍水禍根誰的錯	郝廣才	李燕玉	臺北市	格林文化事業公司	8月	15×19.5	139
野犬姊妹	沈石溪	黃凱	臺北市	幼獅文化事業公司	8月	14.8×21	262
努比亞的線腳獅子	巴斯卡	BO2	臺北市	大塊文化出版公司	8月	18×18	98
讓你感動一輩子的禮物	陶淵亮	屠楠	臺北市	海鴿文化出版圖書公司	8月	17×23	91
5分鐘床邊小故事	陳碧純	王心怡	臺北市	東觀國際文化公司	8月	14.5×21	249
頭號人物：小鬼魯智勝	秦文君	王建國	臺北市	九歌出版社	8月	14.8×21	182
迷糊英雄：班長魯智勝	秦文君	王建國	臺北市	九歌出版社	8月	14.8×21	180
黃金少年	管家琪	徐建國	臺北市	九歌出版社	8月	14.8×21	189
臺灣民間故事選輯	楊淑如編		臺北縣	喜讀文化	無	15×21	202
聲音	任溶溶	高鶯雪	臺北市	小魯文化事業公司	8	20.5×19.5	35
太子歷險記	謝冰瑩	無	新店市	正中書局	8月	14.8×21	145

書名	作者	繪者	出版地	出版社	出版日期	開數	頁數
拔蘿蔔	脆西	脆西	臺北市	上堤文化公司	8月	21.5×24	
三個好朋友	脆西	脆西	臺北市	上堤文化公司	8月	21.5×24	
東山虎姑婆	黃文輝	無	臺北市	天衛文化圖書公司	8月	14.8×21	164
少年懷民	楊孟瑜		臺北市	遠見天下文化出版公司	8月	14.8×21	223
小白帶路	曉禾	陳怡臻	臺北市	法鼓文化事業公司	8月	20×20	89
哈利波特之母—J.K.羅琳的少年時光	管家琪	陳學建	臺北市	文經出版社	8月	15×21	157
桃花源精粹叢書選集（共十冊）	江連居等		桃園縣	桃園縣政府文化局	8月	14.5×21	141
搞笑高手四季豆	盧蘇偉	莊茵嵐	臺北縣	狗狗圖書公司	9月	18.5×23.5	67
四宅村	冥界	阿咧	臺北市	小知堂文化事業公司	9月	14.5×21	216
媽媽的新男友	尹壽千	元裕美	臺北市	三采文化出版事業公司	9月	16.5×22.5	97
我交了男朋友	李美愛	李殷天	臺北市	三采文化出版事業公司	9月	16.5×22.5	179
我那群討厭的死黨	金自煥	元裕美	臺北市	三采文化出版事業公司	9月	16.5×22.5	181
鑰匙兒	黃善美		臺北市	福地出版社	9月	15×21	223
死亡地下室	火楓狐心等著		臺北市	小知堂文化事業公司	9月	14.5×20.8	196

書名	作者	繪者	出版地	出版社	出版日期	開數	頁數
失去大海的鮭魚	梅菲比	劉蘭亭	新店市	檢書堂公司	9月	15×21.5	175
嚕嚕的奇遇	孫幼軍	卜京	臺北市	民生報社	9月	21.5×17.5	115
老班兄弟	黑鶴	楊恩生	臺北市	民生報社	9月	20×19.5	257
寵物原來如此	偖家強	李瑾倫	臺北市	大塊文化出版公司	9月	19×20	132
數學抱抱	郭家琪	T-Bone	臺北市	小魯文化事業公司	9月	18.8×26	80
毛毛蟲吃毛毛蟲	李相權	尹貞珠	臺北縣	狗狗圖書公司	9月	18.5×23.5	107
中國故事寶盒（套書共十二冊）	管家琪改寫	貓頭鷹、蔡嘉驊、楊麗玲	臺北市	幼獅文化事業公司	9-11月	18.6×17	187
臺灣創作囡仔歌	白聆		臺北市	碩億科技公司	9月	20.5×21	33
勇於追夢——臺灣小太陽	梁弘志編著		臺北市	財團法人公共網路文教基金會	9月	21×19.5	191
風動鳴第一部雲蔽	水泉		臺北市	春天出版國際文化公司	9月	14.9×20.7	379
記得當時年紀小	譚柔士		臺北市	文房文化事業公司	10月	15×21	224
媽媽，外面有陽光	徐素霞	徐素霞		和英出版社	10月	21.5×30.5	32
塞滿鑰匙的空房間	臥斧		臺北縣	寶瓶文化事業公司	10月	14.8×20.8	216
午夜的鋼琴聲	或晨等著		臺北市	小知堂文化事業公司	10月	14.5×20.8	184

書名	作者	繪者	出版地	出版社	出版日期	開數	頁數
小太陽	林良	岳宜	臺北市	格林文化事業公司	10月	20.5×21	83
魔王爸爸的16封信	風聆	游素蘭	臺北市	春天出版國際文化公司	10月	14.8×21	219
水家三兄弟的故事	帥崇義		臺北縣	富春文化事業公司	10月	15×21	166
西街少年	鄧紫珊、盧慧心		臺北市	皇冠文化出版公司	10月	15×21	189
萱萱的日記	宋珮	劉清彥	臺北市	道聲出版社	10月	21×25.8	30
金福樓夜話	王家祥	小魚	臺北市	小知堂文化事業公司	10月	14.5×21	205
史瓦洛的飛行日誌	李儒林等	謝佳玲	臺北市	國語日報社	10月	15×21	101
拜託拜託土地公	王文華等	余麗婷	臺北市	國語日報社	10月	15×21	102
我是美女，我愛野獸	陳詩穎		臺北市	雅書堂文化事業公司	10月	14.5×20.3	223
我家的長板凳	陳慧縝	陳慧縝	臺北市	國語日報社	10月	29×21.5	30
可可不見了	溫喜晴	沈建廷	臺北市	國語日報社	10月	21.5×29	30
我高興	江亭誼	曹筱苹	臺北市	國語日報社	10月	21.5×29	30
圳水・漫入田園	吳家勳		臺北市	黎明文化事業公司	10月	15×21	198
汽車大王——亨利福特的少年時光	吳燈山	陳學建	臺北市	文經出版社	10月	15×21	175
第十一屆南瀛文學獎專輯	廖炳焜等		臺南縣	臺南縣攻府文化局	10月	14.5×20.5	413

書名	作者	繪者	出版地	出版社	出版日期	開數	頁數
愛的天使——德蕾莎修女的故事	陳啟淦	陳學建	臺北市	文經出版社	11月	14.5×20.5	159
庄角囡仔出頭天	潘淑情採訪		臺北市	平安文化公司	11月	15×21	191
魔力棒球	九把刀	謝吉米	臺北市	蓋亞文化公司	11月	13×20	236
兒童戲劇創作徵選優勝作品選集	楊杏枝等	駱耀宏	臺北市	臺北市政府文化局	11月	15×21	127
一個不能沒有禮物的日子	陳致元	陳致元	臺北市	和英出版社	11月	19.5×23.5	38
雙色鳥	米糕貴	米糕貴	臺北市	小知堂文化事業公司	11月	20×20	90
保健室驚魂	凌迅	阿咧	臺北市	小知堂文化事業公司	11月	14.5×21	232
疼惜往事	陳長華		臺北市	九歌出版社	11月	15×21	190
蒲公英之劍	蘭姐		臺北市	城邦文化事業公司	11月	20.5×20.5	48
草莓心事	林佑儒		臺北縣	小兵出版社	11月	20.5×19.5	159
半路遇上幸福	許書寧	許書寧	臺北市	玉山社出版事業公司	11月	17×22	163
我的老師虎姑婆	王文華	徐建國	臺北市	小兵出版社	11月	20.5×19.5	153
魔法王子	齊東尼	亞寶	臺南市	企鵝圖書公司	11月	15×21	211
杜鵑山的迴旋曲	盧梅芬、蘇量義	黃志勳	臺東市	臺灣史前文化博物館	11月	17.5×25	28

書名	作者	繪者	出版地	出版社	出版日期	開數	頁數
海洋	林頌恩、蘇量義	黃志勳	臺東市	臺灣史前文化博物館	11月	17.5×25	28
二〇〇三年新竹縣吳濁流文藝獎得獎作品集（附兒童文學部分）	林佑儒等		新竹縣	新竹縣文化局	11月	15×21	358
魔豆傳奇──熊貓創世紀	電視豆公司	電視豆公司	臺北市	唐莊文化事業公司	11月	20×20	62
魔豆傳奇──電視豆傳奇	電視豆公司	電視豆公司	臺北市	唐莊文化事業公司	11月	20×20	107
牆與橋	陳義男		臺南縣	臺南縣政府	11月	14.5×21	366
住在河堤上的朋友	鄒敦怜	藍凱婷	臺北縣	狗狗圖書公司	11月	18.5×23.5	71
愛寫歌的陸爺爺	林娜鈴、蘇量義	黃志勳	臺東市	國立臺灣史前文化博物館	11月	17.5×25	28
歡迎撿走這顆心	許芸齊	小評	臺北市	紅色文化	11月	20.1×19.7	101
收藏──時光的魔法書	周曉楓		臺北縣	文圓國際圖書出版公司	12月	15×21	265
給魔法主人的信	童童		臺北市	小知堂文化事業公司	12月	14.5×21	201
積木雞	葛競		臺北市	聯經出版事業公司	12月	21×17.5	163
肉肉狗	葛競		臺北市	聯經出版事業公司	12月	21×17.5	163

書名	作者	繪者	出版地	出版社	出版日期	開數	頁數
小雛菊	洛心		臺北市	城邦文化事業公司	12月	14.5×21	196
月亮愛漂亮 —— 臺灣2003年兒歌一百	林哲璋等		臺北市	行政院文化建設委員會	12月	14.8×21	119
最後一場戲	呂紹澄		臺北市	小魯文化事業公司	12月	14.8×21	171
臺東的故事	林永發主編		臺東市	臺東縣政府文化局	12月	15×20.8	165
其實我是一條魚	金波	闍振瀛	臺北市	民生報社	12月	20×20	94
囡仔的歌詩	陳秀枝		南投縣	南投縣政府文化局	12月	14.8×21	116
等你第100封信	劉燁編著		臺北市	新苗文化事業公司	12月	14.5×21	242
蔬菜水果的故事	林鍾隆	曹俊彥	臺北市	民生報社	12月	21×17.5	170
對不起！秋蓮	李光福	任華斌	臺北縣	小兵出版社	12月	20.5×20	151
奇奇的替身	杜紫楓		高雄市	百盛文化出版公司	12月	14.5×21.1	181
油桐花下的精靈 —— 我的隱身同學	廖大魚	陳炫諭	臺北縣	小兵出版社	12月	20.5×20	159

二〇〇三年兒童文學論述書目

書名	作者	譯者	出版地	出版社	出版日期	開數	頁數
英語兒童文學史綱	約翰・洛威・湯森	謝瑤玲	臺北市	天衛文化圖書公司	1月	17×23	399
讀書會難不倒你	沈惠芳		臺北市	天衛文化圖書公司	1月	18.8×26	151
管家琪作文——如何閱讀	文／管家琪 圖／賴馬		臺北市	幼獅文化事業公司	1月	15×21	213
哈利波特與中國魔法	劉天賜		臺北縣	尖端出版公司	1月	14.5×21	174
故事媽咪 A1	文／李赫 圖／謬慧雯		臺北縣	狗狗圖書公司	1月	22×29	61
小手做小書2 五格書	陳淑華		臺北縣	光佑文化事業公司	1月	20.7×19.6	83
好戲開鑼	柯秋桂編著		臺北市	財團法人成長文教基金會	1月	18.6×20.8	156
蓬萊碾字坊——李潼人間情懷和文學天地	潘人木友情團隊		宜蘭縣	宜蘭縣政府文化局	2月	15×21	254
巫師的魔法手冊	奎爾・漢米頓・伯克爾、珍・漢米頓・伯克爾	連毓容	臺北縣	海鴿文化事業公司	2月	15×21	199
哈利波特的魔法與科學	羅傑・海菲德	王柏鴻 吳國欽	臺北市	時報文化出版公司	2月	15×21	303

書名	作者	譯者	出版地	出版社	出版日期	開數	頁數
遇見小兔彼得	卡蜜拉·赫利南	蔡正雄	臺北市	青林國際出版公司	2月	26×30.5	128
手工書55招	王淑芬		臺北縣	作家出版社	2月	19×19.5	131
繪本教學有一套	黃慶惠		臺北市	天衛文化圖書公司	3月	19×26	151
臺灣漫畫閱覽	洪德麟		臺北市	玉山社出版事業公司	3月	19×24	161
奇幻文學寫作的十堂課	泰瑞·布魯克斯	林以舜	臺北市	奇幻基地出版	3月	15×21	365
臺灣鄉土文學館：兒童少年文學賞析與研究	林政華		臺南市	世一文化事業公司	3月	14.8×20.9	225
童話心理測試	亞門虹彥	曹雪麗	臺北縣	寶島社	3月	13×18.8	206
達芬奇寓言的智慧	列奧納多·達芬奇	鮑李豔	臺北市	培真文化企業公司	3月	14.8×20.9	187
故事媽咪 A2	文／李赫 圖／劉淑如		臺北縣	狗狗圖書公司	3月	22×29	61
2002好書指南——少年讀物·兒童讀物	曾淑賢策劃		臺北市	臺北市立圖書館	4月	21×20	166
魔鏡，魔鏡，告訴我——當代女性作家探索經典童話 輯1	凱特·柏恩海姆編	林瑞堂	臺北市	唐莊文化事業集團公司	4月	15×21	204
魔鏡，魔鏡，告訴我——當	凱特·柏恩海姆編	林瑞堂	臺北市	唐莊文化事業集團公司	4月	15×21	275

書名	作者	譯者	出版地	出版社	出版日期	開數	頁數
代女性作家探索經典童話輯2							
動態閱讀Rhyme ǹ Song	林秀兒		臺北市	台灣外文書訊房公司	4月	14.9×21	320
讀繪本，遊世界：著名繪本教學與遊戲	紀明美、黃金葉等著 吳淑玲主編		臺北市	心理出版社	4月	17×23	280
創思教育飛起來	葛惠等		臺北縣	三之三文化實業公司	4月	21×29	187
故事治療——說故事在兒童心理治療上的運用	Richard A. Gardner	徐孟弘等	臺北市	五南圖書出版公司	4月	17×23	315
幼兒文學	何三本		臺北市	五南圖書出版公司	4月	17×23	350
讀寫新法——幫助學生學習讀寫技巧	Robert J.Marzano、Diane E. Paynter	王瓊珠	臺北市	高等教育文化事業公司	5月	17×23	175
圖畫書的生命花園	劉清彥、郭恩惠		臺北市	財團法人宇宙光文教基金會	5月	18×23.1	120
呼喚	桂文亞編		臺北市	聯經出版事業公司	5月	20×19	190
童話點心屋	林滿秋		臺北市	台視文化事業股公司	5月	17×18	140
動畫大師——宮崎駿的故事	凌明玉		臺北市	文經出版社	5月	14.8×21	159

書名	作者	譯者	出版地	出版社	出版日期	開數	頁數
好好玩的「故事遊戲」附親子遊戲手冊	陳月文		臺北縣	知本家文化事業公司	5月	14.9×21	135
第七屆「兒童文學與兒童語言」學術研討會論文集——兒童文學的翻譯與文化傳遞	阮若缺等著		臺北縣	富春文化事業公司	6月	15×21	397
新詩驚奇之旅	林廣、張伯琦		臺北縣	螢火蟲出版社	6月	18.8×26	251
手工書進階55招	王淑芬		臺北縣	作家出版社	6月	19.1×19.5	143
哈利波特聖經	寺島久美子	許倩珮	臺北市	台灣東販公司	7月	13×19.2	542
聊書學語文	吳敏而等編		臺北市	朗智思維科技公司	7月	19×25.8	229
聊書與人生	吳敏而等編		臺北市	朗智思維科技公司	7月	19×25.8	215
五年六班的讀書單　完全愛上閱讀手冊	許慧貞、吳靜怡（龍安國小五年六班）		臺北市	聯經出版事業公司	7月	19.9×20	169
哈利波特魔法之旅	植木七瀨		臺北縣	尖端出版公司	7月	12.5×18	114
三分之二個兔子假期	謝金玄		臺北市	馬可波羅文化	7月	15×21	127

書名	作者	譯者	出版地	出版社	出版日期	開數	頁數
百變小紅帽——一則童話的性、道德和演變	凱薩琳·奧蘭斯坦	楊淑智	臺北市	張老師文化事業公司	8月	15×21	280
因動漫畫而偉大	傻呼嚕同盟		臺北市	大塊文化出版公司	8月	17×23	175
少女魔鏡中的世界	傻呼嚕同盟		臺北市	大塊文化出版公司	8月	17×23	253
手塚治虫	中尾明	傅林統	臺北市	小魯文化事業公司	8月	14.8×21	185
讀與寫的第1堂課	桂文亞		臺北市	民生報社	8月	20×20	122
FUN 的教學——圖畫書與語文教學	方淑貞		臺北市	心理出版社	8月	17×23	256
上課好好玩——兒童細胞啟發與遊戲	Elizabeth Koehler-Pentacoff		臺北市	書林出版公司	8月	17×23.3	150
讓詩飛揚起來	顏艾琳等編		臺北市	幼獅文化事業公司	9月	14.8×21	253
哈利波特魔法之盃	World Potterian Kyoukai	沙子芳	臺北縣	尖端出版公司	9月	12.5×21	250
芝麻，開門	徐魯編		臺北市	民生報社	9月	20×20	174
臺灣兒童詩理論批評史	徐錦成		彰化縣	彰化縣文化局	9月	14.8×21	253
原住民神話與文化賞析	林道生編		臺北縣	漢藝色研文化事業公司	10月	14.8×21	233

書名	作者	譯者	出版地	出版社	出版日期	開數	頁數
兒歌教材教法	蘇愛秋		臺北市	心理出版社	10月	15×21	197
中學生閱讀策略	蘿拉・羅伯	趙永芬	臺北市	天衛文化圖書公司	10月	19×26	307
聊書學文學	吳敏而等編		臺北市	朗智思維科技公司	10月	19×25.8	217
打開繪本說不完	陳麗雲編		臺北市	文建會	10月	17.3×26	120
托爾金 魔戒的魅力	艾迪・史密斯 (Mark Eddy Smith)	鄧嘉宛	臺北市	校園書房出版社	10月	15×21	182
圖畫・話圖	莫麗・邦 (Molly Bang)	楊茂秀	臺北市	財團法人毛毛蟲兒童哲學基金會	10月	20.1×16	141
台灣囡仔歌一百年	施福珍		臺中市	晨星出版公司	11月	15.5×21.5	283
你問問題我回答	林淑玟		臺北市	民生報社	11月	20×20	99
小詩森林	陳幸蕙編		臺北市	幼獅文化事業公司	11月	14.8×21	253
詹冰詩作學術研討會論文集	真理大學台灣文學系		臺北縣	真理大學台灣文學系	11月	21×29.5	120
資深作家陳千武先生及其同輩作家作品研討會論文集	中華民國兒童文學學會		臺北市	中華民國兒童文學學會	11月	14.8×21	191
動手動腦玩遊戲	陳月文		臺北市	民生報社	11月	20×20	181

書名	作者	譯者	出版地	出版社	出版日期	開數	頁數
親子共讀：做個聲音銀行家	王玥		臺北市	幼獅文化事業公司	12月	15×21	190
回首來時路	邱各容		臺北縣	臺北縣政府文化局	12月	14.8×21	264
愛在閱讀裡研討會手冊	毛毛蟲兒童哲學基金會		臺北市	毛毛蟲兒童哲學基金會	12月	18×25.5	67
圖書館與閱讀運動研討會論文集	國家圖書館		臺北市	國家圖書館	12月	18.9×26	237

二〇〇三年兒童文學翻譯書目

書名	作者（譯者）	出版地	出版社	出版日期	開數	頁數	文類	附註
魔眼少女佩姬蘇——首部曲：藍狗的日子	賽奇・布魯梭羅／任汝芯	臺北市	小知堂文化事業公司	1月	14.7×21	285	小說	法國
藍色海豚島	司卡特・歐德爾／傅定邦	臺北市	台灣東方出版社	1月	15.3×21.6	247	小說	美國
高飛	凱特・狄卡密歐／張子樟	臺北市	台灣東方出版社	1月	15.3×21.6	173	小說	美國
變成麵包的夢	越智典子／游珮芸	臺北市	遠流出版事業公司	1月	15×21	101	圖文書	日本
黃金鼠奇幻歷險1——電腦的魔力	迪特洛夫・萊契／李如彥	臺中市	晨星出版公司	1月	14.8×21	171	寓言故事	德國

書名	作者 （譯者）	出版地	出版社	出版 日期	開數	頁數	文類	附註
黃金鼠奇幻歷險2——實驗室的陷阱	迪特洛夫‧萊契／李如彥	臺中市	晨星出版公司	1月	14.8×21	172	寓言故事	德國
神奇魔法圈2——塔樓裡的秘密	黛博拉‧道耶爾、詹姆士‧麥當諾／麥倩宜	臺北市	唐莊文化事業公司	1月	15×21	190	小說	美國
小女巫之魔法學校	吉兒‧莫菲／蕭麗鳳	臺北市	樂透文化事業公司	1月	14.6×21	81	故事	美國
你是野獸維斯可	亞歷山大德羅‧波發／張雅芳	臺北市	晨星出版公司	1月	14.9×19	207	小說	蘇聯
里貝爾的夢	Paul Marr／黃亞琴	臺北市	新苗文化事業公司	1月	14.8×20.9	286	小說	德國
兔子坡	Robert Lawson／陳詩紘	臺北市	新苗文化事業公司	1月	14.8×20.9	138	小說	美國
母親呀！飛馳	長山鳥有／黃玉燕	臺北市	健行文化出版事業公司	1月	13.2×21	156	小說	日本
陽光少年——內海光雄	嶋田泰子／許秋鑾	臺北市	學田文化事業公司	1月	13.5×19.2	138	自傳	日本
小傢伙	東尼‧爾利／朱麗芬	臺北市	新雨出版社	1月	15×21	267	小說	美國
公主與柯迪	喬治‧麥當勞／劉會梁	臺北縣	正中書局公司	1月	11×15.2	291	小說	英國
來自繁星的巫女	席薇亞‧路易絲‧英達爾‧羅林	臺北市	奇幻基地出版	1月	15×21	263	小說	美國

書名	作者（譯者）	出版地	出版社	出版日期	開數	頁數	文類	附註
繼承人遊戲	艾倫・拉斯金／趙映雪	臺北市	台灣東方出版社	1月	16×21.7	380	小說	美國
勝於火勝於生命的人權	大天牛／李英華	臺北市	稻田出版公司	1月	17×24	199	故事	韓國
文盲阿三	權幼順／李英華	臺北縣	狗狗圖書公司	1月	18.5×23.6	94	故事	韓國
猶太人為什麼有錢	李惠鎮／李英華	臺北市	稻田出版公司	1月	17×24	143	童話	韓國
棒極了比利	菲利斯・艾瑞納／柯雅方	臺北市	奧林文化事業公司	1月	13.5×21	178	故事	西班牙
翻著跟斗一天又過去了	灰谷健次郎／黃瑾瑜	臺北縣	新雨出版社	1月	15×20.2	221	故事	日本
小女巫之魔法學校	吉兒・莫非／蕭麗鳳	臺北市	樂透文化事業公司	1月	15×21	81	故事	美國
小女巫之友情考驗	吉兒・莫非／蕭麗鳳	臺北市	樂透文化事業公司	1月	15×21	189	故事	美國
異樣人生	馬克吐溫／紫石作坊	臺北市	麥田出版公司	1月	17×17.2	134	故事	美國
內褲超人瘋狂大冒險	戴夫・皮爾奇／安小兵	臺北市	遠見天下文化出版公司	1月	15×20.6	122	小說	美國
鬼魅的大窗子	雷蒙・尼史尼奇／劉鑫鋒	臺北市	遠見天下文化出版公司	1月	15×20.6	241	小說	美國
金鑰匙	喬治・麥當勞／陳莉苓	臺北市	正中書局公司	1月	10.5×15	223	小說	英國
藍色的遠方	愛力克斯・席勒／王幼慈	臺北市	小知堂文化事業公司	2月	13.6×21.1	218	小說	英國
碎瓷片	琳達・蘇・帕克／陳蕙慧	臺北市	台灣東方出版社	2月	16×21.6	223	小說	韓國

書名	作者（譯者）	出版地	出版社	出版日期	開數	頁數	文類	附註
真相	貝佛莉・奈杜／海星	臺北市	台灣東方出版社	2月	15.5×21.5	345	小說	南非
暖毛球與冰刺球	克勞德・史坦納／王乙徹	臺中市	晨星出版公司	2月	15.3×19.4	62	寓言故事	法國
真誠的信徒	吳爾芙／陳佳琳	臺北市	玉山社出版事業公司	2月	13.2×19.1	366	小說	美國
赫德御謎士	派翠西亞・麥奇莉普／嚴韻	臺北縣	遠足文化事業公司	2月	14×20.2	296	小說	美國
漆黑王子	卡蒙・史渥卡曼達／江秋阮	臺北市	東佑文化事業公司	2月	15×21.2	183	神話	非洲
魔法師的雕像	黛博拉・道耶爾＆詹姆士・麥當諾／麥倩宜	臺北市	唐莊文化事業公司	2月	15×21	197	小說	美國
草莓女孩	Lois Lenski／陳詩紘	臺北市	新苗文化事業公司	2月	15×21	241	小說	美國
小魔女蘿拉	Andrea Klier／房衛	臺北市	新苗文化事業公司	2月	15×21	212	小說	德國
非常人物誌	Sarah K. Bolton／鍾言	臺北市	世界書局	2月	15×21	132	傳記	美國
拼圖的貓眼在哪裡？	中尾明／黃宣勳	臺北市	小魯文化事業公司	2月	15×21	199	小說	日本
黃金鼠奇幻歷險3——生存的聖戰	迪特洛夫・萊契／李如彥	臺中市	晨星出版事業公司	2月	15×21	188	寓言故事	德國

書名	作者 （譯者）	出版地	出版社	出版 日期	開數	頁數	文類	附註
黃金鼠奇幻歷險4——與亡靈鬥智	迪特洛夫·萊契／李如彥	臺中市	晨星出版事業公司	2月	15×21	205	寓言故事	德國
5個孩子和一個怪物	伊迪絲·內斯比特／任溶溶	臺北市	米娜貝爾出版公司	2月	15×21	242	小說	英國
5個孩子和鳳凰與魔毯	伊迪絲·內斯比特／任溶溶	臺北市	米娜貝爾出版公司	2月	15×21	276	小說	英國
4個孩子和一個護身符	伊迪絲·內斯比特／任溶溶	臺北市	米娜貝爾出版公司	2月	15×21	318	小說	英國
雞皮疙瘩1——我的新家是鬼屋	R.L.史坦恩／孫梅君	臺北市	商周文化事業公司	2月	14×21	157	小說	美國
雞皮疙瘩2——魔血	R.L.史坦恩／孫梅君	臺北市	商周文化事業公司	2月	14×21	171	小說	美國
雞皮疙瘩3——鄰屋幽靈	R.L.史坦恩／派特	臺北市	商周文化事業公司	2月	14×21	149	小說	美國
雞皮疙瘩4——許願請小心	R.L.史坦恩／柯清心	臺北市	商周文化事業公司	2月	14×21	157	小說	美國
雞皮疙瘩5——厄運咕咕鐘	R.L.史坦恩／派特	臺北市	商周文化事業公司	2月	14×21	144	小說	美國
芭芭拉的墓園記事	芭芭拉·布若能／姬健梅	臺北市	經典傳訊文化公司	2月	13.6×21	172	散文	德國
如果世界是100人村第2集真實的世界	池田香代子、Magazine House編著／游蕾蕾譯	臺北市	台灣東販公司	2月	13.7×19.5	142	圖文書	日本

書名	作者（譯者）	出版地	出版社	出版日期	開數	頁數	文類	附註
帶妹妹長大的小孩	權正生	臺北市	福地出版	2月	15×21	287	小說	韓國
原野之歌	文／工藤直子圖／保手濱孝譯／莫海君	臺北市	巨河文化公司	2月	20.5×20.5	109	童詩	日本
小魔女蘿拉	Andrea Klier／房衛	臺北市	新苗文化事業公司	2月	15×21	212	小說	德國
宮殿裡的危機	黛博拉·道耶爾、詹姆士·麥當諾／鄭文琦	臺北市	唐莊文化事業公司	2月	15×21	184	小說	美國
將軍的指環	塞爾瑪·拉吉洛芙／朱淑芬	臺北市	巨河文化公司	2月	15×21.5	216	小說	瑞典
魔眼少女佩姬蘇——二部曲：沈睡的惡魔	賽奇·布魯梭羅／蔡孟貞	臺北市	小知堂文化事業公司	3月	15.1×21.2	345	小說	法國
魔眼少女佩姬蘇——三部曲：深淵的蝴蝶	賽奇·布魯梭羅／林美珠	臺北市	小知堂文化事業公司	3月	15.1×21.2	317	小說	法國
魔燈——開啟智慧與力量的黃金7法則	喬·魯比諾／王幼慈	臺北市	小知堂文化事業公司	3月	14.2×21.2	189	故事	美國
精靈戰爭——最後之戰	瑪汀娜·迪克斯／劉興華	臺北市	允晨文化實業公司	3月	15×21.2	165	小說	德國

書名	作者（譯者）	出版地	出版社	出版日期	開數	頁數	文類	附註
精靈戰爭——勇闖黃金城	瑪汀娜・迪克斯／劉興華	臺北市	允晨文化實業公司	3月	15×21.2	214	小說	德國
發條橘子	安東尼・伯吉斯／王之光	臺北市	臉譜出版	3	13×20	223	小說	英國
聰明的傻子	文／吉雅德・達維奇 圖／大衛 B. 譯／譚寶璇	臺北市	圓神出版社	3月	13×18.6	184	故事	法國
一個小女孩的希望	Eleanor Ramrath Garner／謬靜玫	臺北市	新苗文化事業公司	3月	15×21	371	小說	美國
意外的幸運籤	森繪都／曹雪麗	臺北市	新苗文化事業公司	3月	15×21	259	小說	日本
智慧城堡：一個少年的追尋之旅	雷特・艾利斯／林說俐	臺北市	方智出版社	3月	15×21	237	小說	美國
發條鐘	菲利普・普曼 里歐尼・果爾／蔡宜容	臺北市	謬思出版公司	3月	14×20	122	小說	英國
深邃林之外	保羅・史都沃與克利斯・瑞德／王紹婷	臺北縣	謬思出版公司	3月	14×20	282	小說	英國
內褲超人大戰吃人馬桶	戴夫・皮爾奇／安小兵	臺北市	遠見天下文化出版公司	3月	14.8×20.5	132	故事	美國
我的鸚鵡老大	喬安娜・伯格／屈家信	臺北市	皇冠文化出版公司	3月	15×20.8	222	散文	美國

書名	作者（譯者）	出版地	出版社	出版日期	開數	頁數	文類	附註
波特萊爾大遇險4——糟糕的工廠	雷蒙尼・史尼奇／李可琪	臺北市	遠見天下文化出版公司	3月	14.8×20.5	218	小說	美國
出賣笑容的孩子	雅姆仕・克呂斯／林青萍	臺北市	奧光文化事業公司	3月	15×21	280	小說	德國
秘密花園	法蘭西絲・勃內特／黃語忻	臺北市	普天出版社	3月	15×21	317	小說	英國
夏綠蒂的網	懷特／黃可凡	臺北市	聯經出版事業公司	3月	16.3×24	158	小說	美國
小女巫之魔咒災難	吉兒・莫菲／蕭麗鳳	臺北市	樂透文化事業公司	3月	15×21	160	小說	美國
魔山印石	向達倫／荷西	臺北市	皇冠文化出版公司	4月	15×21	234	小說	英國
奇幻之光	克拉迪奧／黃聿君	臺北市	格林文化事業公司	4月	19×21.7	61	圖文書	義大利
少年錚，嘜衝動！	立石優／辜小麗	臺北市	新苗文化事業公司	4月	14.6×21	261	小說	日本
模仿鳥艾米麗	Emily Fox Gordon／范旭	臺北市	新苗文化事業公司	4月	14.6×21	244	小說	美國
麻辣學生的畢業典禮	安原俊介／張燕珍	臺北市	新苗文化事業公司	4月	14.7×21	235	小說	日本
九歲人生	魏基哲／王凌霄	臺中市	晨星出版公司	4月	14.8×19	258	小說	韓國
媽咪，請聽漢娜說	安吉拉・松莫-波登寶／闕旭玲	臺北市	經典傳訊文化公司	4月	14.5×21	189	小說	德國

書名	作者（譯者）	出版地	出版社	出版日期	開數	頁數	文類	附註
阿特米斯奇幻歷險1——精靈的贖金	艾歐因·寇弗／林說俐	臺北市	天培文化公司	4月	14.7×21	297	小說	愛爾蘭
出發吧！野貓們	蘿拉·佩登·羅伯茲／胡慧明	臺北市	漢藝色研文化事業公司	4月	14.9×21	206	小說	美國
神奇魔法圈5——魔法師的城堡	黛博拉·道耶爾、詹姆士·麥當諾／顏正瑩	臺北市	唐莊文化事業公司	4月	14.9×21	195	小說	美國
5年3班	小江松里子／林文琪	臺北市	台灣角川公司	4月	13×18.8	400	小說	日本
夢想的希望號	雅各布·韋格力爾斯／李怡姍	臺北市	奧林文化事業公司	4月	13.5×21	175	小說	瑞典
今天是野餐日	文／原京子 圖／秦好史郎 譯／鄭淑華	臺北市	小魯文化事業公司	4月	15.5×19.7	63	故事	日本
蜜蜜甜心派	李愛美／曲慧敏	臺北縣	INK 印刻出版公司	4月	15×21	282	散文	韓國
我們都不是很好的人	Mamoru iteh／陳雅琪	臺北市	種籽文化事業公司一大麥書房	4月	14.9×21	157	散文	日本
有你真好	館林千賀子／林芳兒	臺北市	尖端出版事業公司	4月	15.5×21.5	253	傳記	日本
雞皮疙瘩06歡迎光臨惡夢營	R.L.史坦恩／麗妲	臺北市	商周文化事業公司	4月	13.9×21	177	小說	美國

書名	作者（譯者）	出版地	出版社	出版日期	開數	頁數	文類	附註
雞皮疙瘩07古墓毒咒	R.L.史坦恩／麗妲	臺北市	商周文化事業公司	4月	13.9×21	179	小說	美國
雞皮疙瘩08魔鬼面具	R.L.史坦恩／麗妲	臺北市	商周文化事業公司	4月	13.9×21	161	小說	美國
雞皮疙瘩09遠離地下室	R.L.史坦恩／麗妲	臺北市	商周文化事業公司	4月	13.9×21	149	小說	美國
雞皮疙瘩10木偶驚魂	R.L.史坦恩／麗妲	臺北市	商周文化事業公司	4月	13.9×21	180	小說	美國
孿生姊妹	凱瑟琳・佩特森／鄒嘉容	臺北市	台灣東方出版社	5月	15.3×21.6	313	小說	美國
海狸的記號	依麗莎白・史畢爾／傅蓓蒂	臺北市	台灣東方出版社	5月	15.3×21.6	221	小說	美國
藍熊船長的奇幻大冒險	Walter Moers（瓦爾特・莫爾斯）／李士勛	臺北市	正中書局	5月	14.6×21	654	童話	德國
飛越魔法門	黛博拉・道耶爾、詹姆士・麥當諾／鄭文琦	臺北市	唐莊文化事業公司	5月	15×21	212	小說	美國
卡先生和他的憂鬱鳥	文／瑪麗絲・巴德利 圖／英格麗・哥頓 譯／劉興華	臺北市	遠流出版事業公司	5月	15×21	103	小說	德國
沒人聽我說	阿賽・哈克／劉興華	臺北市	一方出版公司	5月	12×19	203	小說	德國
森林王子	盧迪亞・吉卜林／顏湘如	臺北市	臺灣商務印書館	5月	15×21	210	小說	英國

書名	作者 （譯者）	出版地	出版社	出版 日期	開數	頁數	文類	附註
一顆叫媽媽的星星	凱倫・蘇姍／黃亞琴	臺北市	新苗文化事業公司	5月	14.8×20.8	223	小說	德國
大鼻妹的秘密日記	露薏絲・何尼森／蔡靜如	臺北市	小知堂文化事業公司	5月	14.6×21.1	221	小說	英國
科索亞多這座森林的故事1　都是樹果惹的禍	岡田淳／黃瓊仙	臺北縣	豐鶴文化出版社	5月	15×21	159	故事	日本
科索亞多這座森林的故事2　蘋果與檸檬的咒語	岡田淳／黃瓊仙	臺北縣	豐鶴文化出版社	5月	15×21	143	故事	日本
科索亞多這座森林的故事3　撿到了貓頭鷹	岡田淳／黃瓊仙	臺北縣	豐鶴文化出版社	5月	15×21	143	故事	日本
科索亞多這座森林的故事4　黑夜裡的魔女	岡田淳／黃瓊仙	臺北縣	豐鶴文化出版社	5月	15×21	159	故事	日本
野雞女孩II鬼島歷險記	柯奈莉亞・馮克／唐薇	臺北縣	旗林文化出版社	5月	15.8×21.6	205	小說	德國
義大利童話I	伊塔羅・卡爾維諾／倪安宇、馬箭飛等	臺北市	時報文化出版公司	5月	15×21	245	童話	義大利
義大利童話II	伊塔羅・卡爾維諾／	臺北市	時報文化出版公司	5月	15×21	303	童話	義大利

書名	作者（譯者）	出版地	出版社	出版日期	開數	頁數	文類	附註
	倪安宇、馬箭飛等							
義大利童話III	伊塔羅·卡爾維諾／倪安宇、馬箭飛等	臺北市	時報文化出版公司	5月	15×21	294	童話	義大利
義大利童話IV	伊塔羅·卡爾維諾／倪安宇、馬箭飛等	臺北市	時報文化出版公司	5月	15×21	303	童話	義大利
孩子的冬天	左朗·德芬卡爾／王豪傑	臺北市	奧林文化事業公司	5月	14.9×21	186	小說	南斯拉夫
小女巫之海灘歷險上	吉兒·莫菲／蕭麗鳳	臺北市	樂透文化事業公司	5月	15×21	160	故事	美國
小女巫之海灘歷險下	吉兒·莫菲／蕭麗鳳	臺北市	樂透文化事業公司	5月	15×21	160	故事	美國
獵風海盜團	保羅·史都沃與克利斯·瑞德／王紹婷	臺北市	謬思出版公司	5月	14×20	378	小說	英國
愛的教育	艾德蒙多·狄·亞米契司／劉學真	臺北市	驛站文化事業公司	5月	15×20.9	205	故事	義大利
雞皮疙瘩10木偶驚魂	R.L.史坦恩／陳言襄	臺北市	商周文化事業公司	5月	13.8×20.9	181	小說	美國
雞皮疙瘩11吸血鬼的鬼氣	R.L.史坦恩／柯清心	臺北市	商周文化事業公司	5月	13.8×20.9	142	小說	美國
手提箱小孩	賈桂琳·威爾森／胡芳慈	臺北市	台灣東方出版社	6月	15.2×21.6	195	小說	英國

書名	作者 （譯者）	出版地	出版社	出版 日期	開數	頁數	文類	附註
魔法城堡	伊迪絲・內斯比特／任溶溶	臺北市	米娜貝爾出版公司	6月	14.7×21	314	小說	美國
會跳舞的熊	萊納・齊尼克／林敏雅	臺北市	玉山社出版事業公司	6月	13×19	126	小說	波蘭
喬伊失控了	傑克・甘圖斯／陳淑智、陳蕙慧	臺北市	台灣東方出版社	6月	15.5×21.6	270	小說	美國
魔法校車——超強病毒	喬安娜・柯爾＆布魯斯・迪根／陳漢湘	臺北市	遠流出版事業公司	6月	13×19	119	故事	美國
波特萊爾大遇險5——嚴酷的學校	雷蒙尼・史尼奇／李可琪	臺北市	遠見天下文化出版公司	6月	14.9×20.5	261	小說	美國
高個兒莫南	亞蘭・傅尼葉／雍宜欽	臺北市	先覺出版公司	6月	15×21	272	小說	法國
吸血鬼獵人D2：D——迎風而立	菊地秀行／高胤喨	臺北市	奇幻基地出版	6月	14.6×20.6	252	小說	日本
吸血鬼獵人D1：——吸血鬼獵人D	菊地秀行／高胤喨	臺北市	奇幻基地出版	6月	14.6×20.6	251	小說	日本
假面恐怖王	江戶川亂步／施聖茹	臺北市	品冠文化出版社	6月	15.5×21.6	194	小說	日本
雞皮疙瘩12午夜的稻草人	R.L.史坦恩／陳言襄	臺北市	商周文化事業公司	6月	13.8×20.9	163	小說	美國
雞皮疙瘩13深海奇遇	R.L.史坦恩／陳昭如	臺北市	商周文化事業公司	6月	13.8×20.9	163	小說	美國

書名	作者（譯者）	出版地	出版社	出版日期	開數	頁數	文類	附註
雞皮疙瘩14幽靈狗	R.L. 史坦恩／莫莉	臺北市	商周文化事業公司	6月	13.8×20.9	157	小說	美國
夜鶯之眼	A.S. 拜雅特／王娟娟	臺北縣	布波出版公司	6月	15×21	284	小說	英國
死亡審判	向達倫／荷西	臺北市	皇冠文化出版公司	7月	15×20.9	234	小說	英國
鬼貓咪	艾倫・艾伯格／陳佳慧	臺北市	小知堂文化事業公司	7月	13×19	124	故事	英國
羅馬少年偵探團：奧斯提亞的竊賊	卡洛琳・勞倫斯／魏郁如	臺北市	小知堂文化事業公司	7月	14.8×21.1	221	小說	美國
電人 M	江戶川亂步／施聖茹	臺北市	品冠文化出版社	7月	15.5×21.6	194	小說	日本
圍牆上的孩子	桃莉・海頓／陳詩紘	臺北市	新苗文化事業公司	7月	14.8×21	414	小說	美國
窮小子曼佛雷德	凱倫・蘇姍／蘇世凱	臺北市	新苗文化事業公司	7月	14.7×21	199	小說	德國
少女與幻獸	派翠西亞・麥奇莉普／陳敬旻	臺北市	謬思出版公司	7月	14×20	271	小說	美國
綠巨人浩克	彼得・大衛／劉永毅	臺北市	圓神出版社	7月	14.8×21	190	小說	美國
女巫與幻獸	派翠西亞・麥奇莉普／陳敬旻	臺北縣	遠足文化事業公司	7月	14.1×20	271	小說	美國
野雞女孩III狐狸的警報	柯奈莉亞・馮克／唐薇	臺北縣	旗林文化出版社	7月	15×21	317	小說	德國

書名	作者（譯者）	出版地	出版社	出版日期	開數	頁數	文類	附註
波特萊爾大冒險6 破爛的電梯	雷蒙尼・史尼奇／周司芸	臺北市	天下出版公司	7月	14.8×20.5	265	小說	美國
野菊之墓	伊藤左千夫／彭春陽	臺北市	一方出版公司	7月	14.7×21	191	小說	日本
朋友4個半神秘的洞穴	約希・佛列得里／陳靚	臺北市	遠流出版事業公司	7月	15×21.8	142	小說	德國
朋友4個半聖誕老人集團	約希・佛列得里／陳良梅	臺北市	遠流出版事業公司	7月	15×21.8	146	小說	德國
朋友4個半妙探守則十條	約希・佛列得里／陳良梅	臺北市	遠流出版事業公司	7月	15×21.8	146	小說	德國
朋友4個半失蹤的生物老師	約希・佛列得里／陳良梅	臺北市	遠流出版事業公司	7月	15×21.8	147	小說	德國
麵粉娃娃	安・范／海星	臺北市	台灣東方出版社	7月	15.3×21.5	252	小說	英國
蓋布瑞的禮物	哈尼夫・庫雷西／陳靜芳	臺北縣	新雨出版社	7月	15×21	293	小說	英國
親愛的漢修先生	貝芙莉・克萊瑞／柯倩華	臺北市	台灣東方出版社	7月	15.3×21.5	186	小說	美國
雞皮疙瘩15雪怪復活記	R.L. 史坦恩／孫梅君	臺北市	商周文化事業公司	7月	13.8×20.9	175	小說	美國
雞皮疙瘩16隱身魔鏡	R.L. 史坦恩／貝齊	臺北市	商周文化事業公司	7月	13.8×20.9	192	小說	美國
幸福的好滋味2	朴仁植／曲慧敏	臺北縣	INK 印刻出版公司	7月	15×21	265	散文	韓國

書名	作者（譯者）	出版地	出版社	出版日期	開數	頁數	文類	附註
蜜蜜甜心派								
童話月球	沃夫岡・霍爾班＆海克・霍爾班／劉興華	臺北市	奇幻基地出版	7月	14.6×20.9	350	小說	德國
感謝你，大五郎	大谷淳子	臺中市	晨星出版公司	7月	14.8×21	163	故事	日本
其實我不想說	賈桂琳・伍德生／柯惠琮	臺北市	小魯文化事業公司	7月	14.7×21	173	小說	美國
戰地孤雛淚	尼・奧斯特洛夫斯基	臺北市	福地出版社	7月	14.8×21	272	小說	俄國
鬼貓咪	艾倫・艾柏格／陳佳慧	臺北市	小知堂文化事業公司	7月	19×12.8	124	小說	英國
魯賓遜雨林機智探險記	朴景洙、張京愛／楊俊娟	臺北市	如何出版社	7月	15×21	255	故事	韓國
蝴蝶・天堂探險記	Eva Ibbotson／謝瑤玲	臺北市	小魯文化事業公司	7月	15×20.8	303	小說	英國
深海侏羅紀	史提夫・艾爾頓／湯新華	臺北市	皇冠文化出版公司	7月	15×20.7	250	小說	美國
矮先生	馬汀・埃柏茲／江怡雯	臺北市	奧林文化事業公司	8月	13.4×21	181	故事	德國
窈窕奶爸	安・范／鄒嘉容	臺北市	台灣東方出版社	8月	15.2×21.5	281	小說	英國
煤球路	李煥哲	臺北市	福地出版公司	8月	14.8×21	221	小說	韓國
小王子動畫DVD＋互動遊戲＋繪本書	聖・修柏里／明日工作室	臺北市	明日工作室公司	8月	15.5×21.6	95	童話	法國

書名	作者（譯者）	出版地	出版社	出版日期	開數	頁數	文類	附註
沙的孩子	達哈·班·哲倫／梁若瑜	臺北市	皇冠文化出版公司	8月	15×20.8	204	小說	法國
油漆工與六個孩子	艾芙琳·道爾／謬靚玫	臺北市	新苗文化事業公司	8月	14.8×21	255	小說	英國
戴珍珠耳環的少女	崔西·雪佛藍／李家姍	臺北市	皇冠文化出版公司	8月	15×21	271	小說	美國
北風的背後	喬治·麥克唐納／王曉陽、藍藍	臺北縣	正中書局公司	8月	15×21	510	小說	英國
化身博士	著／史蒂文生 繪／佛杭蘇瓦·普列士 譯／吳鴻	臺北市	臺灣商務印書館	8月	15×20.9	105	小說	英國
奇蹟少年	日木流奈／黃碧君	臺北市	平安文化公司	8月	15×20.8	191	小說	日本
彼得·迪金森 (Peter Dickinson)	彼得·大衛／劉娟君、林瑞霖	臺北市	星光出版社	8月	15×20.8	204	小說	英國
雞皮疙瘩之18　我的朋友是隱形人	R.L. 史坦恩 (R.L.STINE)／愛陵	臺北市	城邦文化事業公司	8月	14×21	146	小說	美國
雞皮疙瘩之17　恐怖樂園	R.L. 史坦恩／陳昭如	臺北市	城邦文化事業公司	8月	14×21	171	小說	美國
心靈雞湯純真年代	馬克·韓森等／高子梅	臺北市	晨星出版公司	8月	15×21	301	故事	美國
內褲超人與恐怖的史屁多教授	戴夫·皮爾奇 (Dav Pilkey)／安小兵	臺北市	遠見天下文化出版公司	8月	15×20.5	144	故事	美國

書名	作者（譯者）	出版地	出版社	出版日期	開數	頁數	文類	附註
內褲超人與魔法女妖	戴夫・皮爾奇／安小兵	臺北市	遠見天下文化出版公司	8月	15×20.5	160	故事	美國
內褲超人與外星大嘴妖	戴夫・皮爾奇／安小兵	臺北市	遠見天下文化出版公司	8月	15×20.5	130	故事	美國
洛克貝等一下	灰谷健次郎／許慧貞	臺北縣	新雨出版社	8月	15×20	217	故事	日本
公主與妖精	喬治・麥克唐納／羅婷以	臺北縣	正中書局公司	8月	14.8×21	387	童話	英國
七信使	迪諾・布扎第／倪安宇	臺北市	皇冠文化出版公司	8月	15×21	252	小說	義大利
比奇顏，迷失的渡鴉	理察・瓦格梅斯／林劭貞	臺北市	城邦文化事業公司	8月	14.8×21	316	小說	加拿大
謝謝妳生下我	文、圖／葉祥明 譯／鹿蘭芝	臺北市	巨河文化公司	8月	18.3×23.5	48	散文	
13個月13週又13天・月圓之夜	艾力克斯・席勒／王幼慈	臺北市	小知堂文化事業公司	8月	14.5×21	301	童話	英國
家有酷貓	潘・薔森／張曌菲	臺北市	知書房出版社	9月	14.8×21	195	故事	美國
水后	凱伊・邁爾／劉興華	臺北市	允晨文化實業公司	9月	14.8×21	254	小說	德國
雙胞胎行動	賈桂琳・威爾森／劉清彥	臺北市	東方出版社	9月	14.8×21	269	小說	英國
家有酷貓	潘・薔森／張盟菲	臺北市	知書房出版社	9月	15×21	195	故事	美國
羅馬的刺客	卡洛琳・勞倫斯／魏郁如	臺北市	小知堂文化事業公司	9月	15×21	237	小說	美國

書名	作者（譯者）	出版地	出版社	出版日期	開數	頁數	文類	附註
髒蕾莉的寶藏	克萊兒‧德胡昂／侯茵綺	臺北市	大穎文化實業公司	9月	14×19	46	故事	法國
牛仔褲的夏天	安妮‧布魯克絲／翁如玫	臺北市	遊目族文化事業公司	9月	14.3×21	315	小說	美國
誰搬走了我的乳酪	史賓賽‧強森／胡洲賢	臺北市	大穎文化實業公司	無	14.5×21	96	故事	美國
朋友4個半——老師在尖叫	約希‧弗列德里／陳良梅	臺北市	遠流出版事業公司	9月	15×21.8	152	小說	德國
朋友4個半——七根黃瓜的秘密	約希‧弗列德里／陳良梅	臺北市	遠流出版事業公司	9月	15×21.8	152	小說	德國
朋友4個半——緝捕校長	約希‧弗列德里／陳靚	臺北市	遠流出版事業公司	9月	15×21.8	150	小說	德國
朋友4個半——機警的花園小矮人	約希‧弗列德里／陳良梅	臺北市	遠流出版事業公司	9月	15×21.8	158	小說	德國
朋友4個半——網路追追追	約希‧弗列德里／陳良梅	臺北市	遠流出版事業公司	9月	15×21.8	147	小說	德國
昏頭先生	保羅‧奧斯特／林靜華	臺北市	皇冠文化出版公司公司	9月	14.8×21	253	故事	美國
魔咒首部曲末日咒語	克里夫‧麥可尼許／蘇有薇	臺北市	小知堂文化事業公司	9月	14.5×21	237	故事	英國
芝麻，開門	伊索等著／徐魯編	臺北市	民生報社	9月	20×20	174	寓言	各國

書名	作者（譯者）	出版地	出版社	出版日期	開數	頁數	文類	附註
我永遠的老朋友	約·佩斯圖姆／羅馨旻	臺北市	奧林文化事業公司	9月	14×21	61	故事	德國
邪惡的村子	雷蒙尼·史尼奇／周思芸	臺北市	遠見天下文化出版公司	9月	15×20.5	265	小說	美國
貓咪魔法學校1—水晶洞的秘密	金津經／朱恩伶	臺北市	印刻出版公司	9月	17×23	165	故事	韓國
雞皮疙瘩之19 幽靈海灘	R.L.史坦恩／均而	臺北市	城邦文化事業公司	9月	14×21	161	小說	美國
雞皮疙瘩之20 聖誕夜驚魂	R.L.史坦恩／均而	臺北市	城邦文化事業公司	9月	14×21	147	小說	美國
絕命聖誕夜	史考特·菲利浦／李郁芬	臺北市	新苗文化事業公司	9月	15×21	244	小說	美國
史上最棒的聖誕劇	羅賓蓀／饒麗玲	臺北市	校園書房出版社	9月	13.5×19.3	177	故事	美國
莉莎的星星	派屈克·吉爾森／彭慧雯	臺北市	大穎文化事業公司	9月	18×18	37	圖畫書	
蘇西的世界	艾莉絲·布柏德／施清真	臺北市	時報文化出版公司	9月	15×21	335	小說	美國
雞皮疙瘩之萬聖夜驚魂(20)	R.L.史坦恩／柯清心	臺北市	商周文化事業公司	9月	14×21	149	小說	美國
魔咒二部曲魔女軍團	克里夫·麥可尼許／胡瑛	臺北市	小知堂文化事業公司	10月	14.5×21	285	故事	英國
衣櫃密室的情報員	葛萊·泰斯諾／高璿	臺北市	新苗文化事業公司	10月	14.5×21	229	故事	德國

書名	作者 （譯者）	出版地	出版社	出版 日期	開數	頁數	文類	附註
亞當舅舅	安・馬汀／ 李晼琪	臺北市	台灣東方出 版社	10月	15×21.5	266	小說	美國
飛天老爺車	艾安・傅來明 ／王潔	臺北市	台灣東方出 版社	10月	15×21.5	266	小說	美國
哈利波特 ——鳳凰會 的密令(上)	J.K. 羅琳／ 皇冠編輯組	臺北市	皇冠文化出 版公司	10月	15×21	463	小說	英國
哈利波特 ——鳳凰會 的密令(下)	J.K.羅琳／ 皇冠編輯組	臺北市	皇冠文化出 版公司	10月	15×21	941	小說	英國
石光	凱伊・邁爾／ 劉興華	臺北市	允晨文化實 業公司	10月	15×21	319	小說	德國
奇幻的晚宴	安房直子／ 吳佳芬	彰化市	和融出版社	10月	14.8×21	76	故事	日本
哈利波特惡 搞版　火雞 的秘密	麥可・伯格／ 朱學恆	臺北市	城邦文化事 業公司	10月	14.8×21	253	小說	英國
樹上的父親	茱蒂・帕斯科 ／薛慧儀	臺北市	小知堂文化 事業公司	10月	14.5×21	228	小說	英國
白牙	傑克・倫敦／ 繆詠華	臺北市	臺灣商務印 書館	10月	14.8×21	237	小說	美國
別人家的孩 子	蕾納特・威爾 許／李怡珊	臺北市	奧林文化事 業公司	10月	13.5×21	206	故事	奧地 利
恐怖的醫院	雷蒙尼・史尼 奇／李可琪	臺北市	遠見天下文 化出版公司	10月	15×20.5	264	故事	美國
霧中的奇幻 小鎮	柏葉幸子／ 曾小雪	臺北市	時報文化出 版公司	10月	14.8×20	158	故事	日本
吸血鬼王子	向達倫／ 吳俊宏	臺北市	皇冠文化出 版公司	10月	15×20.9	231	小說	英國

書名	作者（譯者）	出版地	出版社	出版日期	開數	頁數	文類	附註
兔子山	羅伯特・勞森／區國強	臺北市	台灣東方出版社	10月	14.8×21	147	故事	美國
飛天老爺車	艾安・傅來明／王潔	臺北市	台灣東方出版社	10月	14.8×21	138	故事	美國
3個小女巫故事書	喬姬・亞當斯／周思芸	臺北市	遠見天下文化出版公司	10月	19.5×23.5	93	圖文書	英國
作夢的日子	肯尼士・賈拉罕／曾麗文	臺北縣	巨河文化公司	10月	15×21.5	189	小說	英國
雞皮疙瘩21魔鬼面具II	R.L.史坦恩／孫梅君	臺北市	商周文化事業公司	10月	13.9×21	170	小說	美國
冰與火之歌二部曲卷三——兵臨城下	喬治・馬丁／王欣欣	臺北市	高富國際文化公司	10月	15×21	315	小說	美國
邊境大冒險IV——蠱髏魔的詛咒	保羅・史都沃 & 克利斯・瑞德／王紹婷、王德愷、鄒倩琳	臺北縣	繆思出版公司	10月	14×20	360	小說	英國
魔咒三部曲巫師誓言	克里夫・麥可尼許／溫淑真	臺北市	小知堂文化事業公司	11月	14.5×21	349	故事	英國
聲音停止的那一天	Ken Stelle, Claire Berman／史錫蓉	臺北市	新苗文化事業公司	11月	14.8×21	282	小說	美國
楓木丘的奇蹟	維吉妮亞・索利森／繆靜玫	臺北市	新苗文化事業公司	11月	14.8×21	212	故事	美國
玻璃字	凱伊・邁爾／劉興華	臺北市	允晨文化實業公司	11月	14.8×21	295	小說	德國

書名	作者 （譯者）	出版地	出版社	出版日期	開數	頁數	文類	附註
我遇到的孩子們	灰谷健次郎／呂建良	臺北縣	新雨出版社	11月	15×20	259	故事	日本
蠍子之家（上）	南茜・法墨／劉喬	臺北市	台灣東方出版社	11月	15×21.6	301	小說	美國
蠍子之家（下）	南茜・法墨／劉喬	臺北市	台灣東方出版社	11月	15×21.6	600	小說	美國
戀愛的滋味	柯奈莉亞・馮克／唐薇	臺北縣	旗林文化出版社	11月	15×21.6	334	小說	德國
小牛仔和他的秘密朋友	裘安・瓦許・安格倫德／羅馨旻	臺北縣	大穎文化事業公司	11月	18×18	28	圖畫書	德國
沈默到頂	柯尼斯伯格／鄒嘉容	臺北市	台灣東方出版社	11月	15×21	297	小說	美國
阿特米斯奇幻歷險2——北極圈的挑戰	艾歐因・寇弗／李敏	臺北市	天培文化公司	11月	14.5×21	298	小說	愛爾蘭
管子的異想世界	愛蜜麗・諾冬／呂淑蓉	臺北市	皇冠文化出版公司	11月	15×21	159	小說	比利時
奶奶	彼得・赫爾德林／徐潔	臺北市	財團法人基督教宇宙光全人關懷機構	11月	13.5×20	174	小說	德國
小國王的禮物	艾德薩・夏普 劉清彥	臺北市	道聲出版社	11月	17.5×24.5	85	故事	瑞士（德文）
化身為(貓篇)天使的寵物	大和書房編著／陳玉芬	臺北縣	尖端出版事業公司	11月	12.5×18	141	故事	日本

書名	作者（譯者）	出版地	出版社	出版日期	開數	頁數	文類	附註
伊爾莎離家出走	克莉絲蒂娜·涅斯林格／楊立	臺北市	東方出版社	11月	15×21	230	小說	奧地利（德文）
小蛤蟆的驚異之旅	雅可夫·沙巴泰／徐潔	臺北市	玉山社出版事業公司	12月	13×19	206	童話	以色列
小盒子裡的大幸福	蘇珊娜·威提格／賴雅靜	臺北市	玉山社出版事業公司	12月	13×19	113	童話	瑞士
那一夜、我祈禱奇蹟出現	田口藍迪／蕭雲菁	臺北縣	新雨出版社	12月	13×18.2	95	故事	日本
心中的阿樹	茱莉·沙樂門／殷石	臺北市	智庫公司	12月	15×21	138	故事	美國
阿布的DNA	卡雷爾·葛雷斯崔·凡·倫／陳詩紘	臺北市	新苗文化事業公司	12月	14.6×21	275	小說	荷蘭
每一天都是你的代表作	馬克·桑布恩／周玉軍	臺北市	方智出版社	12月	13.5×19.3	152	散文	美國
白鸚鵡的森林	安房直子／彭懿	臺北市	時報文化出版公司	12月	14.8×20	191	故事	日本
薄暮獵人	向達倫／雷藍多	臺北市	皇冠文化出版公司	12月	15×20.9	234	小說	英國
雞皮疙瘩之小心雪人(23)	R.L. 史坦恩／柯清心	臺北市	城邦文化事業公司	12月	14×21	153	小說	美國
波特來爾大遇險9 吃人的遊樂園	雷蒙尼·史尼奇／李可琪	臺北市	遠見天下文化出版公司	12月	14.8×20.5	279	小說	美國

書名	作者（譯者）	出版地	出版社	出版日期	開數	頁數	文類	附註
乘風破浪	朱利・凡爾納等／紫石作坊	臺北市	麥田出版公司公司	12月	17×17	125	故事	英國、法國
比披薩好吃的哲學故事	鄭智永／李英華	臺北縣	麥田出版公司公司	12月	17×24	147	故事	韓國
奇幻精品店	斐德里克・柯雷孟／林深靖	臺北市	遠流出版事業公司	12月	16.5×23	67	圖畫書	法國
瘋婆子	珍・萊絲莉・康禮／胡芳慈	臺北市	台灣東方出版社	12月	15×21.5	261	小說	美國
我是老鼠	菲力普・普曼／陳瀅如	臺北縣	謬思出版公司	12月	14×20	204	小說	英國
女孩別哭	沃利・蘭姆／趙伏柱	臺北市	星光出版社	12月	14.8×20.1	439	小說	美國
狗樣人生	華勒西・齊格瓦／呂淑蓉	臺北市	麥田出版公司	12月	14.7×20	123	小說	法國
蝴蝶	艾瑞克・希瑪／李良玉	臺北市	聯經出版事業公司	12月		30		法國
貓咪魔法學校2——魔法禮物	金津經／朱恩伶	臺北縣	印刻出版公司	12月	17×23	140	小說	韓國

文學研究叢書·兒童文學叢刊 0809020

兒童文學與書目（三）

編　著	林文寶	
責任編輯	陳胤慧	
特約校稿	林秋芬	

發 行 人	林慶彰
總 經 理	梁錦興
總 編 輯	張晏瑞
編 輯 所	萬卷樓圖書股份有限公司
排 版	林曉敏
印 刷	百通科技股份有限公司
封面設計	百通科技股份有限公司

發　　行　萬卷樓圖書股份有限公司
　　臺北市羅斯福路二段 41 號 6 樓之 3
　　電話　(02)23216565
　　傳真　(02)23218698
　　電郵　SERVICE@WANJUAN.COM.TW
香港經銷　香港聯合書刊物流有限公司
　　電話　(852)21502100
　　傳真　(852)23560735

ISBN 978-986-478-300-7
2020 年 02 月初版一刷
定價：新臺幣 680 元

如何購買本書：
1. 劃撥購書，請透過以下郵政劃撥帳號：
　帳號：15624015
　戶名：萬卷樓圖書股份有限公司
2. 轉帳購書，請透過以下帳戶
　合作金庫銀行 古亭分行
　戶名：萬卷樓圖書股份有限公司
　帳號：0877717092596
3. 網路購書，請透過萬卷樓網站
　網址 WWW.WANJUAN.COM.TW
大量購書，請直接聯繫我們，將有專人為
您服務。客服：(02)23216565 分機 610

如有缺頁、破損或裝訂錯誤，請寄回更換
版權所有·翻印必究
Copyright©2020 by WanJuanLou Books CO., Ltd.
All Right Reserved　　　　**Printed in Taiwan**

國家圖書館出版品預行編目資料

兒童文學與書目（三） / 林文寶編著.-- 初
版.-- 臺北市：萬卷樓, 2020.02
　　面；　公分.-- (文學研究叢書；809020)
ISBN 978-986-478-300-7(平裝)

1.兒童文學 2.兒童讀物 3.目錄
　　　016.863　　　　108011165